DES NOMS

ET

MARQUES DE FABRIQUE

ET DE COMMERCE

DE LA

CONCURRENCE DÉLOYALE

TYPOGRAPHIE HENNUYER, RUE DU BOULEVARD, 7. BATIGNOLLES.
Boulevard extérieur de Paris.

DES NOMS

ET

MARQUES DE FABRIQUE

ET DE COMMERCE

DE LA

CONCURRENCE DÉLOYALE

COMPRENANT

Les noms et raisons commerciales,
Des désignations des lieux de fabrication, des produits;
Les enseignes, etc., la jurisprudence,
Le texte des lois françaises
avec les exposés des motifs, rapports, etc.,
Les législations étrangères et les traités internationaux.

PAR

ÉDOUARD CALMELS

AVOCAT A LA COUR IMPÉRIALE DE PARIS,

DOCTEUR EN DROIT,

Auteur du traité *De la propriété et de la contrefaçon des œuvres de l'intelligence.*

PARIS

AUGUSTE DURAND, LIBRAIRE,

RUE DES GRÈS, 7.

—

1858

A

SON EXCELLENCE M. BAROCHE

PRÉSIDENT DU CONSEIL D'ÉTAT.

Monsieur,

Permettez-moi de placer sous votre patronage ce modeste travail.

Vous avez été notre chef et notre maître ; loin de nous, vous vous plaisez à nous montrer que les souvenirs du Palais sont des souvenirs du cœur.

Ce livre est, par lui-même, peu digne de vous être offert. Puisse-t-il avoir cependant quelque valeur à vos yeux, car il porte avec lui le témoignage des sentiments de reconnaissance et de respect

De celui qui est, de Votre Excellence,
le très-humble serviteur,

ÉDOUARD CALMELS.

TABLE DES MATIÈRES.

CHAPITRE V.

Législation française.

CHAPITRE VI.

FIN DE LA TABLE.

Nous nous sommes proposé d'examiner dans cet ouvrage les droits des fabricants et négociants sur toutes
les dénominations et sur tous les signes qu'ils emploient
pour faire connaître leur industrie et leur commerce, les
produits et les marchandises qu'ils vendent au public.

Notre législation, dans deux lois spéciales qu'on peut
appeler organiques, régit le sujet qui nous occupe. L'une
de ces lois protège l'emploi des raisons sociales, des
noms des fabricants et commerçants et des lieux de fabrication. La seconde loi, toute récente, a pour objet les
marques de fabrique et de commerce. Elle détermine à
cet égard les droits des fabricants et des commerçants,
et édicte des peines contre ceux qui y portent atteinte.

Les principes généraux du droit sont applicables aux
désignations, aux signes qui ne rentrent pas dans le cadre de ces deux lois.

Ainsi, tout ce qui concerne la propriété des dessins ou
des expressions placés sur les enseignes, sur les enveloppes, vases ou boîtes renfermant les produits mis en

a

vente, lorsque ces dessins ou ces expressions ne constituent pas des marques de fabrique ou de commerce, ne trouve de protection que dans les règles générales de notre droit.

Des dispositions particulières seraient assurément plus efficaces.

Ceux qui portent atteinte aux droits reconnus aux fabricants et aux commerçants par des lois spéciales ou par des lois générales usurpent leur nom, leur marque, leur enseigne, pour s'emparer de leur clientèle et de leur crédit, commettent des actes de concurrence déloyale qui trouvent leur répression d'après la distinction et les principes que nous venons d'indiquer.

Tel est l'ensemble du sujet de cet ouvrage. Le plan dans lequel cette matière est présentée était naturellement indiqué.

Nous examinons d'abord ce qui concerne les marques de fabrique et de commerce, puis les dispositions relatives aux noms des fabricants, des commerçants et des lieux de fabrication.

Viennent ensuite les désignations et dessins employés par les fabricants et commerçants et qui ne sont protégés par aucune loi spéciale, mais pour la garantie desquels le droit commun permet d'intenter une action en concurrence déloyale.

Dans une quatrième partie, nous exposons les droits que les fabricants et négociants étrangers peuvent exercer chez nous, soit en vertu des dispositions générales de notre droit, soit en vertu des traités internationaux qui existent.

Enfin, dans une dernière partie, nous avons classé d'abord les lois françaises en vigueur, accompagnées des exposés de motifs et rapports qui en expliquent le sens et en déterminent la portée ; viennent ensuite les lois étrangères et les traités internationaux conclus pour protéger, dans la limite qui nous occupe, les intérêts de notre industrie et de notre commerce.

Nous n'avons pas eu la prétention de faire un traité scientifique, un ouvrage purement de doctrine. Nous avons voulu présenter seulement dans un cadre restreint les principes qui régissent notre matière, et rapprocher des opinions que nous avons émises les décisions de la jurisprudence. Nous espérons que, même dans ces limités, cet ouvrage présentera quelque utilité.

Nous renvoyons pour tout ce qui ne rentre pas nécessairement dans le sujet de ce travail au traité que nous avons publié il y deux ans : *De la Propriété et de la Contrefaçon des œuvres de l'intelligence.*

DE LA PROPRIÉTÉ

ET

DE LA CONTREFAÇON

DES MARQUES DE FABRIQUE

ET

DE COMMERCE.

CHAPITRE I.

DES MARQUES DE FABRIQUE ET DE COMMERCE.

—

SECTION I.

§ **1.** — **Législation ancienne.** — **Législation actuelle.**
Loi du 23 juin 1857.

SOMMAIRE.

1. Législation actuelle. — Son caractère.
2. Législation ancienne. — Son caractère.
3. De la marque et de son objet sous l'ancienne et la nouvelle législation.
4. Lois diverses. — Projets de lois antérieurs à la loi de 1857.
5. De la loi de 1857. — Des travaux qui l'ont précédée. — Caractère de cette loi. — De l'ensemble et de l'économie des dispositions qu'elle renferme.
6. Défauts et imperfections de la loi de 1857.
7. Des principes qui régissent en cette matière la plupart des nations voisines.
8. Nécessité de créer pour l'industrie et le commerce un Code spécial.
9. Des avantages que présente la loi de 1857.
10. Des dispositions législatives antérieures abrogées par la loi de 1857.

1. Notre législation protectrice des droits des fabricants et des commerçants est toute récente. Elle est née de la li-

berté même du commerce et de l'industrie proclamée par la
loi du 17 mars 1791 qui, en abolissant les maîtrises et les
jurandes, a brisé les principes sur lesquels était fondée l'organisation du travail.

Les corporations disparaissant, le travail isolé s'établit en
vainqueur sur les ruines des associations industrielles. Mais la
liberté amena la licence et le désordre; seule, la législation
pouvait les réprimer. La première loi qui, dans l'industrie,
vint mettre un frein aux débordements et aux empiétements
et protéger les droits individuels, fut la loi du 22 germinal
an XI, qu'on pouvait appeler la loi organique en cette matière.

2. La législation antérieure n'a donc plus dans nos Codes
que la place qu'on accorde à un souvenir. Cette législation
imposait la nécessité des marques de fabrique et garantissait
uniquement les produits qui étaient dans les conditions prescrites par les règlements qui pesaient alors sur l'industrie.
C'était là la conséquence d'un système préventif qui avait détruit la liberté au lieu d'en réprimer les abus.

3. La marque, sous ce régime qui faisait du travail un
privilége, était l'attestation publique de l'existence des entraves qui enchaînaient l'industrie. C'était en quelque sorte
le certificat donné au fabricant pour attester qu'il avait respecté les limites apportées à sa fabrication, et que, loin de les
franchir, il s'était soumis aux prescriptions réglementaires
fixant la qualité du produit, déterminant son poids et sa couleur. Aujourd'hui, la marque est la garantie de la liberté
commerciale, la protection du commerçant honnête contre le
spoliateur.

Née de la liberté du travail, elle assure à chacun le crédit,
le renom qu'il a su acquérir; elle garantit à tous, c'est-à-dire
à la nation, vis-à-vis de l'étranger, la place réservée à notre
industrie sur les marchés extérieurs.

4. Notre ancienne législation n'avait donc rien à nous don-

ner; elle a été remplacée par des dispositions législatives publiées à des époques différentes et dont les unes sont générales,
et les autres spéciales à une localité ou à une industrie, sans
harmonie, soit entre elles, soit avec les autres parties de
notre droit.

Pour compléter cette législation, et dans le but aussi de
faire disparaître ce défaut d'harmonie entre les diverses dispositions législatives en vigueur, le gouvernement présenta
à la Chambre des députés, en 1847, un projet de loi sur cette
matière.

Les événements politiques qui suivirent bientôt s'opposè-
rent à l'examen et à la discussion de ce projet dans les Chambres législatives.

Au mois de mai 1850, le gouvernement soumit à l'examen
du Conseil général de l'agriculture, des manufactures et du
commerce, des questions relatives aux modifications à apporter à la législation régissant les marques de fabrique.

Un an après, au mois de mai 1851, commença dans le sein
du Conseil d'Etat, sous la présidence de M. le vice-président
de la République, la discussion d'un projet de loi sur cette
matière.

Enfin, après toutes ces tentatives, fut préparée, discutée
et promulguée la loi récente régissant les marques de fabrique et de commerce, et sur laquelle nous voulons jeter un
coup d'œil général, avant d'entrer dans l'examen détaillé et
dans le commentaire des diverses dispositions qui la composent.

5. Le projet de la loi qui vient d'être promulguée fut préparé en 1854 par le Conseil d'Etat ; ce projet, après avoir
reçu quelques modifications de la part de la Commission du
Corps législatif, retourna au Conseil d'Etat qui accepta la
plupart des amendements présentés ; puis il fut soumis de
nouveau au Corps législatif qui l'adopta.

Le Sénat, après avoir entendu le rapport de l'honorable

M. Dumas, sénateur, l'accueillit sans objection dans sa séance du 4 juin 1857.

Ces garanties faisaient espérer que cette loi viendrait remplir dans le Code industriel une place vacante, et dont l'absence était pour le commerce loyal, tant à l'intérieur qu'au dehors, la source d'un préjudice véritable.

Nous croyons cependant qu'elle ne réalise pas les espérances légitimes qu'on avait conçues.

Il ne faut pas se méprendre sur le caractère de cette loi ; elle est destinée à remplacer la loi, organique en cette matière, du 22 germinal an XI (titre VI) ; en la créant, le législateur s'est proposé de réglementer tous les droits auxquels la propriété ou la jouissance d'une marque peuvent donner naissance.

Cette loi a donc un caractère de généralité qui la place à la tête de toutes les dispositions législatives en vigueur jusqu'à ce jour. Elle les domine toutes. Elle a pour but de faire disparaître tous ces actes législatifs épars, d'origines et de dates différentes, régissant des industries et des localités diverses, et de soumettre cette matière aux principes généraux du droit dont elle est l'interprète.

Cette loi était donc pour l'industrie un acte important.

Examinons l'ensemble de ses dispositions. Démontrons quelle est l'économie de cette nouvelle législation.

La marque en principe est facultative, elle peut exceptionnellement devenir obligatoire, en vertu de décrets rendus en la forme des règlements d'administration publique.

Le propriétaire d'une marque, pour être admis à la revendiquer en justice, doit en avoir effectué le dépôt au greffe du tribunal de commerce de son domicile.

Ce dépôt n'a d'effet que pour un délai de quinze années à l'expiration desquelles cependant la propriété de la marque peut toujours être conservée pour un nouveau terme d'égale durée, au moyen d'un nouveau dépôt.

Ce dépôt toutefois n'est pas attributif, mais seulement déclaratif de la propriété des marques ; et si le propriétaire de la marque déposée a seul droit au bénéfice de la loi nouvelle, celui qui n'aura pas effectué ce dépôt n'est pas dénué de toute action, il reste dans le droit commun ; contre ceux qui tenteraient de le dépouiller de sa marque il pourra agir en demandant à l'article 1382 du Code Napoléon le moyen de se défendre.

Dans le titre III intitulé : *Pénalités*, la loi a apporté quelques modifications dans les peines appliquées aux contrefacteurs de marques et à ceux qui ont fait usage de marques contrefaites. L'emprisonnement et l'amende sont les deux peines édictées pour la répression des délits en cette matière. On y trouve aussi une disposition nouvelle qui réprime la concurrence déloyale faite à l'aide d'une imitation frauduleuse d'une marque. C'est là la création d'un nouveau délit.

Une innovation qui présente un certain intérêt est celle qui investit les tribunaux civils du pouvoir de juger les actions relatives aux marques de fabrique et qui supprime toute tentative de conciliation devant les prud'hommes.

Les autres prescriptions qui complètent cette loi sont empruntées pour la plupart à la loi du 5 juillet 1844 qui régit les brevets d'invention.

Une marque obligatoire pour tous les produits, appliquée au commerce intérieur de la France, nous paraît une impossibilité pratique.

Mais pour le commerce qui se fait à l'étranger nous partageons l'opinion de M. Vivien[1], et nous croyons que ce commerce peut comporter l'établissement d'une marque obligatoire. Cette mesure diminuerait le nombre de ces tromperies, de ces spéculations déloyales qui compromettent l'honneur du pays et le développement de nos relations.

---

[1] *Revue de législation et de jurisprudence*, t. XXVII, p. 135.

Aller au delà de cette prescription, et autoriser le gouvernement à faire des règlements dont l'objet serait d'assurer, relativement aux produits exportés hors du royaume, la bonne qualité, les dimensions et la nature de la fabrication, serait dépasser le but et enlacer l'industrie et le commerce dans des entraves à jamais brisées.

Le principe de la marque obligatoire pour notre commerce-extérieur peut être considéré comme un puissant élément du développement de notre industrie. Il amènera insensiblement les fabricants français d'objets destinés à l'exportation à donner à leurs produits une supériorité qui leur assurera la préférence sur les produits fabriqués par les nations voisines. Un système de douane plus libéral, moins fiscal, développera l'œuvre commencée ; des traités internationaux la compléteront.

Un récent décret, rendu le 5 décembre dernier, supprime les droits à l'exportation dont était frappée une certaine quantité de marchandises, ou les réduit à un chiffre peu considérable. C'est un pas fait vers la réforme anglaise qui a supprimé les droits de sortie, et qui peut assurément nous servir de modèle.

Créer des débouchés à notre industrie, et attirer chez nous les produits étrangers qui nous sont indispensables, c'est à ce double but que doivent tendre toutes les dispositions législatives ou réglementaires qui régissent le commerce ou l'industrie. Aujourd'hui que les droits de la pensée appliquée à des créations littéraires et artistiques, ou à des inventions industrielles, sont protégés par la plupart des pays qui nous environnent, il faut que le fabricant puisse également envoyer partout ses produits et faire punir partout l'usurpateur de son nom ou de sa marque. Des traités internationaux, comme il en existe déjà quelques-uns, sont assurément les actes les plus utiles et qui protégeront de la manière la plus efficace les intérêts de notre commerce et de notre industrie.

La loi de 1857 a reproduit dans le même ordre et sous le même nombre d'articles les mêmes dispositions que celles du projet présenté à la Chambre des députés en 1847.

Il faut en excepter toutefois celles qui sont relatives aux effets du dépôt des marques.

L'expérience nous démontrera si cette innovation est heureuse.

Le projet de loi de 1847 proposait de décider que le dépôt faisait acquérir la propriété de la marque.

La loi actuelle, empruntant aux lois antérieures leur rédaction, se borne à dire : *Nul ne peut revendiquer la propriété exclusive d'une marque s'il n'a déposé deux exemplaires*, etc.

Cette rédaction a été jusqu'à ce jour l'objet de grandes incertitudes sur les effets que le dépôt devait produire ; il est à regretter que le législateur ne se soit pas clairement exprimé dans la loi même sur le principe capital qui devait régir cette matière.

6. Nous ne nous faisons aucune illusion, nous reconnaissons toutes les difficultés dont la conception d'une loi sur un tel sujet était entourée ; mais cependant nous ne pouvons nous empêcher de dire que les dispositions fondamentales de cette loi reculent devant un principe nettement défini.

Ainsi, la marque est facultative ; cependant elle pourra devenir obligatoire.

Le dépôt de la marque est exigé pour intenter les actions relatives à la propriété de la marque ; et cependant une marque non déposée n'en est pas moins la propriété de celui qui en fait un usage légitime, et les tribunaux doivent reconnaître cette propriété.

Enfin, la propriété de la marque déposée a une durée de quinze années, chiffre emprunté, on ne sait pourquoi, à la loi sur les brevets d'invention ; cependant elle peut se prolonger indéfiniment.

Quelles difficultés vont naître de toutes ces incertitudes !

Les lois romaines ne procédaient pas ainsi ; assises sur des principes certains, elles restaient immuables. Quels que fussent les efforts que l'intérêt privé tentât pour les faire fléchir, elles demeuraient sévères, rigoureuses même dans leur application, et les conséquences logiques étaient toujours légales.

Quel guide sûr et fidèle pour le jurisconsulte ! Nous sommes de composition plus facile, nous empruntons à tous les principes quelque chose, et nous les abandonnons dès que nous croyons arriver à une conséquence qui pourrait froisser le sentiment de l'équité naturelle.

C'est peut-être là un tort ; car chacun entend l'équité naturelle à sa manière, tandis qu'il peut y avoir moins de doute et d'hésitation sur les conséquences à tirer d'une règle de droit une fois admise.

Les principes d'une loi ne doivent point avoir cette flexibilité qui permet de se mouvoir en tout sens, tantôt à droite, tantôt à gauche ; voulant alors protéger tout le monde, ils ne protégent personne.

7. Les difficultés que nous venons de signaler ont été comprises par la plupart des nations qui nous environnent. Elles n'ont sur cette matière aucune législation spéciale.

Les principes qui répriment le dol, la fraude, qui accordent la réparation du préjudice causé, ont jusqu'à ce jour paru suffire à la garantie de tous les droits.

Et en ce qui concerne notre commerce extérieur, des traités internationaux, comme ceux que la France vient de conclure avec la Russie et le duché de Bade, auraient certainement des conséquences plus efficaces que celles de la loi nouvelle.

8. Nous doutons donc que cette loi réalise les espérances qu'on avait conçues.

L'industrie, le commerce, ont une existence à part ; il leur faut un Code spécial. Jamais la législation qui les réglementera ne produira les avantages qu'on est en droit d'attendre, si elle n'est l'objet d'une conception unique, si toutes les parties qui la composent ne sont reliées entre elles par la même pensée, si toutes enfin ne sont soumises à des dispositions qui se coordonnent entre elles et viennent se prêter un mutuel appui.

Les dispositions éparses, isolées, qui nous régissent, faites, selon les circonstances, pour obéir à des besoins pressants, d'une origine différente, dues à tous les gouvernements qui, depuis cinquante ans, se succèdent en France, inspirées par des sentiments et des principes politiques d'une nature très-diverse, ces dispositions, disons-nous, ne pourront jamais former une œuvre puissante, propre à féconder l'industrie, à étendre et développer nos relations commerciales.

Il faut, non l'œuvre du travailleur qui fait une pièce isolée, mais la pensée et le travail qui créent un monument durable.

9. Toutefois il ne faut pas méconnaître les avantages que la loi de 1857 est appelée à produire dans l'état actuel de notre législation.

« Excepté, a dit l'honorable rapporteur au Corps législatif, quelques innovations qu'il nous avait paru possible d'étendre, le projet de loi qui vous est soumis ne constitue pas, à vrai dire, une législation nouvelle : il résume, coordonne, rectifie ou complète les prescriptions légales existant aujourd'hui. »

C'est aussi ce que disait l'exposé des motifs; c'est là le seul but qui ait été atteint.

Cette loi, en effet, a eu surtout en vue de régulariser, de généraliser, d'uniformiser, si l'on peut ainsi dire, certaines dispositions législatives.

Ainsi, à l'avenir, le lieu où le dépôt de la marque devra être effectué sera le même pour toutes les industries.

Les contestations en cette matière relèveront toutes de la même juridiction.

Les mêmes peines, appliquées au même degré, seront indistinctement appliquées aux contrefacteurs des marques employées dans toutes les industries.

Une omission signalée depuis longtemps par tous les jurisconsultes qui ont écrit sur cette matière [1], par les tribunaux,
par les fabricants, a été réparée, et à l'avenir seront frappés
d'une peine ceux qui débiteront sciemment des produits revêtus d'une marque contrefaite. La loi du 28 juillet 1824
s'appliquait seulement aux cas où la vente avait pour objet
des produits revêtus de noms supposés ou altérés.

10. Cette loi n'abroge aucun des actes législatifs antérieurs.

Suivant la formule consacrée, elle ne déroge aux dispositions antérieures que lorsqu'elles sont contraires à la loi actuelle.

Ce sera l'œuvre du magistrat de décider, de fixer celles
qui doivent ou non recevoir leur exécution.

Plus que jamais, il est donc important de faire connaître
aux fabricants, aux négociants, leurs droits et leurs obligations en ce qui touche cette matière.

§ 2. — Caractère général de la loi du 23 juin 1857.

SOMMAIRE.

11. La loi de 1857 s'applique sans réserve à tous les produits faisant
l'objet d'un commerce.
12. Cette loi n'a pas été édictée dans l'intérêt des consommateurs.
13. La marque n'est employée que pour la garantie des intérêts privés.

11. La loi de 1857 ne s'occupe de la marque que dans ses
rapports avec le fabricant ou le commerçant ; elle est applicable, sans réserve, à tous les produits faisant l'objet d'un
commerce. C'est ce que déclare l'article 20 de cette loi :
« Toutes les dispositions de la présente loi, dit-il, sont appli
« cables aux vins, eaux-de-vie et autres boissons, aux bestiaux,

---

[1] Voir notre ouvrage *De la Propriété et de la Contrefaçon des œuvres de l'intelligence*, p. 271 et 620.

« grains, farines, et généralement à tous les produits de l'agri-
« culture. » Cette disposition est empruntée au projet de loi
de 1847; elle est fondée sur cette considération que les produits de l'agriculture, lorsqu'ils ont subi une transformation
industrielle, deviennent l'objet d'un commerce aussi important que les objets manufacturés. Cette disposition fait cesser
toute incertitude et met un terme aux hésitations de la jurisprudence.

12. La loi de 1857 ne s'est pas proposé de réprimer les
abus qui peuvent être commis au détriment des consommateurs. Les intérêts de ceux-ci se trouvent, en effet, protégés
par les dispositions de l'article 423 du Code pénal et la loi
du 27 mars 1851, qui répriment les tromperies, les falsifications, les fraudes sur la nature et la quantité des marchandises vendues.

A ce point de vue disparaissent les principales dispositions
de notre loi et surtout la distinction essentielle, fondamentale des marques déposées et de celles qui ne le sont pas ;
car la tromperie est la même et a la même conséquence pour
le public, soit qu'elle se pratique par une marque déposée,
soit qu'elle s'exerce par une marque non déposée.

13. La marque n'est plus aujourd'hui un moyen de contrôle des marchandises et des produits fabriqués, elle n'est
plus l'attestation donnée par l'administration pour garantir
la nature, la qualité, le mode de confection des divers produits.

Elle n'est pas l'œuvre de l'administration, elle est attachée
uniquement à des intérêts privés. Nous ne nous occupons
donc pas ici de ces espèces de timbres et de marques qui sont
apposées par l'administration sur nos marchandises à la sortie
de France et sur les marchandises étrangères, lorsqu'elles
sont introduites sur notre territoire.

Ces timbres et ces marques n'ont rien de commun avec
notre sujet.

La marque industrielle ou commerciale ne comprend pas non plus l'estampille, au moyen de laquelle l'autorité pose son *visa* sur certains produits spéciaux qu'exceptionnellement elle vérifie, soit dans les intérêts de police, soit même dans un intérêt de garantie publique[1].

§ 3. — Des diverses classifications des marques.

SOMMAIRE.

14. De la marque facultative et de la marque obligatoire.
15. De la marque significative.
16. De la marque légale et de la marque vulgaire.
17. De la marque emblématique et de la marque nominale.
18. De la marque apparente et de la marque non apparente.
19. De la marque nominative et de la marque significative.
20. De la marque collective. — De la marque d'origine.
21. Des marques particulières et des marques communes.

14. L'article 1er de la loi de 1857 dispose :

« La marque de fabrique ou de commerce est facultative.

« Toutefois des décrets rendus en la forme des règlements « d'administration publique peuvent exceptionnellement la « déclarer obligatoire pour les produits qu'ils déterminent. »

Ce n'est pas là une classification proprement dite des marques. C'est plutôt une réserve de la part du législateur d'apporter, dans certains cas, une restriction au principe de la liberté commerciale.

Cette disposition ne touche pas aux éléments constitutifs de la marque, elle ne modifie et n'altère en rien les effets qui sont attachés à son principe et à son existence.

La question desavoir si en principe la marque doit être obligatoire ou facultative cache sous une apparence modeste un intérêt immense. Cette question touche, en effet, à la liberté du

---

[1] Voir l'exposé des motifs de la loi de 1857.

commerce et de l'industrie, qui est elle-même celle du travail.

C'est pour la conquête de ces droits que tant de sang a été versé. C'est pour la proclamation du travail libre, de la suppression des priviléges, des corporations, des maîtrises et des jurandes qu'une révolution a englouti de fond en comble nos institutions et ébranlé le monde entier.

Le but que le législateur a voulu atteindre est donc la combinaison, l'alliance du grand principe de la liberté de l'industrie et du commerce, proclamé dans la loi du 17 mars 1791, et la garantie des intérêts privés des fabricants et des négociants. Cette garantie sera acquise, lorsque chacun respectera les produits de ses concurrents, ainsi que les signes et les dénominations qui servent à les distinguer, en indiquant leur origine.

C'est avec raison, selon nous, que le législateur a accepté le principe de la marque facultative, qui est une nouvelle consécration de la liberté de l'industrie [1].

Le projet de loi soumis en 1847 à la Chambre des députés avait adopté comme principe la marque facultative.

Le Conseil général de l'agriculture, des manufactures et du commerce, dans sa séance du 10 mai 1850, sous la présidence de M. Dumas, alors ministre de l'agriculture et du commerce, s'était également prononcé pour le principe de la marque facultative, admettant exceptionnellement l'établissement de la marque obligatoire.

En principe, en effet, il n'est pas possible de rendre la marque obligatoire d'une manière absolue. Cette formalité serait impraticable pour un grand nombre de produits. Si l'on avait adopté la marque obligatoire, il eût fallu que la

---

[1] Voir à la dernière partie de cet ouvrage l'exposé des motifs. On peut également consulter l'exposé des motifs d'un projet de loi sur cette matière présenté à la Chambre des députés en 1847, et la discussion qui avait eu lieu à la Chambre des pairs en 1846; enfin un article de M. Wolowski sur ce même projet de loi, article inséré dans le *Journal des Économistes*, année 1846, t. XIV, p. 123 et suiv.

marque désignât non-seulement le nom du fabricant, mais encore la nature, l'espèce et la qualité de la marchandise. Ces dispositions, créées dans l'intérêt du public, auraient amené comme conséquence, de la part de l'administration, l'examen, la vérification des produits mis en vente. Nous serions retournés ainsi en arrière vers ce régime réglementaire qui, lui aussi, n'avait originairement pour but que l'intérêt public, mais qui, entraîné par la force même du principe préventif, a fini par enlever à l'industrie la liberté, seule source de son développement et de son progrès.

Il faut bien reconnaître que, parmi les partisans de la marque obligatoire, on trouve une grande variété de systèmes. En première ligne, d'abord, se présentent ceux qui regrettent les temps du régime préventif avec toutes ses entraves et toutes ses rigueurs. Puis viennent ceux qui font des distinctions, des catégories ; les uns restreignent la marque obligatoire à l'apposition du nom du commerçant et de son domicile sur les produits qu'il fabrique ou qu'il vend ; d'autres étendent cette obligation aux indications de la nature et de la qualité des produits. Ceux-ci frappent d'une marque les objets destinés au commerce intérieur ; ceux-là, au contraire, exigent la marque exclusivement pour les marchandises destinées à l'exportation.

Au milieu de tous ces systèmes, il n'y a de vrai que le principe qui repose sur la liberté de l'industrie. Cette diversité d'opinions tient à ce que tous ceux qui cherchent à résoudre la question de la marque obligatoire ou facultative se préoccupent d'intérêts différents.

Si l'on veut rechercher dans la marque une garantie tout à la fois pour les intérêts de la production et de la consommation, on se trouvera en présence d'un problème que rendent insoluble les principes de liberté qui régissent notre industrie et notre commerce, et qui leur ont donné un si rapide essor.

Considérée comme garantie des intérêts de la production seulement, la question de savoir si l'on doit rendre la marque obligatoire ou la laisser facultative est une question qui présente ses difficultés. Cependant nous croyons que personne n'est meilleur juge de son intérêt que le fabricant ou le marchand, et que tout ce que le législateur peut faire, c'est d'accorder à la marque dont il est fait un usage légitime une protection assez efficace pour éloigner les usurpateurs.

C'est là le seul objet que le législateur s'est proposé dans la loi que nous examinons. Quant aux intérêts des consommateurs, ils se rattachent à un autre ordre d'idées et de principes de droit.

Mais pourquoi exiger comme garantie de ces intérêts une marque obligatoire? Pourquoi vouloir restreindre la preuve de la tromperie sur la nature de la marchandise vendue dans la marque qui serait apposée sur chaque objet vendu? Pourquoi astreindre le fabricant ou le marchand à frapper de marques si diverses les mille objets de son commerce?

L'article 423 du Code pénal ne renferme-t-il pas une disposition suffisante pour atteindre les fraudes les plus communes? Et le principe de la concurrence ne suffit-il pas pour faire naître entre les commerçants une émulation telle, que le fabricant et le commerçant qui trompent le public sur les qualités de la marchandise ne pourront fonder ni clientèle, ni crédit?

15. M. Wolowski[1] trouve le moyen de constater la fraude, et en conséquence de garantir l'acheteur des tromperies dont il est souvent l'objet, par l'emploi d'une marque *significative* qui viendrait apposer au produit une facture légale.

Cette marque consisterait dans un signe apparent, à l'aide duquel l'acheteur reconnaîtrait qu'il obtient ce qu'il veut réellement obtenir, c'est-à-dire des produits mélangés ou non

[1] *Journal des Economistes*, PROJET DE LOI SUR LES MARQUES DE FABRIQUE, année 1846, p. 140 et suiv.

mélangés, d'une fabrication supérieure ou d'une fabrication commune.

Cette marque étant d'ailleurs facultative, aucune entrave ne serait apportée à la fabrication et au commerce. Cette marque facultative ne tarderait pas, dit l'auteur, à se convertir en usage habituel.

Ce système aurait l'avantage de ne pas toucher à ce régime démocratique de la fabrication, qui livre au commerce des objets plus légers, plus grossiers, moins durables, ayant plus d'apparence que de solidité, mais appropriés à toutes les convenances et mis à la portée de toutes les fortunes, de tous les goûts, de toutes les exigences.

Nous ne pouvons nous empêcher de citer un exemple qui prouve que, même dans l'intérêt des consommateurs, une marque ou un contrôle facultatif suffit. Telle est l'institution pour la *condition des soies*. Nous empruntons cet exemple à M. Wolowski [1].

Intermédiaire libre entre le vendeur et l'acheteur, cette institution ramène toutes les soies qui lui sont confiées au même degré de dessiccation ; elle empêche qu'on ne fasse payer de l'eau pour de la matière première, alors que le poids de celle-ci augmente ou diminue, suivant qu'elle est plus ou moins imprégnée d'humidité. Personne n'est forcé de porter ses soies à la *condition*, et cependant tout ce commerce si considérable se fait par l'entremise du bureau de garantie.

16. Il n'y a aujourd'hui aucune distinction à établir entre les caractères différents des marques. Quelques auteurs et quelques arrêts les avaient autrefois classées en marques *légales* et marques *vulgaires* [2].

La première était celle dont la contrefaçon était punie des peines du faux : elle devait être inséparable de l'objet fabri-

---

[1] DES FRAUDES COMMERCIALES, par M. Wolowski, *Journal des Economistes*, année 1844, t. VII, p. 75.

[2] Gastambide, *Traité des contrefaçons*, nos 413 et 415.

qué ; la seconde comprenait les étiquettes, enveloppes, boîtes des produits fabriqués. Leur contrefaçon ne pouvait être réprimée que par le principe général de l'article 1382 du Code Napoléon, qui commande la réparation du tort causé à autrui.

17. Il n'y a également aucune distinction à faire entre la marque emblématique et la marque nominale.

18. La loi de 1857 ne détermine pas le mode d'après lequel la marque devra être apposée aux produits fabriqués.

La loi de germinal an XI ne renfermait non plus aucune disposition sur ce point. Toute prescription à cet égard, en effet, eût été impossible, à raison de l'immense variété des produits. Il en résulte que toute marque, apposée conformément aux usages du commerce, doit jouir de la protection de la loi.

La marque qui n'est pas apparente n'en constitue donc pas moins une véritable marque de fabrique, qui doit assurer au fabricant la jouissance exclusive des avantages et de la clientèle qui s'attache à sa réputation commerciale. (Cass., 12 juillet 1845 : Bernard et de Martigny c. Minist. public [1].) Merlin [2] et Pardessus [3] reconnaissent qu'il n'y a pas lieu de distinguer si la marque est plus ou moins fixe, si elle est incorporée dans l'objet ou si elle est seulement appliquée.

19. La marque *nominative* et la marque *significative* ne diffèrent pas entre elles.

A cet égard, le législateur n'a pas reproduit cette distinction que l'on trouve dans un vœu émis par le Conseil général de l'agriculture en 1850.

Il a admis la marque nominative lorsqu'elle se présentait sous une forme particulière.

20. Le projet de loi de 1847 renfermait dans ses articles 6 et 7 des dispositions relatives à une marque qu'on pouvait

---

[1] Dev. et Car., 1845, 1, 842.
[2] *Rép.*, v° FAUX, sect. I, § 14.
[3] Dev. et Car. Voir la note au bas de l'arrêt du 28 mai 1822.

appeler *collective* ou marque d'origine, parce qu'elle indiquait le nom d'une ville, d'un lieu de fabrique ou de production. Tout manufacturier avait le droit de placer sur ses produits une marque d'origine. Cette marque pouvait avoir une certaine valeur, par suite de la bonne renommée acquise à certains lieux de fabrication.

En usant de cette marque collective, le fabricant devait indiquer son nom ou sa raison sociale, pour ne pas faire peser la responsabilité de ses produits sur toute l'industrie à laquelle la première marque appartient.

L'article 7 de ce projet défendait d'inscrire sur des produits le nom d'un lieu autre que celui de la fabrication.

Ce projet ne fixait pas la limite du territoire auquel était attachée la bonne renommée de certains produits de fabrication ; il s'en rapportait sur ce point à l'usage du commerce, à la notoriété publique, en laissant aux tribunaux, en cas de contestation, le soin de prononcer dans chaque affaire, suivant les circonstances particulières et locales [1].

La nouvelle loi de 1857 a supprimé ces dispositions, sans s'expliquer clairement à cet égard. On peut trouver les motifs de ce silence dans la distinction établie par cette loi entre l'usage des noms employés dans le commerce et celui des signes ou symboles servant de marque. Le législateur a pensé que tout ce qui était relatif aux noms continuait d'être réglé par la loi du 28 juillet 1824, qui renfermait sur ce point une protection suffisamment efficace.

21. Des auteurs [2] ont établi une distinction qui classe les marques en marques particulières et marques communes. Ces dernières sont appliquées à tout un genre d'industrie.

Cette distinction a encore aujourd'hui son importance, pour les savons, par exemple.

---

[1] Voir le chapitre II relatif aux noms des fabricants et des lieux de fabrication régis par la loi de 1824.

[2] Gastambide, n° 412.

§ 4.

SOMMAIRE.

des noms et prénoms de ceux qui les emploient. — De l'ordre dans lequel sont placés les lettres ou les chiffres.
45. *Des empreintes.* — *Du timbre.* — *Du cachet.* Des capsules en plomb employées pour boucher les bouteilles.
46. *Des enseignes.* Elles ne doivent pas être confondues avec les marques.

22. « Sont considérés comme marques de fabrique et de « commerce, dit l'article 1ᵉʳ de la loi du 23 juin 1857, les « noms sous une forme distinctive, les dénominations, em- « blèmes, empreintes, cachets, vignettes, reliefs, lettres, « chiffres, enveloppes et tous autres signes servant à distin- « guer les produits d'une fabrique ou les objets d'un com- « merce. »

Cet article reproduit complétement l'article 1ᵉʳ du projet de loi soumis à la Chambre des députés en 1847 ; de plus, il y ajoute ces mots : *les noms sous une forme distinctive.*

23. On peut donc définir ainsi la marque : tout signe servant à distinguer les produits d'une fabrique ou les objets d'un commerce.

24. Le fabricant et le commerçant ont une entière liberté dans le choix des signes servant à distinguer leurs produits. Cette liberté n'a d'autres limites que celles du respect qu'ils doivent apporter à des droits acquis antérieurement.

Nul ne peut donc employer une marque distinctive déjà adoptée par un autre fabricant ou commerçant.

25. Le fabricant ou négociant, à quelque industrie qu'il appartienne, qui croira trouver dans la marque d'un concurrent une ressemblance avec la sienne, devra, pour obtenir la suppression de cette marque ou des points de ressemblance qu'elle pourrait présenter, saisir les tribunaux de cette question. A cet égard, sont abrogées toutes les dispositions légis- latives, et notamment l'article 6 du décret du 20 février 1810, qui rendait les Conseils des prud'hommes arbitres de la suffi- sance ou de l'insuffisance de différence entre les marques déjà

adoptées et les nouvelles qui seraient proposées, ou même entre celles existantes.

26. On ne considère comme marque que le signe lui-même; ainsi la manière dont un négociant disposerait sa marque ou ses marques sur ses produits, l'ordre, la distance qu'il a adoptés ne sont pas protégés par les lois qui régissent les marques. Cette imitation pourrait tout au plus constituer un élément de concurrence déloyale. (Paris, 23 juillet 1851: Fechiney c. Cottiau [1].)

27. L'article 1er de la loi de 1857, que nous avons transcrit plus haut, est énonciatif et non limitatif. La loi, a dit M. le rapporteur au Corps législatif, énumère, non pas tous les signes dont on peut se servir, mais les plus usités et les principaux d'entre eux.

28. *Des emblèmes et des vignettes.* Un dessin, une figure, un signe emblématique ou purement arbitraire, peuvent être employés comme marques de fabrique et de commerce.

Il n'est pas nécessaire que les signes employés comme marques présentent un caractère de nouveauté; il suffit que leur application soit nouvelle, c'est-à-dire qu'ils ne soient pas déjà en usage pour distinguer les produits similaires d'une autre fabrique.

Dans la marque de fabrique, en effet, ce que la loi garantit, ce n'est pas une invention de nouveau dessin, une conception de forme nouvelle, mais bien le produit lui-même, dont la marque indique l'origine.

29. Il a été jugé qu'il importait peu que la vignette adoptée comme marque de fabrique représentât un établissement public appartenant à l'Etat, et qu'elle eût été placée antérieurement sur des publications scientifiques : « Parce que, s'il est permis à toute personne de prendre et publier l'image d'un établissement public, le fabricant qui, le premier, a pris

---

[1] *Gazette des Tribunaux*, 1851, 26 octobre.

cette image pour marque de sa fabrique, a seul le droit de s'en servir à ce titre. » (Riom, 23 novembre 1852 : Bru c. Larbaud [1].)

La même décision a été rendue au sujet d'étiquettes apposées sur les enveloppes des objets fabriqués. (Trib. de comm. de la Seine, 3 mars 1841 [2].)

30. Il n'est pas nécessaire que l'emblème, le symbole pris pour marque, soit accompagné du nom du fabricant ou du commerçant, ou du nom du lieu de la fabrication ou de la maison de commerce, ou même des initiales de l'un de ces noms ou de l'une de ces désignations.

La Cour de Rouen l'avait autrefois déjà jugé ainsi. (30 novembre 1840 : Lelarge c. Bresson [3].)

Un dessin représentant une étoile, un soleil, une croix, un oiseau, un lion, etc., peut être seul, sans aucune addition de nom ou de lettres, considéré comme une marque de fabrique ou de commerce.

En conséquence, il ne suffit pas de se servir du même emblème ou signe adopté déjà par un commerçant, en y ajoutant son nom ou ses initiales, pour échapper à une poursuite en contrefaçon de marques [4].

31. Si le dessin, la vignette, la figure, etc., employés comme marques de fabrique, étaient de création nouvelle, leurs propriétaires pourraient intenter, indépendamment de l'action qui protége la marque, une action en contrefaçon des dessins eux-mêmes qui, dans ce cas, seraient protégés comme toute œuvre de dessin par la loi de 1793. Ce que nous disons de la nouveauté du dessin composant la marque s'applique aux dessins qui ornent les annonces, prospectus, circulaires, employés par les commerçants. Les contrefacteurs de ces des-

---

[1] Dev. et Car., 53, 2, 36.
[2] *Droit*, 1841, 9 avril ; 1847, 14 octobre.
[3] Jurisp., Cour de Rouen, année 1840, vol. III, p. 526.
[4] *Droit*, 1847, 10 septembre.

sins peuvent être poursuivis en vertu des dispositions du Code pénal qui répriment la contrefaçon, ou simplement par application des principes généraux à l'aide desquels le commerçant est protégé contre toute concurrence déloyale.

32. *Des enveloppes et des étiquettes.* La loi classe les enveloppes parmi les signes qui peuvent être considérés comme marques. A proprement parler, l'enveloppe n'est pas un *signe*; on comprend qu'une dénomination, un emblème, une empreinte, un timbre, un cachet, une vignette, des reliefs, des lettres, des chiffres et des noms puissent servir de marques de fabrication ou de commerce; mais, pour une enveloppe, cela est plus difficile à saisir. L'enveloppe, la forme extérieure sous laquelle le produit est présenté et vendu au public, n'est pas en réalité une marque de fabrique. C'est ici une extension donnée à la qualification légale des signes pouvant être considérés comme marques. C'est aller un peu loin; car il faudra décider que l'enveloppe, bien qu'elle ne soit revêtue d'aucun signe, d'aucun dessin, réunit les caractères constitutifs d'une marque, si elle présente toutefois un caractère propre à la maison qui l'emploie. Cette disposition, qui considère l'enveloppe d'un produit comme une marque, est peut-être plus nuisible que favorable aux intérêts qu'elle se propose de protéger. En multipliant les mesures de garantie de l'intérêt privé, on resserre le cercle de la liberté générale ; en reconnaissant comme autant de droits privatifs les formes extérieures sous lesquelles un produit est annoncé, on appauvrit d'autant le fonds commun, public, où chaque industriel va puiser.

33. Jusqu'à ce jour, les tribunaux n'avaient considéré comme marques que les empreintes particulières apposées sur l'enveloppe ; ils réprimaient seulement la similitude des enveloppes comme un fait de concurrence déloyale. (Trib. civil de la Seine, 1re ch., 15 février 1854 : Menier c. Abraham [1];

---

[1] *Gazette des Tribunaux*, 1854, 19 février.

Trib. civil de la Seine, 1re ch., 19 octobre : Menier c. Pelletier et autres [1].)

« Une étiquette, une enveloppe, une boîte, une plaque de voiture, disait M. Gastambide [2], et en général toute indication qui peut être séparée de la marchandise et se transporter à un autre objet sans rupture ou distraction, ne doit pas être considérée comme marque proprement dite... Le contrefacteur d'une étiquette, d'une enveloppe, est seulement passible d'une action civile. »

34. La forme carrée n'est pas une forme nouvelle et ne peut constituer à elle seule une marque servant à constater l'origine et l'identité d'un produit. (Trib. de com. de la Seine, 6 février 1855 : Tissier c. Lecampion et Théroulde [3].)

Ni l'emploi d'une forme connue, ni la couleur du papier ou de l'enveloppe ou de la cire employée pour cacheter, considérées isolément, ne peuvent constituer une marque de fabrique ou de commerce. Mais la réunion, la combinaison de ces divers éléments peut former, pour celui qui l'a adoptée, une marque légale.

35. La manière d'envelopper la marchandise, la forme donnée au produit lui-même, ne peuvent pas constituer une marque de fabrique. L'imitation de ces formes ne peut donner naissance à une action en contrefaçon ; car ce ne sont là ni des inventions, ni des dessins qui puissent créer une propriété exclusive [4]. Chaque fabricant ou marchand doit seulement éviter de faire naître une analogie trop frappante, une confusion entre ses produits et ceux des maisons faisant le même commerce. Dans ces circonstances, il ne pourrait jamais s'élever qu'une question de concurrence déloyale,

---

1 *Gazette des Tribunaux*, 1854, 22 octobre.
2 *Traité des contrefaçons*, n°s 416, 427 et suiv.
3 *Gazette des Tribunaux*, 1855, 9 février.
4 Voir cependant un arrêt de la Cour de Lyon, du 14 mai 1857; Boilley frères c. Jollivet et autres. (*Annales de la propriété industrielle*, année 1857, p. 253.)

comme nous l'expliquons plus loin. Il en est de même de la désignation, de la qualification donnée au produit et de la rédaction de l'annonce destinée à le faire connaître; les actions qui ont pour but de faire cesser ces imitations ne peuvent pas être intentées en vertu de la législation qui régit la matière qui nous occupe.

36. L'enveloppe, la forme extérieure dans laquelle sont renfermés des produits, peut très-bien être la même que celle employée par d'autres fabricants ou négociants pour des produits non similaires. Il peut même arriver que la même forme de vase employée pour des produits de même nature ne soit pas un élément suffisant pour décider qu'il y a usurpation de marque, ou même qu'il existe une confusion entre les produits des deux parties : si, par exemple, les produits renfermés dans ces vases ne s'adressent pas immédiatement au public, mais à une classe spéciale d'acheteurs dont l'appréciation ne peut être égarée par la forme d'un flacon, et qui ne livrent ces produits à la consommation qu'après leur avoir fait subir une préparation ; à plus forte raison, doit-il en être ainsi lorsque les étiquettes qui recouvrent ces flacons sont complétement différentes. (Paris, 8 novembre 1855, arrêt confirmatif d'un jugement du Trib. de comm. de la Seine du 6 février 1855 : Tissier c. Lecampion et Théroulde [1]. Il s'agissait dans cette espèce de produits chimiques.)

37. L'étiquette placée sur les enveloppes peut constituer une marque, à bien plus juste titre que l'enveloppe même. Une étiquette est une sorte d'enseigne, non posée comme celle-ci sur un établissement industriel, mais appliquée sur la marchandise fabriquée qui en provient, et destinée à empêcher qu'elle puisse être confondue avec d'autres produits similaires provenant d'établissements rivaux. Elle doit être respectée, parce que, comme tous les autres signes, elle est

[1] *Gazette des Tribunaux*, 1855, 9 février et 10 novembre.

une garantie pour la propriété du vendeur et la sécurité de l'acheteur.

38. Il importe peu que le poursuivant soit ou non l'inventeur des étiquettes qu'il revendique, s'il établit qu'il en a fait usage le premier dans son genre d'industrie. (Trib. de comm. de la Seine, 31 mars 1841 [1].)

Toutefois, si l'étiquette dont se sert le négociant ne présentait pas le caractère de nouveauté et d'appropriation tel qu'on dût la considérer comme une marque de fabrique, son imitation ou sa reproduction par un autre négociant sur des produits similaires donnerait certainement naissance à une action en dommages-intérêts pour concurrence déloyale.

Il faut, en effet, rechercher avant toutes choses si la forme, l'enveloppe, les caractères extérieurs, par lesquels un produit est connu du public, peuvent établir une confusion entre les produits du plaignant et ceux du défendeur. Le juge du fait est souverain appréciateur de cette ressemblance et des éléments qui la constituent. Ainsi, il y aura usurpation de propriété d'une marque et lieu à appliquer la loi de 1857, lorsque, dans les deux étiquettes, celle du plaignant et celle du poursuivi, les énonciations, qualifications de la marchandise offerte au public, seront absolument les mêmes et disposées de la même manière, à l'aide de procédés identiques de typographie. Les tribunaux, avant notre nouvelle législation, réprimaient de tels faits, en adjugeant des dommages-intérêts pour réparer le préjudice causé par une concurrence déloyale. (Trib. de comm. de Rouen, du 22 mars 1854 : veuve Leblé c. Houssard-Jouquet [2].)

39. *Des noms en général.* La loi du 23 juin 1857 dit : *Sont considérés comme marques de fabrique et de commerce les noms sous une forme distinctive.*

Cette disposition est nouvelle, elle ne se trouvait pas dans

---

[1] *Droit*, 1841, 9 avril ; *id.*, 1847, 14 octobre.
[2] *Gazette des Tribunaux*, 1854, 5 avril.

le projet de loi présenté en 1847 à la Chambre des députés. Les rédacteurs de ce projet n'avaient pas cru qu'il fût nécessaire de comprendre les noms du fabricant dans l'énumération qu'ils faisaient des signes pouvant être employés comme marques de fabrique. Mais ils reconnaissaient que le nom du fabricant pouvait très-bien former sa marque de fabrique ou de commerce.

« Si la marque d'un manufacturier ou d'un commerçant, disait le projet de loi de 1847, consiste dans l'apposition de son nom, de sa raison sociale, ou du nom particulier de son établissement, il n'a évidemment besoin de remplir aucune formalité pour s'en réserver la possession exclusive et pour avertir les tiers de son intention à cet égard ; mais il n'en n'est plus de même lorsque la marque consiste dans un signe emblématique ou purement arbitraire. Deux exemplaires doivent alors être déposés au greffe du Tribunal de commerce. »

40. Le nom, considéré comme marque, est soumis à toutes les prescriptions générales concernant les marques ; et à cette marque ne se rattache aucun privilége, aucun droit particulier.

« Si la marque est la représentation du nom, a dit M. le rapporteur au Corps législatif, il faut reconnaître que l'apposition du nom est la plus claire et la plus sûre de toutes les marques. Le nom lui-même est donc une marque, mais à la condition que, pour éviter toute confusion, il affectera une forme distinctive, et qu'il aura été satisfait aux prescriptions de la présente loi. Ce n'est pas là, disons-le tout de suite, une observation théorique, elle a, au contraire, des conséquences pratiques évidentes.

« La loi actuelle a pour objet les marques ; la loi du 28 juillet 1824, qu'elle n'abroge nullement, protége le nom du commerçant et punit les usurpations, retranchements et altérations dont ils peuvent être l'objet, et cela sans aucune condition de dépôt ou de forme particulière. La loi actuelle va plus loin et fait autre chose : elle protége, comme toute autre marque, le nom devenu marque, par l'exécution de ses diverses prescriptions. »

41. Les noms des fabricants et commerçants, lorsque ces noms sont employés dans l'exploitation de leur industrie, se trouvent donc aujourd'hui soumis à deux lois distinctes : celle du 28 juillet 1854 et celle du 23 juin 1857, qui remplace la loi du 22 germinal an XI.

Pour l'application de la loi de 1857, la seule dont nous nous occupions en ce moment[1], il faut bien retenir que le nom seul ne constitue pas une marque, qu'il doit se produire sous une forme distinctive, et que c'est cette forme qui est soumise au dépôt.

Au contraire, si le nom est employé seul, les atteintes, les usurpations dont il sera l'objet, seront réprimées par la loi du 28 juillet 1824.

Aujourd'hui comme autrefois, il ne faut donc pas confondre la marque et le nom, la contrefaçon de la marque et l'usurpation du nom. (Cass., 22 janvier 1807 : Laugier et Laboullée c. Mira et Le Bon[2], Vinneux et autres c. Acloque[3].)

42. Nous examinons plus loin s'il ne peut pas être quelquefois interdit à un fabricant ou négociant de se servir de son propre nom, ou de celui de sa femme, ou d'un des membres de sa famille, ou même du lieu de sa fabrication, soit qu'il emploie son nom comme marque de fabrique, soit qu'il l'emploie isolément.

Cependant, il faut reconnaître qu'en principe le nom employé comme marque peut être ou celui du fabricant ou du négociant, ou celui du lieu de la fabrication, ou enfin un nom imaginaire.

[1] Pour ce qui concerne la loi de 1824, voir chap. II.
[2] Dev. et Car., 7, 1, 552.
[3] Merlin, *Rép.*, v° FAUX, sect. I, § 14. — Chauveau et Elie, 3e édit., t. II, p. 325.

Bien que la dissimulation du nom propre du fabricant dans sa marque puisse engendrer des abus dans le commerce de ses produits, ses concurrents ne peuvent cependant s'emparer de la marque, de l'enseigne que s'est faite ce fabricant pour le priver de sa clientèle, au moyen d'une confusion qu'il serait impossible de démêler.

43. Ni la loi de 1857, ni celle de 1824 ne défendent de se servir de noms imaginaires pour composer la marque ou l'enseigne dont on se sert ; mais cette dernière loi ne protége pas les noms imaginaires employés dans le commerce, et, comme nous l'expliquons plus loin, elle s'applique exclusivement aux noms des fabricants et des lieux de fabrication.

La loi de 1857 serait la seule qui pût, dans ce cas, recevoir son application.

La Cour de Paris (1ʳᵉ Ch.) a consacré ces principes dans un arrêt du 5 novembre 1855, au sujet de la contrefaçon d'étiquettes de vins de Champagne (Thomas c. Lovie [1]), en infirmant un jugement du Tribunal d'Épernay.

Ces principes de droit sont utiles à rappeler surtout aux fabricants de vins de Champagne. Dans ce commerce, en effet, jusqu'à ce jour, les fabricants couvraient leurs produits d'étiquettes portant des noms imaginaires comme : *Jouglas, Jenny Lind, Saint-Marc, A. de Senneviel, marquis de Lorme, comte de Villefort*, etc., etc. Souvent la même maison de commerce emploie plusieurs étiquettes ; il existe en effet des modèles tout faits d'étiquettes, où la plupart des fabricants vont choisir sans rechercher s'ils ont été déjà employés dans le même commerce, et même s'ils le sont encore.

Les tribunaux répriment de tels abus, et avec raison. Dans cette industrie, comme dans toutes les autres, la marque de chaque négociant doit être respectée.

44. *Des lettres et des chiffres.* Les lettres initiales du nom

---

[1] *Gazette des Tribunaux*, 1855, 3 décembre. *Annales*, 1855, p. 222.

peuvent être considérées comme marques de fabrique, lorsqu'elles présentent une forme distinctive. Des lettres imaginaires, qui ne seraient point les initiales des noms des fabricants et des commerçants, n'en pourraient pas moins constituer des marques, lorsqu'elles présenteraient une forme distinctive ; en outre, l'ordre dans lequel elles sont placées est un élément essentiel, caractéristique de la marque.

Ainsi, la marque composée des initiales T. S. n'est pas la même que celle qui renferme les initiales S. T. (Cass., 26 juin 1854 : Bricard, *c.* Sterlin [1].)

Ce que nous disons pour les lettres initiales s'applique également aux chiffres.

45. *Des empreintes, des timbres, des cachets.* A proprement parler, la marque de fabrique ou de commerce est toute empreinte spéciale, d'une forme particulière. La marque consiste donc dans une empreinte, quelle que soit la forme, quel que soit le dessin représenté par cette empreinte.

L'*empreinte* est la marque dans sa désignation générale.

Le timbre est la marque qui est apposée à l'aide d'une empreinte gravée sur un instrument mobile.

Le timbre et le cachet sont ordinairement une marque formée de chiffres et de lettres initiales.

Le timbre et le cachet sont, dans le sens rigoureux du mot, les seuls signes qui soient véritablement des marques.

Ce n'est que par extension du sens attaché au mot *marque* qu'on est arrivé à considérer comme telles les enveloppes et les vignettes recouvrant les produits.

Sous la désignation de *timbre* et de *cachet* doivent rentrer les capsules en plomb dont on se sert pour boucher les bouteilles contenant des produits liquides.

46. *Des enseignes.* Les enseignes ne rentrent pas dans la classification des signes qui sont considérés comme marques

---

[1] *Gazette des Tribunaux,* 1854, 26 juin.

de fabrique ou de commerce, bien qu'elles consistent dans des dénominations spéciales à chaque fabricant ou commerçant.

L'enseigne désigne l'ensemble des opérations industrielles ou commerciales ; la marque, au contraire, peut ne pas être par elle-même une désignation, ou dénomination ; elle s'applique à chaque produit spécial, isolé, dont elle a pour but de garantir la source, l'origine.

La marque fait valoir l'enseigne, c'est-à-dire qu'elle adresse le consommateur à la maison qui porte telle ou telle enseigne.

La marque et l'enseigne sont deux propriétés distinctes, garanties, la première, par des lois spéciales, la seconde, par les principes généraux du droit.

SECTION II.

Du dépôt préalable des marques de fabrique et de commerce.

SOMMAIRE.

47. Disposition de la loi de 1857 relative au dépôt. — Disposition des lois antérieures sur le même sujet.
48. De l'effet du dépôt sous l'empire de la loi de 1857. — De l'action civile en revendication de la marque. — De l'action correctionnelle en contrefaçon de la marque. — De l'action en concurrence déloyale basée sur l'emploi par un tiers d'une marque non déposée, mais employée par le plaignant.
49. Le dépôt d'une marque n'en constitue pas la propriété. — Du dépôt préalable à l'action.
50. Des effets du dépôt, d'après le principe admis par le projet de loi de 1847.
51. Le dépôt aujourd'hui est déclaratif et non attributif de propriété. — Conséquences.
52. La priorité dans l'importation d'une marque étrangère ne donne aucun droit à l'importateur.
53. Le dépôt effectué donne-t-il le droit de poursuivre les faits de contrefaçon et d'usurpation de la marque antérieure au dépôt ?
54. De la durée de la marque déposée.

55. Des marques déposées antérieurement à la loi de 1857.
56. La similitude du délai, pour la durée des marques et des brevets d'invention, n'établit, entre ces deux créations industrielles, aucune analogie.
57. Du nombre des exemplaires des marques à déposer.
58. Où ce dépôt doit-il être fait?
59. Quels sont les frais à payer pour l'accomplissement du dépôt?

47. L'article 2 de la nouvelle loi de 1857 est ainsi conçu :

« Nul ne peut revendiquer la propriété exclusive d'une « marque, s'il n'a déposé deux exemplaires du modèle de « cette marque au greffe du Tribunal de commerce de son « domicile. »

La rédaction de cet article est empruntée aux lois antérieures.

L'article 18 du décret du 22 germinal an XI sur les marques de fabrique reproduisait, en les généralisant, les dispositions des arrêtés du 7 germinal et du 23 nivôse an XI. *Nul ne pourra*, disait cet article, *former une action en contrefaçon de sa marque, s'il ne l'a préalablement fait connaître d'une manière légale par le dépôt.*

La loi du 19 juillet 1793, relative à la propriété des œuvres de littérature et de gravure, avait dit déjà que, faute du dépôt prescrit, *on ne peut être admis en justice pour la poursuite du contrefacteur.*

Le décret du 18 mars 1806, en ce qui concerne les dessins de fabrique, s'explique ainsi : *Tout fabricant qui voudra pouvoir revendiquer par la suite devant le Tribunal de commerce la propriété d'un dessin de son invention, sera tenu de déposer un échantillon,* etc.

On sait à quelles difficultés d'interprétation ces textes ont donné naissance [1].

48. En interrogeant l'exposé des motifs de la loi de 1857, nous constatons que le législateur a fait de l'accomplissement

[1] Voir notre traité *De la Propriété et de la Contrefaçon des œuvres de l'intelligence*, p. 305.

de la formalité du dépôt, la condition essentielle et absolue à laquelle est subordonnée la revendication de la marque, et que sans cette condition on ne peut réclamer lebénéfice de la loi.

Ce dépôt, est-il dit encore dans l'exposé des motifs de la même loi, équivaut à une notification faite au public par le fabricant qui a pris possession d'une marque pour informer ses confrères de cette prise de possession, et faire naître son droit de propriété exclusive. Quel est donc le droit du fabricant ou du commerçant sur une marque non déposée?

Il pourra s'en servir, dit l'exposé des motifs, mais, dans ce cas, la marque ne constituera pas pour celui qui s'en servira une propriété interdite à tous autres. Il ne jouira pas du bénéfice de la loi, il n'aura ni l'action correctionnelle ni l'action civile en revendication de la propriété de la marque. Il aura seulement le droit de venir, par application de l'article 1382 C. Nap., réclamer, à titre de concurrence déloyale, des dommages-intérêts contre ceux qui feront usage de la marque dont il se servait avant eux.

L'attribution de ce droit au propriétaire d'une marque non déposée aurait dû trouver sa place dans un article de la loi. Les articles 2 et 3 ne renferment aucune expression qui puisse conduire à l'existence d'un droit de cette nature. Les termes de ces articles paraissent, en effet, rattacher au dépôt seul un droit de propriété, puisque le dépôt est une condition de la *revendication de la propriété exclusive,* puisqu'il *conserve la propriété* de la marque pour un délai de quinze années.

Il n'en est rien cependant.

Législation bizarre qui produit de singuliers résultats!

En effet, on reconnaît au fabricant qui n'a pas déposé sa marque un droit sur cette marque, puisqu'il peut, contre celui qui en ferait usage, intenter une action en concurrence déloyale, et cependant on lui refuse le droit d'intenter les actions civiles relatives à cette marque et d'en poursuivre les contrefacteurs devant la juridiction correctionnelle? Dès lors, comment le fabricant ou négociant qui n'a pas le droit d'intenter des actions civiles ou correctionnelles relatives à sa marque, qui n'a pas, comme dit l'article 5, conservé la propriété de sa marque par le dépôt, comment pourra-t-il saisir les Tribunaux de demandes ayant pour objet de réparer le tort qui lui aura été causé par la contrefaçon ou l'imitation de cette marque ? Ne pourra-t-on pas lui répondre qu'il est non recevable à se plaindre de l'imitation d'une marque qu'il n'a pas le droit de revendiquer ?

On sent que le législateur aurait voulu transporter ici les principes qui régissent les brevets d'invention, et créer un droit exclusif à la naissance du dépôt ; puis, se ravisant et comprenant combien une telle mesure compromettrait les intérêts du commerce et de l'industrie, il a voulu affecter à son dépôt des actions spéciales et ne laisser à la marque non déposée qu'une action qu'il croyait de moindre valeur.

C'est, à notre avis, une erreur ; l'action large, fondée sur l'article 1382, absorbera toujours celles qui sont réservées au propriétaire de la marque déposée. Aussi pensons-nous que, dans la pratique, le dépôt perdra beaucoup de son utilité, puisque le fabricant d'une marque non déposée aura toujours le droit de la faire respecter en intentant contre ceux qui en feraient usage une action en concurrence déloyale. Toutefois, il faut reconnaître qu'alors le poursuivant est privé de deux avantages importants : celui tiré d'une sanction correctionnelle accordée à son droit privé, et ensuite l'avantage de trouver dans le dépôt même la preuve de son droit à l'usage exclusif de sa marque.

Il résulte de ce qui précède que toute marque, quoique non déposée, ne peut être employée par un fabricant ou un commerçant, si elle est déjà le signe indicateur adopté par une industrie de produits similaires.

L'ancienne jurisprudence, en cette matière, doit donc être admise aujourd'hui sans aucune contestation.

49. Ainsi, ce n'est pas le dépôt des marques au greffe qui en constitue la propriété, il est nécessaire seulement pour en exercer la revendication.

Le dépôt fait préalablement à l'action a donc été fait utilement. (Cass., 22 mai 1822 : Guérin *c.* Forest [1].) C'est un point incontestable que l'omission du dépôt de la marque n'a d'autre effet que de rendre le plaignant non recevable dans sa demande, jusqu'à ce qu'il ait rempli cette formalité.

Au milieu des incertitudes de la législation, cette doctrine était déjà approuvée par beaucoup d'auteurs [2].

50. Le projet de loi de 1847 était rédigé dans un autre esprit. D'après ce projet, la date du dépôt devait constituer le point de départ des droits du déposant.

51. Nous venons de voir qu'il en est autrement aujourd'hui, suivant la nouvelle loi, d'après laquelle le dépôt est déclaratif et non attributif de propriété, et forme une condition essentielle à l'exercice de toute action civile ou correctionnelle, relative à la propriété des marques.

Ce principe, que la propriété de la marque est indépendante du dépôt, est fertile en conséquences.

Ainsi, la date du dépôt ne fixe pas nécessairement celle de l'acquisition de la propriété [3] ; le dépôt n'est pas, pour le déposant, un titre inattaquable ; seulement il établit en sa faveur une présomption qui peut être détruite par la preuve contraire.

La priorité du dépôt n'établissant pas, en faveur du déposant, un droit exclusif à la jouissance de la marque déposée (Trib. comm. Paris, 5 sept. 1841 : Dubochet *c.* Curmer [4]), le prévenu de contrefaçon peut donc contester au plaignant

---

[1] Dev. et Car., nouvelle édit. Voir l'arrêt à sa date ; Calmels, *De la Propriété et de la contrefaçon*, n°ˢ 215 et suiv.

[2] Pardessus ; Dev. et Car., 7, 1, 81, la note ; Favard, vᵉ MANUFACTURE, n. 4 ; Renouard, n°ˢ 124, 125 ; Rendu, *Droit ind.*, n° 626.

[3] Merlin, *Questions de droit*, vⁱˢ TRIB. CORRECT. ; *Rép.*, v° MARQUE, n. 3 ; Favard, v° MANUFACTURE, n. 4.

[4] Dalloz, 42, 3, 31.

son droit de jouissance exclusive sur la chose déposée, et le plaignant devra justifier de sa propriété [1].

Le dépôt effectué sans droit par une personne qui n'est ni l'auteur ni le propriétaire de la marque ne met pas obstacle à l'action en revendication du véritable propriétaire.

Il est bien entendu que le cessionnaire du propriétaire est mis en son lieu et place : le dépôt fait par lui ne peut être contesté en raison de la qualité avec laquelle il a agi [2].

52. Comme conséquence encore de ces principes, il faut décider que la priorité dans l'importation en France d'une marque étrangère ne donne pas au premier importateur un droit exclusif sur cette marque, bien qu'il en eût effectué le dépôt conformément à la loi.

La Cour de Paris l'avait déjà jugé ainsi sous l'empire de l'ancienne législation. (26 mars 1822 : Benoît et autres *c.* Benoît et autres [3].)

On peut faire valoir en faveur de cette décision l'argument puisé dans la loi sur les brevets d'invention, qui n'admet plus de brevets d'importation.

53. Mais quelle sera l'étendue des effets produits par le dépôt? Donnera-t-il au déposant le droit de poursuivre correctionnellement ou civilement, à son choix, la répression des faits antérieurs au dépôt?

Les Tribunaux avaient été autrefois jusque-là. Ils étaient, en effet, logiques, puisqu'ils déclaraient que le dépôt n'était que l'accomplissement d'une formalité de procédure. (Trib. crim. Seine, 8 fructidor an XI : Lassault *c.* Bertraudet [4].) Le pourvoi formé contre cette décision a été rejeté par arrêt du 19 thermidor, an XII [5]. (Trib. civ. Seine, 18 mai 1836 [6].)

---

[1] Dev. et Car., 8, 1, 610.
[2] Merlin, *Quest. de droit*, vᵒ PROPRIÉTÉ LITTÉRAIRE, § 2.
[3] Dev. et Car., 7, 2, 48.
[4] Dev. et Car., 1, 2, 159 ; *J. Pal.*, 3, 431.
[5] Dev. et Car., 1, 1, 1023 ; *J. Pal.*, 1, 148.
[6] *Droit*, 1836, 19 mai.

La même décision doit encore être admise aujourd'hui.

Il est reconnu, en effet, que le dépôt n'est pas attributif du droit de propriété de la marque, et que cette propriété indépendante du dépôt n'est garantie par les actions correctionnelle et civile que lorsque le dépôt a été effectué. C'est donc par une conséquence naturelle de ces principes qu'on admettra le fabricant, ou le commerçant, à poursuivre devant la juridiction correctionnelle, comme devant la juridiction civile, après le dépôt de sa marque, tous ceux qui l'auront contrefaite, usurpée ou imitée. Si cette poursuite a lieu par une action correctionnelle, il est évident que les faits qui seront l'objet de cette action ne pourront remonter à plus de trois années, puisque ce délai est celui de la prescription de l'action correctionnelle.

54. Les effets produits par le dépôt sont limités dans leur durée. D'après l'article 3 de la loi de 1857, « le dépôt n'a « d'effet que pour quinze années, » et « la propriété de la « marque peut toujours être conservée pour un nouveau « terme de quinze ans, au moyen d'un nouveau dépôt. »

Cette faculté n'a pas de durée limitée. Le dépôt peut être perpétuellement renouvelé de quinze années en quinze années.

Ce délai de quinze années a été fixé dans le but de rendre faciles les recherches de ceux qui auraient à s'assurer si le dépôt d'une marque a eu lieu, ou si, ayant été effectué, il produit encore son effet légal.

Il ne faut pas oublier qu'à l'expiration des quinze années, si la marque n'est pas de nouveau déposée, elle ne tombe pas par cela seul dans le domaine public ; il en est ainsi pour la marque employée par un fabricant sans jamais avoir été déposée. La marque dont le dépôt n'a pas été renouvelé est l'objet d'un droit privatif uniquement garanti par l'action qui repousse la concurrence déloyale.

La loi de 1857 a emprunté à la législation qui régit les

brevets d'invention ce délai de quinze ans. Mais si une loi nouvelle vient à augmenter ou à diminuer le délai de la jouissance privative des brevetés, ce délai de quinze ans n'aura aucune raison d'être.

55. La loi de 1857 complète la disposition relative au dépôt, en décidant, dans son article 21, que le dépôt des marques, opéré au greffe du Tribunal de commerce antérieurement à la présente loi, aura effet pour quinze années, à dater de l'époque où ladite loi sera exécutoire.

Cette disposition se justifie d'elle-même. Pourquoi, en effet, aurait-on exigé un nouveau dépôt de ceux qui avaient déjà accompli cette formalité?

56. Il ne faut pas, de cette similitude du délai de durée des brevets d'invention et des marques, conclure à une analogie entre ces deux propriétés industrielles. Ainsi, aucune déchéance du droit accordé au propriétaire d'une marque n'est encourue par suite de la publicité que celui-ci a donnée à sa marque avant le dépôt, en l'employant dans son industrie ou dans son commerce.

57. Notre nouvelle loi a exigé le dépôt de deux exemplaires des marques. L'un de ces exemplaires restera au greffe du Tribunal de commerce, pour servir, dit l'exposé des motifs, au jugement des contestations qui pourront s'élever; l'autre exemplaire est destiné, dans la pensée du gouvernement, au Conservatoire des arts et métiers, où les marques seront centralisées et classées de manière à pouvoir être mises facilement à la disposition des intéressés.

58. Le dépôt devra s'effectuer au greffe du Tribunal de commerce du domicile du déposant, l'article 2 de la nouvelle loi le dit formellement. Nous pensons qu'il faut ajouter que ce dépôt devra être fait au greffe du Tribunal civil, lorsqu'il n'y aura pas de Tribunal de commerce au lieu du domicile du déposant. Si un seul exemplaire avait été déposé au lieu des deux qui sont prescrits, le dépôt ne serait pas nul, son irrégularité

pouvant être couverte par le dépôt d'un nouvel exemplaire.

Le dépôt qui ne serait pas fait au lieu inidqué ne produirait aucun effet [1].

La législation nouvelle simplifie les dispositions antérieurement en vigueur, en uniformisant, en généralisant la prescription relative au dépôt.

Le décret du 16 juin 1819 (dans son article 7), relatif à l'établissement du Conseil des prud'hommes, et le décret du 5 septembre 1810 (dans son article 3), spécial aux marques de quincaillerie, exigeaient, outre le dépôt au greffe du Tribunal de commerce, le dépôt au secrétariat du Conseil des prud'hommes.

Il n'existe plus aujourd'hui, pour chaque fabricant ou commerçant, qu'un seul lieu de dépôt.

Une autre modification sur la désignation du lieu a été apportée par la nouvelle loi.

Le dépôt devait, aux termes de la loi de germinal an XI, être effectué au greffe du Tribunal de commerce d'où relevait le chef-lieu de la manufacture ou de l'atelier. Aujourd'hui, c'est au greffe du Tribunal de commerce du domicile du déposant.

Sans doute, ces deux désignations pourraient servir à désigner souvent le même Tribunal, puisque le domicile est au lieu où l'on a son principal établissement (art. 102 C. Nap.) ; mais quelquefois aussi, le Tribunal du domicile pourra ne pas être celui du chef-lieu de l'exploitation, ce qui arrivera lorsque le fabricant aura déclaré établir son domicile dans un lieu autre que celui de son principal établissement. (Art. 104, 105 C. Nap.)

Notre législateur a préféré s'attacher à la personne plutôt qu'à l'établissement pour désigner le lieu du dépôt ; c'est rentrer ainsi dans les principes généraux du droit, qui n'ad-

---

[1] Voir notre traité *De la Propriété et de la Contrefaçon des œuvres de l'intelligence*, nos 241 et 246.

mettent que par exception l'accomplissement d'actes légaux en dehors du domicile [1].

59. Les frais de ce dépôt sont fixés par l'article 4 de la loi de 1857 au droit fixe de 1 franc pour la rédaction du procès-verbal de dépôt de chaque marque et pour le coût de l'expédition, non compris les frais de timbre et d'enregistrement. D'après le tarif antérieur, le droit s'élevait à 3 francs. (Art. 7 du décret du 5 septembre 1810.) Cette réduction a été faite pour encourager les dépôts. Le législateur a pensé aussi que, par la modicité de ce droit à percevoir, le nombre des dépôts s'augmenterait et qu'il compenserait cette diminution pour les greffiers et les secrétaires chargés de constater les formalités du dépôt.

Les frais du dépôt sont toujours les mêmes : il n'y a pas lieu de distinguer s'il s'agit d'un premier ou d'un second dépôt. Le législateur n'a pas admis une taxe progressive, c'est-à-dire qui augmentât avec le nombre d'années d'existence assurées à la marque par le dépôt. C'est avec raison, selon nous : si le fabricant continue l'usage de la même marque, c'est parce qu'il l'a fait connaître et a su attacher à ce signe une valeur de crédit et de considération. Ce résultat est dû à son travail et à la loyauté de ses opérations commerciales. Pourquoi donc serait-il obligé au payement d'une taxe plus élevée ? Il faut encourager le travail, il faut exciter chez les commerçants des sentiments de loyauté. On irait contre ce but, si le commerçant, qui est parvenu à faire connaître et estimer sa marque, ne pouvait en conserver la propriété qu'en payant un droit plus élevé que celui qui serait dû pour une marque inconnue et à laquelle ne serait attaché aucune espèce de crédit [2].

---

[1] En ce qui concerne les formalités réglementaires à remplir relativement au dépôt, voir, à la fin du volume, le texte du règlement annoncé dans l'article 22 de la loi de 1857.

[2] M. Breulier est d'un avis contraire. Voir son article critique sur le projet de la nouvelle loi, dans le journal *l'Invention*, mai 1856.

Il résulte de la rédaction définitive de cet article que le même fabricant ou commerçant peut effectuer le dépôt de plusieurs marques dans un seul procès-verbal ; mais alors le droit de rédaction sera perçu autant de fois qu'il y aura eu de marques déposées.

SECTION III.

Des délits de contrefaçon, usurpation et imitation des marques de fabrique et de commerce.

SOMMAIRE.

60. Classification établie par la loi de 1857 dans les faits punissables relatifs aux marques de fabrique.
61. Des faits de complicité. De ceux qui font usage d'une marque contrefaite ou imitée, ou qui ont sciemmnnt mis en vente des produits revêtus de marques contrefaites ou imitées.
62. La loi de 1857 ne punit pas l'indication trompeuse sur les marques d'un lieu de fabrication.
63. Des peines appliquées par la législation actuelle.
64. De l'apposition par un négociant, sur ses produits, de la marque appartenant à autrui, lorsqu'elle n'est ni contrefaite ni imitée.
65. De l'intention frauduleuse.
66. De celui qui a sciemment mis en vente des produits revêtus d'une marque contrefaite ou usurpée.
67. Que faut-il entendre par ces mots : *mis en vente?*
68. De la complicité par recel.
69. De celui qui conserve la marque d'autrui, mais substitue ses produits aux produits que la marque recouvrait. — Ce fait n'est pas puni par la législation actuelle. — Motifs de cette disposition. — Il ne peut constituer qu'une tromperie à l'égard de l'acheteur.
70. Caractère auquel on reconnaîtra l'imitation coupable d'une marque.
71. De la contrefaçon de la marque sous l'empire de la loi de germinal an XI. — De celui qui a inséré dans sa marque les mots : *façon de...,* suivis du nom d'un autre fabricant ou d'une autre ville que les véritables.
72. De celui qui fait usage d'une marque contrefaite ou frauduleusement imitée ; faut-il rechercher s'il a agi sciemment ?
73. Distinction à établir en ce qui concerne l'existence de l'intention frauduleuse.

60. La loi de 1857 a établi dans les faits punissables, relatifs aux marques, plusieurs classifications. Les trois articles qui les renferment sont ainsi conçus :

« Art. 7. Sont punis d'une amende de 50 francs à 3,000 « francs et d'un emprisonnement de trois mois à trois ans, « ou de l'une de ces deux peines seulement :

« 1° Ceux qui ont contrefait une marque ou fait usage « d'une marque contrefaite ;

« 2° Ceux qui ont frauduleusement apposé sur leurs pro-« duits ou les objets de leur commerce une marque apparte-« nant à autrui ;

« 3° Ceux qui ont sciemment vendu ou mis en vente un ou « plusieurs produits revêtus d'une marque contrefaite ou « frauduleusement apposée.

« Art. 8. Sont punis d'une amende de 50 francs à 2,000

« francs et d'un emprisonnement d'un mois à un an, ou de
« l'une de ces peines seulement :

« 1° Ceux qui, sans contrefaire une marque, en ont fait
« une imitation frauduleuse de nature à tromper l'acheteur,
« ou ont fait usage d'une marque frauduleuse imitée ;

« 2° Ceux qui ont fait usage d'une marque portant des in-
« dications propres à tromper l'acheteur sur la nature du
« produit ;

« 3° Ceux qui ont sciemment vendu ou mis en vente un ou
« plusieurs produits revêtus d'une marque frauduleusement
« imitée ou portant des indications propres à tromper l'ache-
« teur sur la nature du produit.

« Art. 9. Sont punis d'une amende de 50 francs à 1,000
« francs et d'un emprisonnement de quinze jours à six mois,
« ou de l'une de ces peines seulement :

« 1° Ceux qui n'ont pas apposé sur leurs produits une
« marque déclarée obligatoire ;

« 2° Ceux qui ont vendu ou mis en vente un ou plusieurs
« produits ne portant pas la marque déclarée obligatoire
« pour cette espèce de produits ;

« 3° Ceux qui ont contrevenu aux dispositions des décrets
« rendus en exécution de l'article 1er de la présente loi. »

Il y a donc trois classes de délits relatifs aux marques. La
première comprend les délits qui naissent de la contrefaçon,
de l'usurpation de la marque, et de l'usage coupable d'une
marque contrefaite ou usurpée.

La seconde réprime l'imitation frauduleuse de la marque, l'usage coupable d'une marque imitée, et la vente de
produits revêtus d'une marque imitée.

Dans la troisième figurent les délits relatifs aux prescriptions qui rendent, dans certains cas, la marque obligatoire.

61. Dans chacune de ces divisions, comme on le voit, viennent se ranger les faits qu'on pourrait considérer comme des
faits de complicité. La loi punit, en effet, de la même peine

que l'auteur de la contrefaçon ou de l'imitation de la marque ceux qui ont fait usage d'une marque contrefaite ou imitée, ou qui ont sciemment vendu ou mis en vente des produits revêtus de marques contrefaites ou imitées, ou non revêtus de la marque, lorsqu'elle était déclarée obligatoire.

Le projet de loi de 1847 n'avait pas proposé cette classification. Il punissait de la même peine indistinctement ceux qui avaient usurpé, altéré ou contrefait la marque d'un fabricant ou d'un négociant, et ceux qui avaient sciemment recélé, vendu, exposé en vente ou introduit sur le territoire français des produits revêtus de marques contrefaites, altérées ou usurpées. Ce projet ajoutait des délits relatifs à des distinctions dont nous avons déjà parlé, et punissait des mêmes peines que dans les cas précédents ceux qui avaient inscrit sur leurs produits le nom d'un lieu autre que celui de la fabrication, ou qui n'avaient pas inscrit sur leurs produits, à côté des désignations du lieu de fabrication, leur raison de commerce ou la dénomination particulière de leur établissement.

62. Nous avons dit que le législateur de 1857 ne réprimait pas l'indication trompeuse du lieu de fabrication, parce que ce cas tombait sous l'application de la loi de 1824, qui conservait toute sa force.

63. Les peines appliquées par la nouvelle loi, en ce qui concerne la contrefaçon de la marque et l'usage de la marque contrefaite, sont plus sévères que celles proposées dans le projet de 1847.

Cette législation est plus douce que celle renfermée dans la loi du 22 germinal an XI et dans l'article 142 du Code pénal, qui punissait de la réclusion la contrefaçon de la marque et l'usage de la marque contrefaite, en les assimilant au crime de faux en écriture privée. Cette peine excessive n'était pas appliquée et assurait l'impunité[1].

---

[1] Voir notre traité *De la Propriété et de la Contrefaçon des œuvres de l'intelligence*, nᵒˢ 174, 176.

64. La loi de 1857 assimile au délit de la contrefaçon de la marque le fait d'avoir frauduleusement apposé, sur des produits ou sur des objets de commerce, une marque appartenant à autrui. Ainsi se trouve puni celui qui, sans contrefaire une marque, cherche à tirer le produit illégitime que peut donner l'usage frauduleux d'une marque *vraie*. Cet article s'applique à tout ce qui est considéré comme marque par l'article 1er. Ainsi, par exemple, le négociant qui enlève les enveloppes sur lesquelles les marques des fabricants sont apposées, et qui substitue au produit recouvert par cette enveloppe un autre produit, commet une fraude réprimée par cet article. Cette fraude a été fréquemment pratiquée pour les enveloppes qui recouvrent les fils retors [1].

65. Dans tous les cas de l'article 7, pour que le délit existe, il faut l'intention frauduleuse de la part de celui qui a agi.

66. Cet article renferme, en ce qui concerne celui qui a sciemment vendu ou mis en vente des produits revêtus d'une marque contrefaite ou frauduleusement apposée, une disposition nouvelle qui vient combler une lacune dans la législation jusqu'alors en vigueur [2].

67. Le délit existe dès que les objets revêtus de la marque contrefaite ont été *mis en vente*. Le projet disait dans sa première rédaction : *exposés en vente* ; M. le rapporteur au Corps législatif a expliqué que ce changement de rédaction avait été fait, parce que ces dernières expressions semblaient supposer une sorte de manifestation extérieure, tandis que ces mots : *mis en vente* permettent d'appliquer la peine, dès que l'objet du délit est destiné à être vendu.

68. En ce qui concerne la complicité et notamment celle qui a lieu par recel, la loi garde le silence ; mais il a été nettement dit, dans l'exposé des motifs et dans le rapport

---

[1] Voir les observations de M. Legrand au Corps législatif. *Moniteur,* 1857, 14 mai.

[2] Voir notre traité *De la Propriété et de la Contrefaçon des œuvres de l'intelligence,* n. 175.

présenté au Corps législatif, que les dispositions de droit commun devaient recevoir ici leur application.

69. Cette loi ne s'applique, comme on le voit, qu'aux actes qui ont pour base l'usurpation d'une marque, c'est-à-dire la mise dans le commerce de produits revêtus d'une marque ou usurpée ou frauduleusement imitée. Mais le négociant qui exerce sa fraude, non plus sur la marque, mais sur le produit que la marque recouvre, en substituant sa marque à celle du véritable marchand ou fabricant, commet un acte qui n'est pas réprimé par la loi de 1857.

Ce fait avait été prévu par le projet de loi de 1847; un amendement avait été présenté pour faire revivre cette disposition dans notre loi, mais cet amendement n'a pas été adopté, malgré l'insistance de la Commission des députés au Corps législatif.

La loi sarde du 12 mars 1855 sur les marques de fabrique a consacré, dans son article 5, la répression des faits de cette nature [1], en autorisant toutefois le commerçant à mettre séparément sa marque à côté de celle du producteur des marchandises achetées.

Cette disposition touche, en effet, à un autre ordre d'idées que celles faisant l'objet du projet de loi alors en discussion.

Supprimer une marque apposée sur des produits, ce n'est pas commettre un délit sur cette marque même, ce n'est pas chercher à attirer une clientèle en usurpant un nom, une qualité qu'on n'a pas. Assurément, celui qui supprime la marque apposée sur les produits qu'il achète, pour les revendre après sous une autre marque ou sans marque, enlève au fabricant l'honneur que peut lui procurer le mérite de l'exécution, le perfectionnement de ses produits; sans doute, il commet un acte que la morale réprouve, mais c'est là une tromperie qui ne pouvait être réprimée par la loi actuelle;

---

[1] **Voir** le texte de cette loi, chap. **VI**.

c'eût été, comme le disait M. Busson dans son rapport au Corps législatif, introduire dans la loi une disposition étrangère à son principe et n'ayant avec lui qu'un rapport de mots.

Cette nécessité de restreindre rigoureusement les dispositions de la loi aux objets seuls auxquels elle s'applique directement nous fait émettre de nouveau le regret qu'un ensemble de lois régissant le commerce et l'industrie n'ait pas été jusqu'à ce jour une des préoccupations du législateur.

Un autre motif a été donné à l'appui du rejet de cette disposition : « Cette loi, disait M. Vuillefroy au Corps législatif, est destinée à consacrer la propriété de la marque apposée par le fabricant sur ses produits, mais elle ne déclare pas la marque obligatoire pour lui ; devait-on la rendre obligatoire vis-à-vis des commissionnaires qui achètent en fabrique ? Le Conseil d'Etat n'a pas cru qu'il en dût être ainsi ; il a pensé que l'intermédiaire qui aurait acheté un produit pouvait avoir intérêt à n'en pas faire connaître l'origine ; dès lors, la loi ne devait pas s'opposer à ce qu'il pût supprimer la marque du fabricant, et même, s'il le jugeait convenable, apposer sur les produits ce qu'on appelle une marque de commerce [1]. »

L'orateur a fait remarquer que sur ce point l'opinion des Chambres de commerce était loin d'être unanime ; il a ajouté que ce qu'il importait surtout aux fabricants, c'était que le commissionnaire prît les meilleurs moyens pour leur procurer le plus grand écoulement possible de marchandises. Le fabricant, d'ailleurs, s'il croit avoir un intérêt au maintien de sa marque, peut imposer comme condition de la vente l'obligation de la laisser subsister, et, en cas d'infraction à ce traité, les Tribunaux civils ou de commerce seront appelés à statuer.

70. L'article 7 de la nouvelle loi punit la reproduction brutale complète de la marque, l'article 8 punit son imitation. Toute imitation qui pourra tromper l'acheteur, voilà le prin-

---

[1] *Moniteur*, 1857, 14 mai.

cipe constitutif du délit, voilà le caractère auquel on reconnaîtra l'imitation coupable. En fait, cette imitation peut se produire de mille manières. Les magistrats seront appréciateurs souverains de ces questions d'imitation frauduleuse.

71. Sous l'empire de la loi de germinal an XI, le négociant ou fabricant qui avait inséré dans sa marque les mots : *façon de...*, et à la suite le nom d'un autre fabricant ou d'une autre ville, était considéré comme ayant contrefait une marque et puni des peines rigoureuses alors infligées au contrefacteur.

La loi du 28 juillet 1824 a abrogé cette disposition de la loi de germinal et a substitué aux peines édictées par cette loi celles de l'article 423 du Code pénal, relatif au délit de tromperie sur la nature des marchandises vendues.

La loi de 1824 est-elle, sur ce point, abrogée par la nouvelle loi de 1857 ? En conséquence, celui qui aura imité une marque en y insérant les mots : *façon de...*, suivis de ceux du fabricant dont on imite la marque, sera-t-il passible des peines édictées par l'article 423 du Code pénal ou de celles prononcées par l'article 8 de la loi de 1857 ?

C'est cette dernière loi qui devra recevoir son application, d'après les principes généraux du droit, en ce qui touche l'abrogation des lois ; elle est, en effet, plus récente et moins rigoureuse que la loi de 1824 ou que l'article 423 du Code pénal.

72. Dans les cas de l'article 8, comme dans ceux qui précèdent, il faut l'intention frauduleuse, constitutive de tout délit. La loi a pris soin de le répéter pour chacun des délits qu'elle réprime. Cependant, lorsqu'elle parle de l'usage d'une marque contrefaite ou frauduleusement imitée, elle n'ajoute pas le mot *sciemment,* dont elle se sert lorsqu'elle punit ceux qui ont vendu ou mis en vente des produits revêtus d'une marque contrefaite ou frauduleusement imitée.

La loi de 1857 reproduit la distinction qui a été établie dans la loi qui régit les brevets d'invention.

Ainsi, pour constituer la contrefaçon, le fait seul suffit ; il existe indépendamment des circonstances tendant à établir, soit la bonne, soit la mauvaise foi de la partie contrevenante.

Pour les débitants, au contraire, il faudra qu'ils aient agi *sciemment* afin que le délit existe.

Cette différence tient à ce que le contrefacteur d'un produit breveté a toujours pu s'assurer si l'objet qu'il a fabriqué était ou non breveté, puisque tous les brevets sont insérés au *Bulletin des lois*, tandis que les débitants peuvent être induits en erreur sur la provenance des marchandises qu'ils vendent[1].

Ces raisons s'appliquent à notre matière, puisque les actions correctionnelles ne sont accordées qu'au fabricant ou négociant dont la marque est déposée.

Rien, ni dans l'exposé des motifs, ni dans le rapport de M. Busson, n'a été dit au sujet de cette distinction. Le texte seul de la loi et les motifs empruntés par voie d'analogie à la législation qui régit les brevets d'invention nous conduisent aux solutions suivantes.

73. Celui qui contrefait une marque ou fait usage d'une marque contrefaite, ceux qui font une imitation frauduleuse d'une marque ou qui ont fait un usage de cette dernière marque, commettent des délits où la mauvaise foi est toujours présumée ; par la seule existence du fait, l'intention coupable existe.

Les faits ainsi punis sont, comme on le voit, ceux où les délinquants se trouvent en rapport direct avec la marque.

Dans tous les autres cas où le prévenu n'a pas été en rapport direct et exclusif avec la marque, mais bien avec des produits revêtus de marques contrefaites ou frauduleusement imitées, il doit être admis à prouver sa bonne foi ; car alors la possession ou le débit de ces produits ne suppose nécessairement ni l'intention coupable, ni la connaissance de l'ori-

---

[1] Voir notre traité *De la Propriété et de la Contrefaçon des œuvres de l'intelligence*, n. 568.

gine frauduleuse des marques couvrant les produits débités.

74. Les dispositions relatives à la confiscation des marques contrefaites et des produits sur lesquels elles sont appliquées sont comprises dans les articles 14 et 15 ainsi conçus :

« Art. 14. La confiscation des produits dont la marque se-« rait reconnue contraire aux dispositions des articles 7 et 8 « peut, même en cas d'acquittement, être prononcée par le « Tribunal, ainsi que celle des instruments et ustensiles ayant « spécialement servi à commettre le délit.

« Le Tribunal peut ordonner que les produits confisqués « soient remis au propriétaire de la marque contrefaite ou « frauduleusement apposée, indépendamment de plus amples « dommages-intérêts, s'il y a lieu.

« Il prescrit, dans tous les cas, la destruction des marques « reconnues contraires aux dispositions des articles 7 et 8.

« Art. 15. Dans le cas prévu par les deux premiers para-« graphes de l'article 9, le Tribunal prescrit toujours que les « marques déclarées obligatoires soient apposées sur les pro-« duits qui y sont assujettis.

« Le Tribunal peut prononcer la confiscation des produits, « si le prévenu a encouru, dans les cinq années antérieures, « une condamnation pour un des délits prévus par les deux « premiers paragraphes de l'article 9. »

Le projet de loi de 1847 renfermait également ces dispo-sitions, sauf toutefois quelques différences que nous signale-rons. L'article 14 exige, pour sa complète intelligence, qu'une distinction soit établie.

75. A l'égard de la marque contrefaite, le Tribunal doit toujours en ordonner la destruction, sans distinguer le cas où le prévenu est acquitté et celui où il est condamné. C'est une disposition impérative et à laquelle les magistrats ne peuvent se soustraire.

76. A l'égard des produits sur lesquels est apposée la marque contrefaite, le magistrat peut, à son gré, en pronon^

cer la confiscation ou les laisser entre les mains des prévenus.

Cette faculté subsiste toujours. Ainsi la confiscation des produits revêtus d'une marque contrefaite n'est pas une conséquence nécessaire de la condamnation; par contre aussi, cette confiscation peut être prononcée alors qu'il y aurait acquittement.

Le projet de loi de 1847 était plus rigoureux : dans le cas de condamnation, il ne laissait pas d'alternative aux juges, qui devaient alors toujours prononcer la confiscation des produits. — La confiscation, disait ce projet, *sera prononcée* et les produits confisqués *seront remis* à la partie lésée.

Notre nouvelle loi dit : La confiscation des produits *peut* être prononcée, — le Tribunal *peut* ordonner qu'ils soient remis au propriétaire...

La loi de 1844 sur les brevets d'invention, dans son article 49, renferme des dispositions impératives, même en cas d'acquittement, au sujet de la confiscation et de l'attribution de ces objets au poursuivant. Rien ne fait connaître, ni dans l'exposé des motifs, ni dans le rapport de M. Busson, le motif de cette différence entre la rédaction du projet de loi de 1847 et la rédaction actuelle.

77. Cependant nous croyons que cette disposition facultative est pleine d'équité. C'eût été, en effet, souvent bien rigoureux de prescrire la confiscation de produits revêtus d'une marque contrefaite. D'une part, les fabricants, les commerçants où les personnes qui ont fait usage d'une marque contrefaite, peuvent avoir été induits en erreur sur la véritable propriété de la marque employée; ils ont pu être autorisés, d'après les circonstances de fait, à croire que le marchand ou l'intermédiaire qui leur fournissait les marchandises revêtues d'une marque contrefaite ou usurpée avait qualité pour employer cette marque. D'un autre côté, prononcer toujours, dans tous les cas, la confiscation des produits revêtus d'une fausse marque, c'eût été souvent faire éprouver une perte

considérable à la personne qui avait fait usage d'une marque contrefaite ; en attribuant ces produits au véritable propriétaire de la marque, on aurait pu aussi dépasser le chiffre de la juste indemnité à laquelle le propriétaire pouvait avoir droit.

Ces produits, en effet, ont souvent une valeur considérable ; il était donc de toute équité de laisser aux magistrats le soin d'apprécier en fait ces diverses circonstances et de proportionner la réparation au préjudice éprouvé.

Pour les produits brevetés, on comprend qu'il en soit autrement, car alors la contrefaçon affecte directement le produit lui-même ; ici, au contraire, elle laisse intact le produit pour ne toucher qu'à la marque dont il est revêtu.

78. Il faut donc admettre, à moins de circonstances particulières, que, toutes les fois que la séparation de la marque contrefaite et du produit est possible, cette division doit être prononcée. Ainsi, par exemple, s'il s'agit de la contrefaçon d'une marque consistant en une étiquette apposée sur des vases renfermant des produits industriels, la confiscation ne doit pas s'étendre aux produits, sauf aux Tribunaux à prononcer tels dommages-intérêts qu'ils jugeront convenables. Il ne nous paraîtrait pas juste, dans ce cas, de prononcer la confiscation de produits qui ne sont pas eux-mêmes entachés de contrefaçon, qui peuvent avoir été fabriqués par des ouvriers auxquels leurs salaires sont encore dus, qui peuvent avoir été transportés par des voituriers ou entrepreneurs de roulage, non payés du prix de leur transport. La confiscation enlèverait aux uns comme aux autres le gage du payement de sommes légitimement dues, en ne leur laissant qu'un recours souvent illusoire contre le véritable coupable ; ils auraient ainsi payé les dommages-intérêts encourus par d'autres. Il ne faut pas oublier que la confiscation est une mesure exceptionnelle, qui a pour but de porter atteinte au droit de propriété, et partant, de diminuer la fortune de celui qu'elle frappe et de favoriser, par l'attribution spéciale qu'elle ren-

ferme, un seul créancier au préjudice de tous les autres.
Aussi nous n'approuvons pas l'arrêt de la Cour de Paris
(2me Ch.) du 2 mars 1854, confirmant un jugement du Tribunal de commerce de Reims, du 9 septembre 1853 [1]. Il
s'agissait dans l'espèce soumise aux magistrats de bouteilles
de vin de Champagne revêtues d'étiquettes arguées de contrefaçon. Les étiquettes avaient été déclarées contrefaites et
la confiscation du vin de Champagne avait été prononcée.

79. L'article 15 de la nouvelle loi est la sanction des dispositions réglementaires qui auront imposé exceptionnellement l'obligation de la marque sur certains produits.

Ici se présente une disposition contraire à celle qui est
renfermée dans l'article précédent.

Si le fabricant ou négociant auquel est imposée l'obligation
de marquer ses produits les livre dans le commerce sans avoir
satisfait à cette obligation, le Tribunal, quelle que soit la
décision qu'il rende, doit toujours prescrire que les marques
déclarées obligatoires seront apposées sur les produits qui y
sont assujettis.

Nous avons vu que, lorsqu'il s'agit de la marque facultative, le Tribunal doit, peu importe le jugement rendu, à l'é-
gard du prévenu de la contrefaçon de cette marque, ordonner
la destruction des marques contrefaites ou usurpées.

80. Dans le cas d'infraction à la prescription de la marque
obligatoire, la loi donne aux juges le pouvoir de prononcer
la confiscation des produits, lorsque le prévenu a encouru
dans les cinq années antérieures une condamnation pour un
des délits relatifs aux prescriptions de la marque obligatoire.

Ainsi cette peine ne pourra jamais être appliquée à celui
qui, pour la première fois, sera prévenu d'infraction aux dispositions qui prescrivent l'obligation de la marque.

Toutes ces dispositions ont pour but, comme l'a dit M. le
rapporteur au Corps législatif, de garantir des intérêts d'ordre

[1] *Gazette des Tribunaux*, 1854, 7 avril.

public, et de protéger la défense du travail national, car c'est évidemment en vue de ces puissants intérêts que la marque aura été déclarée obligatoire exceptionnellement.

81. Nous avons exposé ailleurs quels étaient les principes généraux qui régissent, en matière de contrefaçon, la confiscation des objets contrefaits [1]. La plupart de ces principes peuvent recevoir ici leur application.

Nous pouvons en rappeler quelques-uns.

La confiscation est une peine, en conséquence elle peut être requise d'office par le ministère public ; elle ne peut être prononcée pour la première fois en appel, lorsque la partie civile seule, et non le ministère public, a interjeté appel ; mais en cas d'acquittement, sans prononcer de confiscation, les magistrats pourraient ordonner la remise des produits revêtus de marques contrefaites. Cette remise diffère en plusieurs points de la confiscation [2].

La saisie préalable des produits revêtus de marques contrefaites n'est pas nécessaire pour que la confiscation soit prononcée. La preuve de ce délit peut résulter d'un acte autre qu'une saisie.

La confiscation des marques contrefaites doit être prononcée, alors même que depuis l'introduction de l'instance en contrefaçon la marque contrefaite a été abandonnée par celui qui l'avait adoptée, et qu'elle est ainsi tombée dans le domaine public. Le jugement doit toujours statuer sur l'état des choses au jour de la demande.

82. Aux peines que nous venons de faire connaître, l'article 13 de la loi de 1857, dans sa première partie, en ajoute de nouvelles ; cet article s'exprime ainsi :

« Les délinquants peuvent en outre être privés du droit de « participer aux élections des Tribunaux et des Chambres de « commerce, des Chambres consultatives des arts et manu-

---

[1] Voir notre traité *De la Propriété et de la Contrefaçon*, nᵒˢ 491, 647 et suiv.
[2] *Ibid*, nᵒˢ 652 et suiv.

« factures et des Conseils de prud'hommes pendant un temps
« qui n'excédera pas dix ans.

« Le Tribunal peut ordonner l'affiche du jugement dans les
« lieux qu'il détermine, et son insertion intégrale ou par
« extrait dans les journaux qu'il désigne; le tout aux frais
« du condamné. »

Cette privation de droits précieux pour un fabricant ou négociant est une peine purement morale qui n'en produit pas
moins un effet salutaire. En retranchant du nombre des élec-
teurs le négociant qui en fait partie, on le frappe d'une espèce d'indignité qui lui enlève aux yeux de tous la considération qui lui est nécessaire pour la prospérité de son
commerce ou de son industrie.

83. La seconde partie de cet article, relative à la publicité
donnée aux jugements, est textuellement empruntée à l'article 6 de la loi du 27 mars 1851 qui a pour objet de réprimer
les fraudes en matières commerciales. Cependant, on trouvait
déjà dans le décret du 5 septembre 1810, relatif aux marques
de quincaillerie et de coutellerie, cette disposition qui prescrivait l'affiche du jugement portant condamnation pour contrefaçon de marque aux frais du contrefacteur. L'insertion du
jugement dans les journaux et l'affiche, surtout celle qui sera
appliquée à la porte du domicile ou du magasin du délinquant,
sont des mesures très-efficaces, parce qu'elles punissent par
les mêmes moyens que ceux qui ont servi à commettre le délit.

L'article 49 de la loi sur les brevets d'invention autorise
également les magistrats à ordonner l'affiche du jugement.

84. Les condamnations civiles en réparation du préjudice
causé doivent, de même que les condamnations pénales qui
interviendraient en cette matière, être restreintes rigoureusement aux prescriptions des jugements et arrêts; toute
exécution qui tendrait à aggraver ces prescriptions donnerait
à son tour lieu à des dommages-intérêts [1].

[1] Voir notre traité précité, n°ˢ 672 à 675.

A cet égard, on s'est demandé si le négociant qui a obtenu en justice la répression d'une usurpation de sa marque ou de toute espèce de concurrence déloyale peut, indépendamment des moyens de publicité qui sont autorisés par le jugement, faire connaître ce jugement au public par des circulaires particulières et des annonces.

Nous n'hésitons pas à décider que, si dans ces circulaires sont transcrits les motifs et le dispositif de la décision judiciaire, l'auteur de ces circulaires a dépassé son droit. Si, par exemple, les magistrats ont limité la publicité de leur décision à son insertion dans un nombre déterminé de journaux, c'est qu'ils ont trouvé dans cette publicité une réparation suffisante.

Mais, si dans les circulaires et annonces se trouvent seulement énoncés les faits du jugement obtenu, avec indication de la condamnation et le renvoi aux numéros des journaux dans lesquels l'insertion de la décision judiciaire a été faite, on pourra décider que le négociant, auteur de ces annonces et circulaires, n'est pas sorti de la juste limite de publicité qui est la conséquence naturelle de l'intérêt qu'il avait à faire connaître au public l'issue du procès qu'il avait intenté à un concurrent déloyal.

La distinction est celle-ci : il n'est permis de publier le texte de la décision judiciaire qu'en se conformant rigoureusement au mode de publicité et au nombre soit des affiches, soit des journaux, prescrit et limité par la décision judiciaire elle-même. Mais il est permis de faire connaître au public l'existence du procès et la solution qui lui a été donnée par les magistrats, en indiquant seulement cette solution sans citer en détail le texte du jugement ou de l'arrêt. Le Tribunal de commerce de la Seine a eu dernièrement à résoudre une question de cette nature. (Jules Mongin c. Charles Mongin, 20 août 1857 [1].)

[1] *Droit*, 1857, 27 août; *Gazette des Tribunaux*, 1857, 28 août.

Sur tout ce qui est relatif à l'exécution des jugements en ce qui concerne la publicité ordonnée, nous renvoyons à notre ouvrage sur la contrefaçon [1].

85. Tel est l'ensemble des pénalités édictées par la loi de 1857. Ces pénalités sont moins sévères que celles prescrites par notre Code pénal (art. 142), qui renvoyait en Cour d'assises et punissait de la réclusion ceux qui avaient contrefait les marques d'un établissement particulier de banque et de commerce, ainsi que ceux qui en avaient fait usage.

Mais cette disposition, par son excessive sévérité, allait au delà du but que voulait atteindre le législateur.

Sous ce rapport, les dispositions de la nouvelle loi seront plus efficaces.

La loi de 1844 sur les brevets d'invention appliquait déjà la peine de l'emprisonnement, mais seulement en cas de récidive, et pour les ouvriers et employés du breveté qui auraient contrefait les produits de leur patron. Notre loi est plus sévère : tout contrefacteur ou débitant d'ouvrages contrefaits peut être condamné à la peine de l'emprisonnement, même pour un premier délit.

La remise des objets saisis au plaignant, l'affiche et l'insertion du jugement de condamnation dans les journaux, ne sont pas des peines.

Le caractère des condamnations qui peuvent intervenir est important à établir ; car le plaignant, qui n'est jamais que partie civile au procès, ne peut conclure contre le prévenu à des condamnations pénales.

86. Les peines auxquelles peuvent être condamnés ceux qui ont commis l'un des délits prévus par la loi de 1857 peuvent être ou diminuées ou augmentées, suivant les circonstances.

Elles sont diminuées dans deux cas :

1° Lorsque, dans la même poursuite, plusieurs faits de

[1] *Loc. cit.*, et n°s 672 et suiv.

contrefaçon, imitation de marques ou débit de produits revêtus de fausses marques, seront reprochés au même individu; au lieu de prononcer autant de peines séparées, isolées, qu'il y a de délits distincts, les magistrats devront prononcer la peine la plus forte. C'est là une disposition de droit commun en matière criminelle.

Telle est la prescription de l'article 10 de la loi de 1857.

Mais il ne faut pas tirer de cet article la conséquence que l'emprisonnement et l'amende ne peuvent pas être appliqués simultanément. Ce serait évidemment aller contre la disposition formelle de l'article 7[1].

2° Le second cas dans lequel les peines peuvent être modérées est celui où des circonstances atténuantes sont admises par les magistrats. L'article 12 de la loi de 1857 dit en effet que l'article 463 du Code pénal peut être appliqué aux délits prévus par la présente loi.

87. Les peines, au contraire, peuvent être élevées au double en cas de récidive, et il y a récidive, dit l'article 11 de la loi de 1857, lorsqu'il a été prononcé contre le prévenu dans les cinq années antérieures une condamnation pour un des délits prévus par la présente loi.

En outre, le fait de récidive des délits relatifs à la non-apposition d'une marque déclarée obligatoire donne au Tribunal la faculté de prononcer la confiscation des produits non revêtus d'une marque déclarée obligatoire. (Art. 15, loi de 1857.)

Toutes ces dispositions relatives au cumul des peines, à la récidive, aux circonstances qui la constituent, à l'admission des circonstances atténuantes, sont empruntées à la loi du 5 juillet 1844 sur les brevets d'invention.

---

[1] Voir, pour l'interprétation des mêmes dispositions appliquées aux brevets d'invention, Nouguier, *Des Brevets d'invention*, nos 1010, 1011.

SECTION IV.

**Des actions. — De la juridiction. — De la compétence. —
De la procédure. —
Des jugements et arrêts. — Des condamnations.**

§ 1. — Des actions. — De la juridiction. — De la compétence.

SOMMAIRE.

88. Des actions civiles, correctionnelles et en concurrence déloyale.
89. De la législation antérieure. — Des diverses juridictions.
90. De la juridiction des tribunaux civils.
91. De l'application des règles ordinaires de compétence. — *Quid*, du tribunal du lieu où sont saisis les objets contrefaits, ou les produits revêtus de marques contrefaites.
92. Des actions correctionnelles. — De la compétence en ce qui concerne les délits de contrefaçon de marque et de débit de produits revêtus de marques contrefaites.

88. Les actions auxquelles peuvent donner naissance les droits des fabricants et des commerçants, au sujet de leur marque, peuvent être portées ou devant le Tribunal correctionnel, ou devant le Tribunal civil, ou devant le Tribunal de commerce, selon les distinctions que nous allons établir.

S'il s'agit d'une contrefaçon ou usurpation de marques, considérée au point de vue de la peine à appliquer au contrefacteur ou à l'usurpateur, le fait étant constitutif d'un délit, l'action est portée par conséquent devant les Tribunaux correctionnels.

Si le même fait est envisagé au point de vue seulement de la réparation civile, des dommages-intérêts auxquels il donne naissance, en dehors de toute pénalité, les Tribunaux civils sont seuls compétents pour en connaître.

Enfin, si le fabricant ou négociant considère le fait de contrefaçon ou d'usurpation de sa marque comme une cause de concurrence déloyale, l'action, étant dirigée par un commerçant contre un commerçant pour faits de commerce, doit être portée devant les Tribunaux de commerce.

Cette classification est claire et précise. Les principes qui reçoivent ici leur application sont les principes généraux de notre droit en matière de juridiction.

C'est surtout dans cette partie relative à la juridiction et à la compétence des Tribunaux que la loi de 1857 est un véritable bienfait.

89. La législation antérieure offrait une diversité des plus grandes. En dehors de la compétence correctionnelle et de celle des Cours d'assises (art. 142 et 143 C. pén.), les prud'hommes, les juges de paix, les Tribunaux de commerce pouvaient être saisis des questions relatives aux marques de fabrique et de commerce.

Sur la demande du Conseil général de l'agriculture, des manufactures et du commerce, l'intervention conciliatrice du Conseil des prud'hommes, imposée par le décret du 11 juin 1809, revisé le 20 février 1810, fut supprimée comme une formalité inutile. Le projet de loi de 1847 l'avait maintenue.

Le décret du 5 septembre 1810 sur les marques de coutellerie, qui attribuait, dans son article 9, une juridiction au Conseil des prud'hommes, cessera également de recevoir son application.

90. Le projet de loi de 1847 et la rédaction première du projet de la loi actuelle proposaient de rendre les Tribunaux de commerce compétents pour statuer sur les actions civiles relatives aux marques de fabrique.

Mais, sur un amendement présenté par le Corps législatif, la disposition actuelle a été acceptée. C'est donc aux tribunaux civils qu'appartient aujourd'hui cette juridiction.

Les principaux motifs présentés à l'appui de cette modification, par M. le rapporteur de cette loi au Corps législatif, sont les suivants :

« La marque de fabrique ou de commerce est une propriété; c'est donc aux Tribunaux chargés d'apprécier les questions de propriété qu'il faut attribuer ces litiges. Les difficultés relatives aux brevets d'invention sont soumises aux Tribunaux civils par la loi du 5 juillet 1844 (art. 46), dont l'expérience a justifié les dispositions sur ce point. Pourquoi, d'ailleurs, ne pas rendre ces Tribunaux uniformément compétents pour les marques? Sinon, il serait loisible au plaignant, en engageant l'action correctionnelle, de porter, à son gré, l'affaire devant les juges civils ou les juges de commerce.[1]. »

Ces raisons nous paraissent en dehors de toute critique.

91. L'action doit être portée devant le Tribunal civil ou devant le Tribunal correctionnel, d'après les règles ordinaires de compétence. Ainsi, n'est pas compétent le Tribunal civil du lieu où sont saisis les marques contrefaites ou les produits revêtus de marques contrefaites. Tel serait, par exemple, le lieu du passage ou de la circulation des produits revêtus de marques contrefaites ou usurpées[2].

92. Quant à la poursuite correctionnelle, elle est également régie par les règles générales renfermées dans le Code d'instruction criminelle. Seulement, comme il existe ici deux délits distincts, le délit de contrefaçon et celui de débit d'ouvrages contrefaits, il est utile de déterminer la compétence du tribunal à l'égard de chacun d'eux, soit dans le cas d'une seule poursuite, soit dans le cas de deux actions distinctes. Rappelons d'abord que, pour chaque délit, la compétence du Tribunal correctionnel est attribuée par les articles 23, 29, 63, 69 du Code d'instruction criminelle.

---

[1] Voir au surplus le texte de ce rapport, chap. v.

[2] Voir notre traité, nos 599 et suiv. Voir aussi *Annales de la Propriété industrielle*, 1855, p. 26.

Le propriétaire d'une marque contrefaite ou usurpée peut poursuivre à son droit le contrefacteur seul, ou le débitant seul, ou tous les deux à la fois, par une seule et même action. Le prévenu du délit de contrefaçon, poursuivi seul, ne pourrait être cité devant le Tribunal dans le ressort duquel le débit a eu lieu ; il en serait autrement dans le cas de connexité, c'est-à-dire lorsque le débitant est lui-même poursuivi. (Paris, 17 septembre 1827 : Muller c. Degouy [1].)

Cette connexité est forcément admise devant les Tribunaux civils, lorsque le débiteur a assigné en garantie le contrefacteur déjà actionné. (Trib. de comm. de Paris, 12 novembre 1833 : Chevrier et Duval c. Rossignol [2].)

§ 2. — **De la procédure.** — **De la saisie.** — **Des exceptions.** — **Des voies ordinaires et extraordinaires pour attaquer les jugements et arrêts.**

SOMMAIRE.

93. Application des règles ordinaires de procédure. — Matière sommaire.
94. *De la saisie préalable* des marques ou produits argués de contrefaçon.
95. Du magistrat qui a qualité pour rendre une ordonnance autorisant la saisie.
96. L'ordonnance rendue n'est-elle sujette à aucun recours ?
97. Jusqu'à quel moment cette ordonnance produit-elle son effet ?
98. La saisie peut être faite de deux manières.
99. La saisie n'est pas une condition nécessaire de l'action.
100. Dans quels lieux la saisie peut-elle être pratiquée ?
101. Le fait de faire présenter un officier ministériel dans des ateliers pour saisir peut donner lieu, de la part de la personne chez laquelle on s'est présenté, à une action en dommages-intérêts, alors qu'aucun objet contrefait n'a été trouvé.
102. Délai dans lequel le plaignant qui a fait pratiquer une saisie doit intenter son action. — Sanction de cette prescription.
103. Des officiers ministériels qui ont qualité pour procéder à la saisie.

[1] *J. Pal.*, 21, 801.
[2] Dalloz, 34, 3, 27.

93. Les règles ordinaires de la procédure correctionnelle et civile sont applicables aux instances relatives aux marques de fabrique.

Les contestations civiles seront instruites et jugées dans la forme prescrite pour les matières sommaires, par les articles 405 et suivants du Code de procédure civile. (Art. 16, loi du 23 juin 1857.)

Cette disposition a été empruntée à la loi de 1844 sur les brevets d'invention, par des motifs de célérité et d'économie. La pratique des affaires démontre cependant qu'une procédure sommaire n'est pas une procédure nécessairement rapide. Les instances sur procédures sommaires sont souvent fort longues. Le motif d'économie est toujours vrai. La procédure des affaires qualifiées sommaires est la procédure à bon marché.

Le législateur a transporté à cette matière les règles générales à la constatation des contrefaçons, soit des œuvres artistiques et littéraires, soit des inventions brevetées. Les dispositions de la nouvelle loi de 1857 sont la reproduction presque exacte de celles de l'article 47 de la loi sur les brevets d'invention.

94. Quel que soit le caractère de l'action intentée par la partie lésée, qu'elle soit civile ou correctionnelle, on procède ordinairement par voie de saisie ; c'est là, en effet, le moyen le plus facile et offrant les preuves les plus irrécusables.

L'article 17 de la nouvelle loi est ainsi conçu :

« Le propriétaire d'une marque peut faire procéder par « tous huissiers à la description détaillée, avec ou sans saisie, « des produits qu'il prétend marqués à son préjudice en con- « travention aux dispositions de la présente loi, en vertu « d'une ordonnance du président du Tribunal civil de pre- « mière instance, ou du juge de paix du canton, à défaut de « Tribunal dans le lieu où se trouvent les produits à décrire « ou saisir.

« L'ordonnance est rendue sur simple requête et sur la « présentation du procès-verbal constatant le dépôt de la mar- « que. Elle contient, s'il y a lieu, la nomination d'un expert, « pour aider l'huissier dans sa description.

« Lorsque la saisie est requise, le juge peut exiger du re- « quérant un cautionnement, qu'il est tenu de consigner « avant de faire procéder à la saisie.

« Il est laissé copie, aux détenteurs des objets décrits ou « saisis, de l'ordonnance et de l'acte constatant le dépôt du « cautionnement, le cas échéant ; le tout à peine de nullité et « de dommages-intérêts contre l'huissier. »

Cet ensemble de mesures a pour but d'empêcher les poursuites vexatoires inspirées par l'intérêt privé.

Ces prescriptions ne s'appliquent qu'au cas où il s'agit de poursuites intentées à la requête de la partie lésée. Si le ministère public veut agir directement, les poursuites faites à sa requête seront dirigées dans les formes déterminées par le Code d'instruction criminelle.

95. Le président du Tribunal a seul droit de répondre la requête qui lui est présentée à fin d'autorisation de saisie ; cependant, à défaut de Tribunal dans le lieu où se trouvent les produits à décrire ou saisir, le juge de paix du canton aura qualité pour répondre la requête à fin d'autorisation de saisie.

Ce droit n'avait pas été conféré à ce magistrat dans le projet de loi de 1847 ; on a considéré que ce magistrat est plus rapproché du justiciable ; que, dans bien des cas, l'obligation de se pourvoir auprès du président du tribunal civil entraînerait à des retards préjudiciables à la partie lésée, en facilitant la suppression du corps du délit[1].

96. L'ordonnance rendue par le président du tribunal ou par le juge de paix, suivant les cas indiqués dans l'article 16, n'est-elle sujette à aucun recours ?

Nous avons examiné en détail cette question[2], et nous avons exposé les diverses solutions auxquelles elle a donné naissance, lorsqu'il s'agissait des inventions brevetées. Nous nous bornerons à dire que le dernier arrêt qui ait eu à résoudre cette question a décidé que les ordonnances dont nous parlons pouvaient être frappées d'appel, conformément aux règles du droit commun. (Paris, 9 juillet 1855 : Mallet c. Cavaillon[3].)

97. L'ordonnance dont nous parlons ne peut avoir d'effet qu'autant que le tribunal n'a pas rendu de jugement sur la demande de la partie à la requête de laquelle la saisie a été pratiquée[4].

98. La saisie peut être faite de deux manières, au choix du plaignant, ou par simple voie de description, en laissant les objets en la possession du saisi, qui en devient le gardien ; ou par apposition de scellés et transport au greffe correctionnel des objets saisis, avec procès-verbal de dépôt. La saisie n'a par elle-même aucun caractère ; elle n'est ni exclusive, ni attributive de juridiction, soit correctionnelle, soit civile.

[1] Voir exposé des motifs.
[2] Voir notre traité *De la Propriété et de la Contrefaçon*, n. 623.
[3] *Gazette des Tribunaux*, 1855, 10 juillet.
[4] Voir notre traité, n. 621.

99. L'article 17 de notre loi ne fait point de la saisie une condition nécessaire de l'exercice de l'action ; aussi le défaut de saisie ou la nullité de celle qui a été pratiquée ne rend pas les parties lésées ou leurs cessionnaires non recevables à poursuivre leurs droits dans la forme ordinaire [1].

100. Dans quels lieux la saisie peut-elle être pratiquée ?

Partout où sont les objets revêtus de la marque falsifiée, contrefaite. Cependant ce qui a été jugé pour la saisie de procédés brevetés devrait également s'appliquer à notre matière. Il faudra donc reconnaître que la partie lésée ne pourra, même en vertu d'une ordonnance de M. le président autorisant la découverte de l'auteur de la contrefaçon, étendre ses recherches jusque sur les personnes.

Elle commettrait ainsi une violence morale qui la soumettrait à des dommages-intérêts, en raison de la contrainte qu'elle aurait exercée sur les personnes [2].

101. La tentative de saisie pratiquée dans les ateliers de fabrication ou dans les lieux où s'exploite un commerce, malgré les protestations de la personne chez laquelle on se présente pour saisir, pourra donner lieu, de la part de cette personne, à une action en dommages-intérêts, lorsque cette tentative de saisie n'aura pu être convertie en saisie, parce que l'huissier n'aurait trouvé aucune marque contrefaite ou aucun produit revêtu de la marque appartenant à la partie à la requête de laquelle il instrumentait.

L'action en dommages-intérêts serait fondée alors même que la partie saisissante n'aurait agi que par imprudence et légèreté et sans intention coupable.

Mais ces faits ne pourraient constituer le délit de violation de domicile. (Paris, 12 décembre 1856 : Tissier c. Laming [3].)

102. La loi de 1857 a fixé le délai dans lequel la partie

---

[1] Voir notre traité, n. 627, 628.
[2] Voir notre traité, n. 620.
[3] *Droit*, 1856, 13 décembre.

qui avait préalablement saisi devait se pourvoir devant les tribunaux.

Son article 18 est ainsi conçu : « A défaut par le requérant « de s'être pourvu, soit par la voie civile, soit par la voie « correctionnelle, dans le délai de quinzaine, outre un jour « par cinq myriamètres de distance, entre le lieu où se trou- « vent les objets décrits ou saisis et le domicile de la partie « contre laquelle l'action doit être dirigée, la description ou « saisie est nulle de plein droit, sans préjudice des dommages- « intérêts qui peuvent être réclamés, s'il y a lieu. »

Cette disposition est empruntée à l'article 48 de la loi de 1844 sur les brevets d'invention ; elle en est, pour ainsi dire, la reproduction littérale, à l'exception toutefois de la durée du délai qui, dans cette dernière loi, est de huit jours.

Les motifs d'une telle mesure sont faciles à comprendre : « On ne doit pas, disait l'exposé des motifs au Corps législatif, permettre au plaignant de prolonger à son gré l'état de sus- picion dans lequel son adversaire est placé, et surtout l'espèce d'interdit qui résulte de cette dernière mesure. Si, dans un certain délai, le requérant n'a pas donné suite à ses premières poursuites, cette inaction sera regardée comme un aveu im- plicite de l'injustice de sa prétention. »

La conséquence de cette inaction dans le délai prescrit par la loi est la nullité de la saisie ou de la description ; mais l'action subsiste toujours tant qu'elle n'est pas éteinte par la prescription, et le plaignant en sera réduit ou à prouver le fait de contrefaçon par d'autres éléments de preuves que ceux tirés de la saisie ou description, ou à procéder à une nouvelle saisie ou description.

103. Les huissiers sont les officiers ministériels qui ont qualité pour procéder à la saisie. La saisie faite par tout autre agent ne produirait aucun effet. Le tribunal, en effet, qui s'appuierait sur un procès-verbal rédigé par un agent qui n'aurait pas de qualité légale, commettrait un excès de

pouvoir. (Cass., 9 messidor an XIII : Bidault *c.* Louvet[1].)

104. Pour tout ce qui complète cette matière, nous renvoyons aux principes que nous avons exposés dans notre ouvrage sur la propriété et la contrefaçon[2]. Nous y renvoyons également pour les dispositions relatives aux nominations d'experts, lorsque les magistrats auront recours à leurs lumières[3].

105. En ce qui concerne spécialement l'action correctionnelle, nous n'avons que quelques observations à présenter.

La loi de 1844 sur les brevets d'invention renfermait, dans son article 45, une disposition qui n'a pas été reproduite par la loi sur les marques de fabrique. Cet article 45 ne donnait au ministère public le pouvoir d'agir pour l'application des peines que sur la plainte de la partie lésée.

L'absence de cette disposition dans notre loi, la déclaration très-nette sur ce point dans l'exposé des motifs et les observations échangées entre MM. Legrand et Riché au Corps législatif, lors de la discussion de cette loi[4], ne laissent aucun doute sur le droit qu'a le ministère public de poursuivre d'office les faits réprimés par la nouvelle loi. « Le fabricant, a dit M. Riché, qui a usé du droit que lui donne la loi, s'est mis par ce fait même sous la sauvegarde sociale ; il a créé une véritable propriété qui doit être placée, comme toutes les autres, sous l'égide du ministère public. Dès lors, l'intérêt privé n'est plus seul en cause ; l'intérêt général de l'industrie et du commerce se trouve engagé en même temps dans les poursuites. »

Cette différence sur ce point, entre les inventions brevetées et les marques de fabrique, s'explique parfaitement : lorsqu'il s'agit de la contrefaçon d'une invention brevetée, l'intérêt privé seul est en jeu ; lorsqu'il s'agit, au contraire, d'une

---

[1] Merlin, *Rép.*, vº CONTREFAÇON, n. 14.

[2] N. 625 et suiv.

[3] N. 631 et suiv.

[4] *Moniteur*, 1857, 14 mai.

contrefaçon ou d'une usurpation de marque de fabrique, un intérêt général, celui du public, des consommateurs, est compromis, et, bien que la poursuite intentée à la requête du ministère public, dans notre cas, ne doive pas être confondue avec celle qui a pour objet la tromperie sur la marchandise vendue, elle n'en a pas moins un intérêt public pour objet.

106. Nous ne pouvons examiner ici quelle est la nature et l'étendue des pouvoirs conférés au ministère public ; nous renvoyons à notre traité, dans lequel nous avons fait connaître quelle application des principes généraux doit être faite aux actions en contrefaçon [1].

107. Il est hors de doute, d'après ce que nous avons dit, que le désistement de la partie civile ne peut porter aucune atteinte à l'action du ministère public.

108. Le défendeur à l'action civile en contrefaçon peut, comme le prévenu de contrefaçon, devant la juridiction correctionnelle, repousser l'action dont il est l'objet par plusieurs exceptions. L'intérêt est la mesure de l'exception aussi bien que de l'action. Devant la police correctionnelle, les exceptions se réduisent presque toujours à des exceptions de compétence.

Quand l'action est civile, toutes les exceptions consacrées par le Code de procédure civile (art. 166 et suiv.), ou puisées dans d'autres dispositions de nos Codes, devront être présentées avant le débat. Aucune difficulté ne peut s'élever sur l'application de ces principes à notre matière.

Mais, quant aux moyens de défense devant la juridiction correctionnelle, l'article 16 de la loi de 1817 donne aux magistrats de cette juridiction le pouvoir de statuer sur la question de propriété de la marque soulevée par le prévenu.

Ainsi nous devons appliquer à notre matière les principes généraux qui rendent le juge de l'action, juge de l'exception. En conséquence, toutes les fois que l'exception qui se présente

---

[1] N. 609 et suiv.

ne tendra qu'à justifier les prévenus du délit de contrefaçon qui leur est imputé, elle rentrera nécessairement dans les attributions du tribunal correctionnel.

109. Le tribunal correctionnel cesserait donc d'être compétent, si le moyen présenté par le prévenu n'était pas une défense à la plainte, mais bien une demande civile formée reconventionnellement, contre la partie plaignante : par exemple, lorsque le prévenu d'une contrefaçon de marque demande qu'il soit fait défense au plaignant de prendre telle qualité, comme celle d'imprimeur du clergé. (Cass., 29 thermidor an XII : V⁰ Malassis *c.* Basseuil[1].)

Quelquefois le prévenu de contrefaçon se défend par une action principale qu'il intente au plaignant devant la police correctionnelle : par exemple, lorsque, à l'occasion de la contrefaçon qui lui est reprochée, il accuse le plaignant de diffamation ; alors le tribunal correctionnel, étant saisi en même temps de la connaissance d'un délit de contrefaçon, et d'une plainte en diffamation se rapportant au même fait, doit surseoir au jugement de la plainte en diffamation jusqu'à ce qu'il ait été statué sur le délit : ce n'est pas là une règle spéciale au délit de contrefaçon. C'est en ce sens qu'a été rendu l'arrêt de la Cour de Paris du 5 décembre 1846. (Caron *c.* Rohlfs[2].)

110. Parmi les exceptions qui ne peuvent être opposées que dans un intérêt civil, se trouve l'exception de garantie. L'auteur de la contrefaçon, en effet, pas plus que l'auteur de tout autre délit, ne peut éviter l'application de la loi pénale par une action en garantie contre celui qui lui a fourni les moyens de la commettre. Cette exception est sans intérêt pour le prévenu qui la soulèverait devant la police correctionnelle, puisque, sa bonne foi admise, tout délit disparaît[3].

---

[1] Dev. et Car., 1, 1, 1023 ; *J. Pal.*, 4, 148.
[2] *Droit*, 1846, 6 décembre.
[3] Voir notre traité, n. 642 et suiv.

111. Nous renvoyons à notre traité pour la connaissance des principes applicables à notre matière, en ce qui concerne les exceptions de litispendance et de chose jugée. Nous avons fait connaître quelle influence exercent sur les droits des parties les décisions correctionnelles ou civiles [1].

112. Les voies ordinaires et extraordinaires pour attaquer les jugements et arrêts sont applicables à notre matière, en suivant les principes généraux du droit.

---

[1] Voir notre traité, n. 643 ; Nouguier, *Des Brevets d'invention*, n. 983 et suiv.; *Annales de la Propriété industrielle*, an. 1857, p. 257 et suiv.; Dev. et Car., 57, 1, 625 et la note. M. Etienne Blanc a successivement professé diverses opinions sur les solutions des questions que présente cette matière. (*Traité de la contrefaçon*, p. 186 et suiv.)

CHAPITRE II.

DES NOMS DES FABRICANTS.

DE LA RAISON COMMERCIALE D'UNE FABRIQUE.

DU NOM DU LIEU AUTRE QUE CELUI DE LA FABRICATION.

DES ALTÉRATIONS

OU SUPPOSITIONS DONT ILS PEUVENT ÊTRE L'OBJET.

SOMMAIRE.

129. Des noms des fabricants. — Que faut-il comprendre dans cette expression? De la raison commerciale.
130. Des noms similaires.
131. L'inventeur d'un produit est-il le seul qui ait qualité pour poursuivre l'usurpation ou l'altération de son nom donné à ce produit?
132. *Quid*, si le produit breveté est tombé dans le domaine public?
133. La loi de 1824 s'applique aux pseudonymes comme aux noms
véritables.
134. Elle punit également ceux qui ont apposé sur leurs produits un lieu
de fabrication autre que le véritable. — Que faut-il entendre par
ces mots : *lieu de fabrication ?*
135. *Quid*, si le nom usurpé est celui d'une certaine contrée? Qui aura
qualité pour se plaindre?
136. Les fabricants d'une localité ont-ils le droit d'intervenir dans une
instance introduite à la requête du ministère public contre des
fabricants étrangers à cette localité?
137. Des négociants qui, sans usurper le nom d'une certaine localité, font
connaître sur les enveloppes des produits qu'ils vendent, que ces
produits sont une imitation de ceux qui se fabriquent dans telle
localité.
138. Les délits prévus par la loi de 1824 existent lorsqu'il y a altération
ou usurpation du nom, bien que les marques des deux fabricants
soient différentes. — De l'usurpation de noms de lieux de pays
étrangers.
139. De ceux qui se rendent complices du délit d'usurpation ou altération
de noms. — Des marchands commissionnaires. — Des débitants.
— De l'intention frauduleuse. — De la confiscation.
140. Les faits constitutifs de la complicité pénale doivent-ils être restreints à ceux qui sont énoncés dans la loi de 1824 ?
141. De l'intermédiaire qui a commandé la fabrication d'objets avec l'apposition d'un nom usurpé.
142. Que faut-il entendre par ces mots : *marchand, commissionnaire,
débitant?* De la *mise en circulation.*
143. *Quid*, du cas où les marchandises revêtues de fausses marques
françaises, débitées en France, ont été fabriquées à l'étranger?
144. De la convention par laquelle un fabricant s'engage à apposer sur
les produits qu'il fabrique un nom autre que le sien.
145. Des peines prononcées par la loi de 1824.
146. De la confiscation.—Quels objets doit-elle comprendre?—Distinction.
47. Contre qui peut-elle être prononcée?
148. Des actions fondées sur la loi de 1824. — De la procédure.
149. De la rédaction de l'assignation en usurpation de noms.

113. Les noms de famille, les prénoms, constituent pour
ceux auxquels ils appartiennent la propriété la plus absolue,

propriété à laquelle aucune atteinte ne peut être portée. A l'abri du temps, la prescription ne la détruit jamais, et jamais elle ne se trouve comprise dans les biens dont la société exige le sacrifice dans un but d'utilité publique.

Aucune propriété n'est plus précieuse, elle perpétue le souvenir des vertus et de la gloire des ancêtres ; elle est, dans le présent, la marque la plus sincère de la valeur et du mérite individuel. Le nom d'une personne, c'est l'indication de son état civil, le résumé de sa vie, la qualification de son esprit, de son caractère, de ses mœurs.

114. Pour le fabricant et le commerçant, le nom a une autre valeur, il fait partie de son industrie, de son commerce ; il se répand avec les objets de sa fabrication et de la vente, il devient une enseigne ; il est le signe de ralliement de la clientèle, le thermomètre de son crédit. (Paris, 28 mai 1853 : Jean-Marie Farina [1] ; Cass., 24 décembre 1855 ; Bricard *c.* Teissier [2] ; Paris, 10 mars 1855 : Mène et Susse *c.* Ghilardi [3].) Aussi ce nom se transmet-il avec le fonds lui-même ; transmettre le nom à un successeur, c'est lui transmettre l'achalandage.

La propriété du nom devait donc être entourée par le législateur d'une puissante protection ; elle se trouve en effet doublement garantie par deux lois spéciales.

La loi du 28 juillet 1824 ne se préoccupe pas de la forme sous laquelle apparaissent les noms employés, elle réprime les suppositions et altérations de noms sur les objets fabriqués.

La loi du 23 juin 1857 accorde aux noms la protection dont elle entoure les marques de fabrique et de commerce, lorsque ces noms sont représentés sous une forme distinctive [4].

115. Ces dernières lois ont abrogé la loi du 22 germinal

---

[1] *Gazette des Tribunaux*, 1853, 8 juillet.
[2] *Droit*, 1856, 20 février ; *Gazette des Tribunaux*, 1856, 5 janvier.
[3] *Gazette des Tribunaux*, 1855, 8 avril.
[4] Voir plus haut, nos 39 et suiv.

an XI, qui punissait des mêmes peines la contrefaçon ou l'usurpation directe et celle qui n'était faite qu'indirectement ; cette usurpation détournée, indirecte, avait lieu lorsqu'un négociant avait, sur ces produits, employé les mots *façon de*, suivis du nom d'un autre fabricant ou d'une autre ville. Cette dernière usurpation qui, d'après l'article 17 de cette loi, était assimilée au crime de faux en écriture privée, ne constitue plus, d'après la loi du 28 juillet 1824, que de simples délits passibles des peines portées en l'article 423 du Code pénal. La loi de 1824 n'a pas eu pour but, par cette substitution de peines, d'amoindrir les dispositions protectrices de la propriété industrielle résultant des prohibitions dela loi de l'an XI ; elle a voulu, au contraire, leur donner une application plus étendue et une efficacité plus certaine. C'est ce qui résulte notamment des termes plus généraux de la loi de 1824 et des documents législatifs qui s'y rapportent. (Cass., arrêt du 24 décembre 1855 [1].)

116. Les deux lois de 1824 et de 1857 ont chacune une application distincte ; il importe d'éviter toute confusion à cet égard. L'usurpation de la raison sociale, du nom du fabricant ou commerçant, du lieu de fabrication, est réprimée par la loi de 1824. Celle de 1857 a exclusivement pour objet les marques de fabrique ou de commerce sous quelque forme qu'elles se présentent.

Cette distinction avait été déjà faite sous l'empire de la loi de germinal an XI, et elle avait alors plus d'intérêt, en raison des peines sévères qui étaient prononcées.

La Cour de cassation a en effet cassé un arrêt de la Cour de Paris qui avait jugé que la contrefaçon d'une marque représentant le nom et la raison commerciale d'un fabricant constituait le délit prévu par la loi du 28 juillet 1824. Ce que cette loi punit, c'est donc l'apposition du nom lui-même ou de la raison commerciale, et non d'un signe représentatif

---

[1] *Droit*, 1856, 20 février ; *Gazette des Tribunaux*, 1856, 5 janvier.

seulement. (Cass., arrêt du 12 juillet 1851 : Morel et autres *c.* Christofle [1]; Laugier et Laboullée *c.* Mira et Le Bon [2]; Vimeux et autres *c.* Acloque [3].)

117. La loi du 28 juillet 1824 est générale dans son application, elle s'étend à toutes les industries, même à celles qui sont régies par des lois particulières, comme la quincaillerie et la coutellerie. (Cass., 8 décembre 1827, Grange et autres *c.* Pradier [4].)

118. Cependant cette loi ne s'applique pas aux usurpations d'œuvres littéraires ou purement artistiques. (Paris, 20 mars 1826 : Lerouge *c.* Fouché d'Otrante [5]). A cet égard, les principes généraux sur la violation de la propriété reçoivent seuls leur application. Les expressions *objets fabriqués*, dont se sert la loi, ne peuvent s'entendre des œuvres qui relèvent uniquement de l'intelligence. Mais, en ce qui concerne les éditeurs, voir plus loin au n° 125.

119. La loi de 1824 a eu pour but exclusif de protéger les fabricants et les commerçants contre les atteintes portées à leur achalandage par l'usurpation des noms employés. Elle ne réprime pas, dans l'intérêt du consommateur, du public, les fraudes, les tromperies qui sont commises par des indications mensongères [6].

C'est ce qui ressort jusqu'à la dernière évidence de la lecture des exposés des motifs et des rapports présentés aux deux Chambres. M. Lemoine des Mares, dans son rapport à la Chambre des députés, disait en effet que ce projet de la loi de 1824, en créant un nouveau délit, le classait quant à

---

[1] Dev. et Car., 1852, 1, 146 ; Dall., 52, 1, 160.

[2] Dev. et Car., 7, 1, 552.

[3] Merlin, *Rép.*, v° FAUX, sect. I, § 14.

[4] Dev. et Car. Voir l'arrêt à sa date. On peut également consulter, à cet égard, le rapport de M. Lemoine des Mares présenté à la Chambre des députés, et reproduit à la fin de ce volume.

[5] Dev. et Car. Voir l'arrêt à sa date.

[6] Voir dans ce sens : Dall., *Rép.*, v^{ls} INDUSTRIE et COMMERCE. *Contrà*, Gastambide, n. 457, 461 ; *Annales de la Propriété industrielle*, ann. 1855, p . 19 et suiv.

la peine avec ceux d'une égale gravité, c'est-à-dire avec les fraudes qui se commettent du *vendeur à l'acheteur* et que le Code pénal a réunies dans son article 423.

Ajoutons que, selon les circonstances, ces fraudes de la part du vendeur vis-à-vis de l'acheteur pourraient constituer le délit d'escroquerie.

Le fabricant et le commerçant dont les noms ont été usurpés peuvent donc se plaindre et agir en vertu de la loi de 1824, et cela alors même qu'aucun fait de vente, de débit n'aurait eu lieu de la part du commerçant usurpateur du nom d'autrui.

Le consommateur ne peut agir qu'en vertu de l'article 423 du Code pénal. Peu lui importe donc que le commerçant qui lui a fourni tel objet usurpe le nom d'un autre commerçant, si l'objet acheté ne porte pas de fausse indication de nom, et si l'achat fait n'a pas été déterminé par l'usurpation d'un nom étranger au marchand.

120. La loi de 1824 est une loi pénale; à ce titre, elle doit être restreinte dans son application aux cas qu'elle a prévus. Déterminons donc le sens et la portée des expressions dont elle se sert.

« Quiconque, dit l'article 1er, aura, soit apposé, soit fait apparaître, par addition, ou retranchement, ou par une altération quelconque sur des objets fabriqués le nom d'un fabricant autre que celui qui en est l'auteur, ou la raison commerciale d'une fabrique autre que celle où lesdits objets auront été fabriqués, ou enfin le nom d'un lieu autre que celui de fabrication, sera puni des peines portées en l'article 423 du Code pénal, sans préjudice des dommages-intérêts, s'il y a lieu. »

Le législateur a voulu atteindre toutes les fraudes dont les fabricants ou commerçants peuvent être victimes, au sujet de l'emploi de leurs noms, ou de celui du lieu de leur fabrication : *une altération quelconque*, dit la loi. Voilà donc le principe ; il n'a d'autre limite que la nature de l'objet et le nom appliqué sur cet objet. Dans ces limites, l'appréciation du juge est souveraine pour constater l'existence de la fraude.

121. Cette altération peut être commise à l'aide, soit d'addition, soit de retranchement de mots ou de lettres.

Un commerçant peut, en effet, en ajoutant ou en retranchant une ou plusieurs lettres à son nom, composer un nom semblable à celui d'un commerçant ou d'un fabricant de produits similaires. Comme exemple d'une fraude commise par une addition de quelques mots, M. le rapporteur à la Chambre des députés citait l'exemple suivant : « On a vu, disait-il, des draps originairement marqués de tel domicile *près* Louviers, ou *rue* de Louviers, ou à *l'instar* de Sedan, ou *filature* de Sedan, et des marchands, se rendant par une de ces additions complices de la simulation ainsi préparée, couper sur le chef les mots *près de*, *rue de*, à *l'instar de*, en faire par ces retranchements des draps de Louviers ou de Sedan et les vendre pour tels. »

122. Cette loi ne punit pas l'usurpation du nom d'une manière générale. Ainsi le négociant qui appose sur son enseigne le nom d'un autre négociant n'est pas soumis à l'application de cette loi. Il pourra seulement être poursuivi par les voies ordinaires, ou par une action ayant pour objet de réprimer la concurrence déloyale. Il faut que le nom usurpé ait été apposé sur des *objets fabriqués*. Cette disposition s'applique également aux enveloppes des objets fabriqués [1].

Il existe, en effet, des produits sur lesquels l'apposition du nom est impossible, comme le fil, la soie, le coton filé, les aiguilles. (Cass., 28 mai 1822 : Guérin c. Forest [2].)

Les arrêts de la même Cour, en date du 22 juin 1807 [3], ne sont pas contraires à cette doctrine ; ils ont cassé la dé-

---

[1] Gastambide, n. 451.
[2] Dev. et Car. Voir l'arrêt à sa date.
[3] Merlin, *Rép.*, v° FAUX, sect. 1, § 14.

cision du tribunal criminel de la Seine, par le motif que la matérialité du délit de contrefaçon n'était pas constatée.

Merlin [1] et Pardessus [2], au sujet des marques de fabrique, reconnaissent qu'il n'y a pas lieu de distinguer si la marque est plus ou moins fixe, si elle est incorporée dans l'objet, ou si elle est seulement appliquée.

Cependant, la Cour de cassation, dans un arrêt très-récent, a paru consacrer une doctrine contraire. Il s'agissait, dans l'espèce, du surmoulage des flacons dans lesquels se débite l'eau de Botot. Des flacons vides avaient été saisis; sur le renvoi en police correctionnelle, le tribunal décida qu'il y avait eu seulement une tentative de délit. La Cour confirma cette décision ; et la Cour de cassation rejeta le pourvoi formé contre cet arrêt, par ce motif : « Qu'on ne pouvait considérer comme *produit falsifié* le flacon lui-même que les héritiers Botot vendent accessoirement à l'eau dentifrice qu'ils fabriquent. » Cet arrêt fut rendu contrairement aux conclusions de M. l'avocat général. (Cass., 9 juillet 1852 : Tavernier et Bonneau c. dame Barbier [3].)

123. La loi de 1824 reçoit également son application, lorsque le nom, faussement indiqué, est apposé non plus sur l'objet, mais sur un des accessoires de cet objet ; tel est, par exemple, le tailleur qui mettrait à un pantalon de sa confection des boutons portant le nom d'un autre tailleur.

Ainsi encore celui qui emploie, dans la confection de voitures neuves ou dans la réparation de voitures vieilles, les écrous ou chapeaux d'essieux provenant d'un autre fabricant et sur lesquels sont inscrits les noms de ce dernier, commet le délit d'usurpation de nom prévu par la loi de 1824. Il est évident que cette décision ne s'applique pas à celui qui ne fait que réparer une voiture, parce qu'une réparation ne change

[1] *Loc. cit.*
[2] Dev. et Car., la note, à l'arrêt du 28 mai 1822.
[3] Dev. et Car., 1853, 1, 44.

pas l'objet réparé. (Paris, 1re Ch., 24 mars 1854 : Gouillon c. Pitel[1].)

124. Que faut-il entendre par ces mots : *objets fabriqués ?* Doit-on en restreindre l'application aux produits créés ou préparés par un travail industriel, par la main de l'homme? Nous pensons que ces expressions doivent en effet être renfermées dans ces limites, et qu'elles ne peuvent s'appliquer aux produits naturels comme le thé, le café, les truffes, les fruits, etc. Sont donc considérés comme objets fabriqués tous ceux qui ne sont pas des produits naturels du sol n'exigeant aucune préparation. Les fruits sont des produits naturels, mais le vin est un produit fabriqué dans le sens légal de la loi de 1824.

La distinction établie par l'article 583 du Code Napoléon ne peut recevoir ici son application, en ce sens qu'il ne faut pas assimiler les *produits industriels* dont parle cet article aux *produits fabriqués* de la loi de 1824.

Le négociant qui marque de son nom les vases ou les sacs qui renferment les produits naturels n'aura pas le droit d'invoquer la loi de 1824 contre un concurrent qui usurpera son nom et en aura marqué les enveloppes de produits similaires. La loi de 1824 a voulu protéger l'industrie, la fabrication, et donner à celui qui produit, qui fabrique, une garantie pénale, plus efficace que celles accordées par le droit commun.

C'est à ces dernières garanties seulement que devra recourir le négociant auquel on cherche à enlever, par l'usage illégitime de son nom, la clientèle et le crédit qu'il a su se créer par son intelligence ou sa loyauté dans les affaires de son commerce. (Cass., 6 juin 1847 : Fabre de Rieunègre c. de Laloubie[2].)

125. Si la loi de 1824 doit être restreinte dans son application aux objets fabriqués, il faut reconnaître qu'à l'égard

---

[1] *Gazette des Tribunaux*, 1854, 26 mars.
[2] Dev. et Car., 47, 1, 521.

de ces objets elle ne renferme aucune exception. Sa disposition, générale, absolue, comprend tous les produits fabriqués. En conséquence, sont régis par cette loi les objets qui ont un caractère artistique, lorsqu'ils sont reproduits dans un but de spéculation à l'aide de procédés industriels. Les industriels qui, autorisés par les propriétaires du droit de reproduction d'objets artistiques, se livrent à leur reproduction, ou même les auteurs ou créateurs desdits objets qui en font, dans un but commercial, la reproduction, sont protégés par la loi de 1824, lorsque des tiers usurpent leur nom [1].

L'éditeur industriel d'œuvres littéraires ou artistiques est un fabricant; son industrie, plus que toute autre, a besoin de la protection de la loi, car elle se rapproche plus que toute autre du génie, de l'intelligence dont elle reproduit et divulgue la création.

Ces principes sont consacrés dans deux arrêts assez récents de la Cour de Paris. (10 mars 1855 : Ghilardi c. Susse; 12 mai 1855 : Jeanini c. Susse [2].)

126. Nous avons dit que la loi de 1824 ne réprimait que l'altération apportée à la raison commerciale, aux noms des fabricants et des lieux de fabrication.

Ainsi celui qui imprime sur ses produits un nom de fantaisie, qui n'est ni un nom de personne, ni un nom de lieu, ne pourra intenter, contre le commerçant rival qui usurpera ce nom, une action fondée sur la loi de 1824; mais il pourra se plaindre d'une concurrence déloyale, dont l'usurpation de ce nom serait la cause.

La Cour de Paris l'a ainsi jugé au sujet de la reproduction du mot *chatouiller* ou *chatouilleur* qu'un fabricant de gants avait eu l'idée d'inscrire à l'intérieur de ses produits. (27 juin 1854 : Tréfousse c. Sisley [3].)

---

[1] Voir notre traité, n. 488.
[2] *Annales de la Propriété industrielle*, ann. 1855, p. 19 et suiv.
[3] *Gazette des Tribunaux*, 1854, 28 juin.

127. Nous venons de voir que, pour que la loi de 1824 reçût son application, le nom usurpé devait être appliqué sur des objets fabriqués ou vendus; mais faut-il que le nom usurpé soit habituellement appliqué par son légitime propriétaire sur des objets similaires? M. Gastambide [1] pense que non. Son opinion doit être suivie; l'usurpation, en effet, n'en existe pas moins, le préjudice causé n'en est pas moins aussi grand.

128. L'action en répression des altérations des noms apposés sur les produits fabriqués n'est soumise à aucun dépôt préalable du nom usurpé. Nous avons vu qu'il en était autrement pour les marques de fabrique; cette différence tient à la nature même des choses : c'est un droit naturel de pouvoir revendiquer l'usage exclusif de son nom [2].

129. Examinons maintenant ce qui est relatif aux noms auxquels s'applique la loi de 1824.

Au nom du fabricant, cette loi a ajouté la raison commerciale d'une fabrique. Il y a en effet même motif de décider. La raison commerciale, qui contient quelquefois un nom autre que celui du fabricant, est assimilée au nom, elle lui est identique, et cela devait être puisqu'elle fait connaître la fabrique et les associés qui livrent aux consommateurs les produits de leurs manufactures [3].

130. Si deux fabricants de produits similaires portent le même nom, le dernier venu ne pourra-t-il employer son nom sur les objets de sa fabrication, sans craindre d'être exposé à une action en usurpation?

Il faut adopter ici la solution que nous présentons à cette question dans le chapitre où nous traitons de la concurrence déloyale. Les mêmes principes doivent recevoir leur application.

[1] N. 447.
[2] Gastambide, n. 448.
[3] Discussion à la Chambre des députés. V. *Moniteur*, 1824, 2 juillet.

131. L'inventeur d'un objet fabriqué est-il le seul qui ait qualité pour poursuivre l'altération ou l'usurpation de son nom en vertu de la loi de 1824?

Non évidemment, celui qui est au lieu et place de l'inventeur de l'objet fabriqué a toutes les actions de son cédant. Ainsi le propriétaire d'un produit breveté connu sous le nom de l'inventeur, ainsi le successeur d'un fabricant autorisé à se servir du nom de son prédécesseur, peuvent poursuivre, par application de la loi de 1824, tous ceux qui porteraient atteinte au nom dont ils sont autorisés à faire usage.

132. Si le produit breveté est tombé dans le domaine public, tout le monde pourra le fabriquer et lui donner le nom sous lequel il a toujours été connu. Mais si un fabricant donne le nom de ce produit à une composition, à une mixtion différente, ce fabricant commettra le double délit de tromperie sur la nature de la marchandise vendue à l'égard de l'acheteur; et d'usurpation de nom à l'égard du propriétaire du nom du produit faussement désigné : tel est celui qui remplit des vases portant le nom de l'inventeur donné à tel produit (le Paraguay-Roux, l'eau de Botot, par exemple) d'une composition qu'il annoncera comme étant le produit lui-même.

133. La loi de 1824 non-seulement s'applique aux noms véritables, mais encore aux pseudonymes. Ainsi, lorsqu'un négociant s'est fait connaître dans l'industrie et le commerce sous un pseudonyme pris avant lui par un tiers étranger ou un de ses parents dans une autre branche d'industrie, ce tiers ou ce parent peut exiger de ce négociant la suppression du pseudonyme sous lequel il s'est fait connaître et a attiré à son établissement une certaine renommée. « Car ce nom, a dit la Cour de Paris, qui a servi d'enseigne artistique et littéraire aux fruits de son travail, était incontestablement sa propriété; et il serait aussi contraire au droit qu'à l'équité, que le nom dont l'usage n'avait été que momentanément cédé devînt l'enseigne d'une entreprise à laquelle Félix Tournachon est absolument étranger. » (Cour de Paris, 12 décembre 1857, arrêt infirmatif du jugement du trib. de comm. de la Seine, 23 avril 1856 : Nadar aîné c. Nadar jeune [1].)

134. La loi de 1824 s'applique également à la désignation d'un lieu de fabrication autre que le véritable.

Que faut-il entendre par ces mots : *lieu de fabrication?* quelles sont les limites de la circonscription d'une ville manufacturière, d'un chef-lieu de fabrique? Le projet de loi de 1847, dans son article 6, autorisait les fabricants à inscrire sur leurs produits le nom du lieu de leur fabrication, mais en ajoutant à cette indication une raison de commerce ou la dénomination particulière de leur établissement. L'article 7 de ce même projet faisait défense d'inscrire sur ses produits le nom d'un lieu autre que celui de la fabrication.

A ce sujet, on avait proposé d'abord de déterminer par des règlements d'administration publique le rayon au delà duquel cessait pour un établissement particulier le droit de prendre le nom d'un chef-lieu de fabrique. Cette proposition, qu'on retrouve déjà dans les rapports qui ont précédé la loi de 1824 et dans la discussion qui eut lieu à la Chambre des députés [2], fut rejetée par un avis du Conseil d'Etat du 26 octobre 1825; elle a été depuis complétement abandonnée, et l'on a résolu de s'en rapporter sur ce point à l'usage du commerce et à la notoriété publique, en laissant aux tribunaux, en cas de contestation, le soin de prononcer dans chaque affaire, suivant les circonstances particulières et locales.

La question s'est représentée depuis, lors de la discussion de la loi du 23 juin 1857, relative aux marques renfermant les noms de lieux de fabrication. Cette loi n'a pas reproduit les dispositions du projet de loi de 1847. Le législateur a considéré, d'une part, qu'une disposition de cette nature serait un empiétement sur la prescription de la loi de 1824,

---

[1] *Droit, Gazette des Tribunaux*, 1856, 24 avril; *id.*, 1857, 13 décembre.
[2] *Moniteur*, 1824, 2 juillet : Discours de M. de Blangy.

et, d'autre part, M. le rapporteur au Corps législatif a déclaré qu'il était difficile, sinon impossible, de déterminer en principe les circonscriptions industrielles, qui s'étendent, se restreignent et se déplacent.

Il faut donc reconnaître que cette appréciation sera souverainement faite par les tribunaux. Eux seuls fixeront la limite à laquelle cesse ou commence le délit d'usurpation du nom du lieu de fabrication, ou du nom d'origine de certains produits.

Le tribunal de Charleville, jugeant comme tribunal d'appel, rendit, le 6 février 1844, un jugement confirmatif renfermant les principes suivants : « Considérant qu'en l'absence de règlements, il appartient aux tribunaux d'interpréter la loi suivant l'esprit qui a présidé à sa confection, c'est-à-dire dans un sens large, et qu'on ne doit pas resserrer les limites d'une ville comme Sedan, par exemple, dans la circonscription de ses remparts ; attendu, en effet, que la banlieue et les environs de la ville doivent profiter de la réputation attachée au chef-lieu ; que c'est ainsi que le rapport de la loi de 1824 décide que ceux mêmes qui se sont établis dans les environs de la ville... qui emploient dans leur fabrication les mêmes procédés, les mêmes apprêts et dont les produits sont de même nature que ceux fabriqués à l'intérieur, ne doivent pas être déshérités du droit d'apposer sur leurs produits le nom de la ville elle-même ; que dès lors il est rationnel de décider que ces draps fabriqués, ou pour mieux dire tissés dans les environs de Sedan, avec les mêmes procédés, les mêmes matières que ceux employés dans cette ville et qui reçoivent à Sedan même les dernières opérations, telles que le tondage, la teinture, qui, en dernière analyse, en font le véritable mérite, sont des draps de Sedan, et que, par conséquent, les fabricants, quoique non domiciliés dans l'intérieur de la ville, peuvent, sans contrevenir à la loi, apposer cette marque sur leurs produits. » Sur le pourvoi formé contre cette décision, la Cour de cassation a maintenu ces principes par son arrêt de rejet du 28 mars 1844 [1].

La loi du 22 germinal an XI, dans son article 17, parlait seulement des noms *de ville*. Les expressions de la loi de 1824 sont plus larges, elles se prêtent mieux à l'interprétation faite par la jurisprudence.

On peut donc décider en principe que, s'il s'agit de produits purement industriels, c'est le lieu de la fabrication, c'est-à-dire où sont situés les ateliers, les usines, et que, s'il s'agit de produits naturels recevant une certaine préparation, manipulation, avant d'être livrés au commerce, par exemple des vins, le lieu de fabrication, dans le sens de la loi, sera tout à la fois celui où sont situés les chais et bâtiments d'exploitation et celui du cru où est récolté le raisin. C'est ce qu'a jugé la Cour de cassation dans ses arrêts du 16 juin 1847 (Fabre de Rieunègre *c.* Laloubie [2]), et du 12 juillet 1845 (Bernard *c.* Minist. publ. [3]).

Ce principe est d'une application facile, lorsqu'il s'agit de l'usurpation d'un nom, d'une fabrique ou d'une propriété particulière. Ainsi, il est certain que celui qui donne faussement à son vin la qualification de vin du clos Vougeot ou de Château-Latour, non-seulement commet le délit prévu par l'article 423 du Code pénal (Paris 18, mai 1854 : (Barton et Guestier *c.* Champoux [4]), mais il peut en outre être poursuivi par les propriétaires de ces clos ou des récoltes de ces différents clos.

135. A qui compète l'action, lorsque le nom supposé est celui d'une partie de la France renommée pour la spécialité de son commerce et de son industrie, comme la Bourgogne, la Champagne, connues pour leurs vins; de certaines villes, comme Louviers, Sedan, où se fabriquent des draps très-recherchés ?

---

[1] Dalloz, *Rép.*, v° INDUSTRIE, *in fine*.
[2] Dev. et Car., 47, 1, 521.
[3] Dev. et Car., 45, 1, 842.
[4] *Gazette des Tribunaux*, 1854, 19 mai.

Le délit n'en existera pas moins, et l'action compétera à tous ceux qui auront un intérêt à s'opposer à ce que des fabricants étrangers à ces localités viennent annoncer leurs produits sous un nom qui ne leur appartient pas. De même aussi chacun des fabricants de la localité aura le droit d'annoncer ses produits sous le nom de la ville où il exerce son industrie. (Rennes, 21 mars 1839; Cass., arrêt de rejet du 24 février 1840 : de La Leu c. Grignon et Leroux [1]; même Cour, 28 mars 1844 : Minist. publ. c. Loupot, Fortier et autres [2]; 12 juillet 1845, Besnard et de Martigny c. Minist. public [3].)

136. Ces principes nous conduisent à décider encore que, dans ce dernier cas, les fabricants d'un produit renommé dans une localité ont le droit d'intervenir dans une instance correctionnelle intentée à la requête du ministère public contre des fabricants étrangers à la localité. Alors même que tous les fabricants seraient intervenants, ils n'en seraient pas moins considérés comme agissant chacun en vertu d'un droit qui leur est propre, et non comme corporation n'ayant aucune existence légale. On trouve, dans ce sens, une décision au sujet de la fabrication du vinaigre d'Orléans [4].

137. Le prévenu d'usurpation du nom d'une localité où se fabrique spécialement un produit ne peut écarter le délit en soutenant qu'il a voulu indiquer par là un mode usité de fabrication. Le négociant qui veut agir loyalement devra, dans ce cas, faire connaître ses produits en employant les mots : *façon... dits de...* ou tous autres indiquant que les produits mis en vente ne sont qu'une imitation de ceux dont le nom est indiqué sur le vase ou l'enveloppe.

La Cour de Lyon a jugé que le fabricant d'eaux thermales de Saint-Alban indiquait suffisamment que ces produits ne

[1] Dall., 1840, 1, 161.
[2] Dev. et Car., 1844, 1, 727.
[3] Dev. et Car., 45, 1, 842.
[4] *Droit*, 1846, 30 juillet.

pouvaient être confondus avec les eaux naturelles de Saint-Alban, en les désignant par ces mots : *eaux factices* de.....
(Lyon, 7 mai 1841 : Gouin et Cᵉ c. Fidot et Willaume [1].)

138. La loi de 1824, alors que l'altération ou l'usurpation du nom du fabricant ou du lieu de fabrication existe, reçoit, dans tous les cas, son exécution.

Les différences que peuvent présenter les marques et étiquettes adoptées par les fabricants de telle localité et celles présentées par le fabricant qui a apposé sur les siennes le nom d'un de ces fabricants ou un nom supposé du lieu de fabrication, ne font point obstacle à l'application de la loi de 1824, lorsque l'altération ou l'usurpation du nom existe. (Trib. de comm. de Rouen, 22 mars 1854 : Veuve Leblé c. Houssard-Jouquet [2].)

En ce qui concerne les noms des lieux des pays étrangers, nous renvoyons au chapitre iv, où nous traitons des droits des étrangers.

139. Le second paragraphe de la loi de 1824 est ainsi conçu :

« Tout marchand commissionnaire ou débitant quelconque sera passible des effets de la poursuite, lorsqu'il aura sciemment exposé en vente, ou mis en circulation les objets marqués de noms supposés ou altérés. »

La première partie de la loi de 1824 était relative aux auteurs d'altération ou d'usurpation de nom, c'est-à-dire aux auteurs du délit; cette seconde partie détermine les faits de complicité.

Cette disposition rentre dans les principes ordinaires du droit ; là où la volonté coupable, où l'intention frauduleuse ne se rencontrent pas, le délit ne peut exister. Il faut donc agir *sciemment* [3].

---

[1] Dalloz, *Rép.*, vⁱˢ INDUSTRIE et COMMERCE, n. 354.
[2] *Gazette des Tribunaux*, 1854, 5 avril.
[3] Voir notre ouvrage *De la Propriété et de la Contrefaçon des œuvres de l'in-*

Le marchand qui est de bonne foi et qui a exposé en vente dans son magasin innocemment, sans être instruit de la fraude, des marchandises dont la marque se trouve falsifiée ou altérée, n'est pas atteint par notre loi. La confiscation des marchandises incriminées ne sera pas prononcée contre lui, parce que la loi ne veut punir que l'auteur ou le complice du délit.

Mais si le débitant a demandé la fabrication frauduleuse, ou s'il a lui-même exécuté les altérations, il devra subir les peines ordinaires de la complicité[1].

140. Les faits constitutifs de la complicité pénale doivent-ils être restreints à ceux qui sont énoncés dans le texte de la loi de 1824 ?

Nous ne le pensons pas; cet article ne procède pas par énumération limitative, il pose un principe général qui n'exclut évidemment pas le droit commun.

Si, en matière d'inventions brevetées, on a posé cette question, et si quelques arrêts ont restreint les faits de complicité, c'est parce que la loi de 1844 renfermait deux articles qui s'appliquaient spécialement à une énumération d'éléments constitutifs de la complicité[2].

Il pourra donc y avoir lieu d'appliquer la loi de 1824 à d'autres qu'aux fabricants et qu'aux débitants.

141. Ainsi sera puni des peines édictées par la loi de 1824, celui qui aura été l'intermédiaire d'un tiers dans des commandes d'objets fabriqués, revêtus d'un nom autre que celui du véritable fabricant ou du véritable lieu de fabrication.

142. Ceci posé, déterminons le sens des expressions employées par notre article : tout *marchand, commissionnaire* ou *débitant* quelconque.

---

telligence, n. 496 et suiv., pour les principes qui doivent être appliqués à la complicité ainsi que pour les faits constitutifs du *debit.*

[1] Voir plus loin l'exposé des motifs et le rapport présenté à la Chambre des députés.

[2] Voir notre traité, n. 585 et suiv.

Les débitants ou marchands en détail sont évidemment compris dans la généralité de ces expressions.

Le délit n'existe que par *l'exposition en vente* ou la *mise en circulation*.

La loi a ajouté ces dernières expressions dans la crainte que les mots *exposés en vente* seuls, ne donnassent lieu à une interprétation à l'aide de laquelle les coupables pourraient se soustraire à la peine, en achetant des marchandises marquées de noms supposés ou altérés, pour les vendre dans un autre endroit ou les exporter sans les faire entrer dans leurs magasins.

Cette loi comprend donc le commissionnaire, elle le désigne formellement. Lorsque le commissionnaire, intermédiaire entre le fabricant et le marchand, aura sciemment mis en circulation des objets marqués de noms supposés ou altérés, il devra subir la peine prescrite par la loi de 1824. Il n'existe, en effet, aucune raison pour établir entre lui et le fabricant ou le débitant une différence au sujet de la poursuite.

Dans l'exposé des motifs de la loi de 1824 on a signalé cette fraude à laquelle se livraient plusieurs commissionnaires expéditeurs à l'étranger, qui commandaient dans certaines manufactures un nombre assez considérable d'objets, à la condition que le manufacturier ferait apposer une marque d'un lieu en renom autre que celui de la fabrication.

Il importe peu à cet égard que les marchandises revêtues de fausses marques soient destinées à être vendues en France ou ne s'y trouvent qu'en *transit* avec destination pour des pays étrangers, si la fausse marque dont elles sont revêtues est une marque d'un fabricant français et si le commissionnaire connaissait la fraude commise.

La Cour de Paris (14 juillet 1854 [1]) et la Cour de cassa-

---

[1] *Gazette des Tribunaux*, 1854, 31 août.

tion (7 décembre 1854[1]), dans les décisions rendues au sujet
du transit en France des capsules de chasse françaises, fabriquées à Rousdorf (Goupillat, de Paris, c. Glaenzer et Morin),
ont précisé les effets des dispositions de la loi qui permettent
le transit aux marchandises étrangères, en les séparant de
celles qui reconnaissent à des tiers des droits sur ces mêmes
marchandises.

« Attendu, a dit la Cour de cassation, en droit, que les lois en
vigueur sur le transit, portées dans l'intérêt de la navigation
et de l'industrie française, n'ont pour but que d'établir les
droits de ce transit à l'égard des marchandises étrangères prohibées ou soumises à des tarifs pour la consommation intérieure;

« Attendu que ces lois réservent le droit des tiers, et dès
lors ne font pas obstacle à l'action légitime des fabricants
français ou propriétaires de marchandises, lorsque leur mise
en circulation par cette voie a pour effet de léser leurs droits;

« Attendu que, par son article 1er, la loi du 28 juillet 1824
prévoit et réprime, comme un délit, l'apposition de fausses
marques de fabrique, et que, spécialement d'après le deuxième
alinéa de cet article, tout « commissionnaire devient passible
« des effets de la poursuite, lorsqu'il a sciemment exposé en
« vente ou mis en circulation les objets marqués de noms
« supposés ou altérés;

« Attendu que cette disposition ne s'applique pas seulement à la mise en circulation en France, dans le but de livrer
à la consommation française, mais que les termes généraux
de la loi s'appliquent aussi à l'expédition de la marchandise
à l'étranger, lorsqu'elle s'appuie sur un fait de circulation
qui a emprunté une portion du territoire français, circulation
dont le résultat est de tromper, même à l'extérieur, sur l'origine de la fabrication, et de lui donner indûment le caractère
apparent d'une fabrication française; d'où il suit, dans l'espèce,
qu'en déclarant Morin coupable d'avoir sciemment commis

---

[1] *Gazette des Tribunaux*, 18 décembre; Dev. et Car., 1854, 1, 819.

cette fraude, de nature à porter un préjudice évident à l'industrie française et à léser les droits des fabricants français, et, par suite, coupable du délit prévu par l'article 1er de la loi de 1824, l'arrêt attaqué, loin d'avoir faussement interprété le deuxième alinéa de l'article 1er de cette loi, a fait à Morin une juste application de la peine établie contre ce délit ; — Rejette. »

Ajoutons que cette décision est conforme à l'article 426 du Code pénal, qui assimile au délit de contrefaçon l'introduction en France d'ouvrages qui, après avoir été imprimés en France, ont été contrefaits à l'étranger.

C'est également par suite des mêmes principes que l'article 41 de la loi de 1844 sur les brevets d'invention punit des mêmes peines que les contrefacteurs ceux qui ont sciemment introduit sur le territoire français un ou plusieurs objets contrefaits.

143. Cette décision nous conduit à reconnaître, à plus forte raison, que si les marchandises revêtues des fausses marques françaises fabriquées à l'étranger sont débitées en France, les débitants seront, comme dit la loi de 1824, passibles des effets de la poursuite. Ce fait constitue un délit distinct de celui qui comprend la fabrication ou l'apposition d'une fausse marque ; aussi il importe peu que l'auteur principal ne puisse être poursuivi en raison de sa qualité d'étranger fabricant en pays étranger [1].

144. Nous ne terminerons pas sans dire cependant qu'il existe des cas où un fabricant peut, sans être passible des dispositions de la loi de 1824, apposer sur ses produits un nom autre que le sien. C'est ce qui aura lieu, par exemple, lorsqu'un fabricant, d'accord avec un négociant, aura, sur les produits de sa fabrication, substitué à son nom celui de ce négociant. Cette convention, en effet, ôte à cette substitution tout caractère de fraude envers le public.

---

[1] Dans ce sens : Gastambide, n. 463. V. chap. iv, *infrà*.

Une convention de cette nature est donc licite, et l'une des parties qui l'a contractée ne peut se refuser à son exécution (Paris, 1re Ch., 21 décembre 1855 : Ferrand *c.* Coursol [1]), au sujet d'une contestation relative à des livraisons de bouteilles de vin de Champagne.

145. Les peines prononcées par la loi de 1824 contre ceux qui ont commis les faits prévus par cette loi sont celles prescrites par l'article 423 du Code pénal. Cet article prononce trois peines différentes :

L'emprisonnement, qui pourra être de trois mois au moins et d'un an au plus ;

L'amende, qui ne pourra excéder le quart des restitutions et dommages-intérêts ni être au-dessous de 50 francs ;

La confiscation des objets du délit ou de leur valeur, s'ils appartiennent encore au vendeur.

Nous n'avons rien à dire sur les deux premières peines.

146. En ce qui concerne la confiscation, elle doit être restreinte *aux objets du délit ;* elle ne doit pas s'étendre aux marchandises sur lesquelles le nom altéré ou usurpé a été appliqué. Cependant, si la séparation du nom appliqué et de l'objet fabriqué est impossible, cette indivisibilité entraînera la confiscation de l'objet fabriqué lui-même. Nous croyons que la décision qui prononcerait la confiscation des objets sur lesquels le nom est apposé, alors que la division serait matériellement possible, tomberait sous la censure de la Cour de cassation ; car cette confiscation s'étendrait, contrairement aux prescriptions de l'article 423 du Code pénal, à d'autres *objets* qu'aux objets du délit [2].

147. La confiscation peut être prononcée aussi bien contre les complices que contre les auteurs principaux.

Au surplus, nous renvoyons à la partie de cet ouvrage consacrée à la confiscation des marques de fabri-

[1] *Gazette des Tribunaux*, 1855, 23 décembre.
[2] *Contrà*, Gastambide, n. 465.

que[1] et aux principes renfermés dans notre traité *De la Propriété et de la Contrefaçon des œuvres de l'intelligence.*

148. Nous n'avons pas à faire connaître ici les règles de la procédure civile ou correctionnelle par lesquelles les actions relatives à l'altération du nom peuvent être intentées, et celles par lesquelles les exceptions et moyens de défense sont présentés.

Il faut appliquer à notre matière les principes généraux du droit. Aucune dérogation n'y a été apportée. On peut, d'ailleurs, consulter à cet égard ce que nous avons dit, en traitant les marques de fabrique. Les principes qui règlent la juridiction, déterminent la compétence, tracent les règles à suivre, pour intenter les actions ou y défendre, sont les mêmes.

Toutefois, il ne faut pas confondre l'action en usurpation de nom et celle en contrefaçon de marque; ces deux actions sont, comme nous l'avons fait observer, essentiellement distinctes, bien qu'elles puissent être intentées conjointement[2].

149. Citons seulement, en ce qui concerne la rédaction de l'assignation, une décision récente qui n'est pas sans intérêt. D'après cette décision, la citation en usurpation de nom est suffisamment motivée, lorsque le plaignant, assignant en répression du délit de contrefaçon, ajoute qu'il se réserve expressément de requérir ultérieurement l'application de la loi du 28 juillet 1824 et de l'article 423 du Code pénal, dans le cas où, de l'examen qui sera fait à l'audience des objets contrefaits, il résulterait qu'il y a eu, en outre, usurpation de nom.

Cette décision est fondée sur ce que l'article 183 du Code d'instruction criminelle exige seulement que la citation directe signifiée par la partie civile énonce les faits et n'exige pas qu'elle leur donne une qualification. (Paris, Ch. des appels, 12 mai 1855 : Jeanini c. Susse[3].)

---

[1] Voir nos 74 et suiv.

[2] *Annales de la Propriété industrielle*, ann. 1855, p. 19 et suiv.

[3] *Id.*, p. 25.

CHAPITRE III.

DE LA CONCURRENCE DÉLOYALE.

—

SECTION I.

§ 1. — Principes généraux. — De l'emploi de noms propres, — de titres et de diverses qualifications.

SOMMAIRE.

150. De la liberté du commerce et de l'industrie. — [Des principes qui ont pour objet la répression de la concurrence déloyale.
151. Des diverses fraudes employées pour arriver à produire une concurrence déloyale.
152. Des fraudes commises par l'emploi des noms propres.
153. En principe, la similitude des noms n'est pas, dans une concurrence do produits similaires, pour le négociant qui s'établit le second, un obstacle à l'emploi de son nom véritable. — Circonstances particulières qui peuvent, dans ce cas, faire naître une concurrence déloyale.
154. Le nom seul du négociant peut-il figurer sur ses enseignes et enveloppes, lorsqu'un négociant de produits similaires est déjà connu sous ce nom.
155. *Quid*, du cas où un commerçant, dans le but unique de faire une concurrence déloyale, a obtenu d'une personne ayant le même nom qu'un négociant connu vendant des produits similaires, la cession de l'emploi de son nom de famille?
156. Des associations faites dans le but de faire, par l'emploi d'un nom déjà connu, une concurrence déloyale.
157. Des actes de mandat et de cession faits dans le même but.
158. Cas dans lequel un fabricant ou commerçant n'a pas le droit d'employer son nom sur ses produits.
159. Cas dans lequel des fabricants ou négociants peuvent se servir du nom d'un autre fabricant concurremment avec celui-ci.
160. De l'autorisation expresse ou tacite accordée par un négociant ou un fabricant de se servir de son nom, à celui qui lui succède.
161. Quel est l'effet de cette autorisation à l'égard des héritiers de celui

qui l'a donnée ? — *Quid*, d'une autorisation accordée sans durée limitée ?

162. L'ancien associé d'une maison de commerce, qui s'est rendu acquéreur de cette maison, a-t-il le droit de prendre la qualité de *successeur ?*

163. L'acheteur d'une maison de commerce autorisé par le vendeur, en sa qualité de successeur, à prendre son nom, est-il obligé d'ajouter à ce nom la qualité de *successeur ?*

164. Un négociant peut-il indiquer sur ses enseigne ou factures sa qualité de *gendre* d'un tel ?

165. Le nom d'un fabricant ou d'un négociant ne peut être cédé seul.

166. Mais il peut l'être avec la fabrique ou la maison de commerce à laquelle il est attaché.

167. De la qualité d'*ancien employé* de telle maison.

168. De celle d'*ancien représentant, ex-gérant.*

169. De la qualité d'*élève.*

170. De celui qui prend une fausse qualification en s'attribuant une clientèle qu'il n'a pas.

171. Après la dissolution d'une société commerciale, l'un des associés ne peut continuer le commerce, en ajoutant à son nom celui de son ancien associé.

172. Le négociant qui a cessé de faire partie d'une société ne pourrait pas davantage donner à une société nouvelle un nom ou une qualification qui rappellerait la société à laquelle il a appartenu.

173. Les enfants n'ont pas le droit d'ajouter à leur nom celui que leur père ou mère ont ajouté au leur.

174. Le fabricant peut ajouter à son nom la qualification provenant de la nature de ses produits ou résultant de diplômes obtenus à la suite d'examen. — Les qualifications vulgaires peuvent quelquefois être interdites.

175. Des qualifications qui peuvent porter atteinte aux droits d'autres négociants. — Des qualifications triviales.

176. De certaines indications de parenté.

177. De la stipulation par laquelle un employé s'engage vis-à-vis de son patron à ne pas lui faire concurrence.

178. De la convention par laquelle un graveur d'un dessin photographié s'engage à indiquer au bas de sa gravure le nom du photographe.

179. De diverses fraudes qui ont pour but de se faire passer pour tel négociant fort connu, sans cependant prendre le nom de ce négociant.

180. La fausse indication de la provenance du lieu de fabrication peut constituer aussi le délit de tromperie sur la nature de la chose vendue.

150. Les questions qui naissent du principe de la liberté du commerce et de l'industrie se multiplient. On ne peut se dissimuler l'intérêt qui s'attache à leur solution, car elles touchent à un principe fondamental de nos institutions politiques, à la liberté individuelle.

La liberté du commerce et de l'industrie est la vie des nations. Elle est la formule de l'émancipation des peuples, l'expression la plus libérale de la dignité humaine. Elle a traversé toutes nos révolutions sans être altérée, parce qu'elle repose dans la conscience de l'homme. Définitivement proclamé dans la loi des 2 et 17 mars 1791, ce principe a jeté dans les cœurs des désirs ardents de connaître. Jusqu'alors l'homme, attaché par des liens étroits dans le cercle des corporations, des jurandes et des maîtrises, ne cherchait dans le travail que le pain de chaque jour; mais, ces entraves brisées, il a travaillé suivant son goût et son aptitude, il a créé pour sa famille et pour lui une existence laborieuse mais indépendante. Le travail libre l'a conduit à la propriété, et l'a rattaché ainsi aux institutions du pays. Sous cette féconde influence, la France a pu compter de glorieuses conquêtes. Par ces mille efforts de l'esprit français, elle a fondé et créé les merveilles qui sont l'objet d'une admiration universelle.

La liberté du travail! C'est là une vérité qui paraît si naturelle, qu'on se demande aujourd'hui comment elle a pu être niée, et comment elle n'a pu se faire accepter qu'à l'aurore de notre grand mouvement révolutionnaire. De généreuses tentatives avaient cependant été faites pour briser les étreintes qui arrêtaient le développement de l'industrie. Un édit de Henri IV, en 1608, supprimait les maîtrises; mais il ne devait pas avoir plus de résultat que les édits de 1681 et de 1697, que le vœu des états généraux sur la liberté du commerce, et que les efforts successifs de Sully, Turgot et Colbert. Enfin, ces jours sont passés où le travail était un privilége, un monopole. Quelles que soient les exagérations de certaines doctrines modernes qui ont cherché à détruire cette liberté en fondant sur elle le *droit au travail*, cette liberté

est pour tous aujourd'hui un bien acquis et qui ne peut leur
être ravi. Aux victoires remportées sur le champ de bataille
ont succédé les conquêtes de l'industrie. L'industriel et le
commerçant sont aussi des soldats. Ils ont à subir des luttes
longues et pénibles. Ils succombent parfois aussi au milieu de
leurs courageux efforts, et ils ont besoin d'être soutenus,
protégés, défendus dans la liberté même de leurs luttes et de
leurs efforts. Mais cette liberté a ses limites. Où commence-
t-elle ? Qui dirigera sa marche dans ce mouvement incessant,
dans ce choc continuel des intérêts privés ? C'est là ce que
nous nous proposons d'examiner.

La libre concurrence, voilà aujourd'hui la loi de notre
commerce et de notre industrie. Les inventions industrielles
seules peuvent être l'objet d'une jouissance privative au profit
de l'inventeur ou de ses cessionnaires. A part cette restriction, tout ce qui est le produit du sol, ou le résultat d'un
travail, d'une fabrication, peut être librement vendu par tout
le monde. La supériorité dans la fabrication peut attirer au
fabricant ou au marchand la faveur du public, et créer ainsi
un achalandage particulier. Cet achalandage, cette clientèle
constituent un capital précieux, parce qu'il est la source d'un
produit assuré. Celui qui la crée, le fabricant, le négociant,
emploie pour faire connaître ses produits, son lieu de vente
ou de fabrication, des marques, des étiquettes, des vases, des
enveloppes de formes particulières. Son enseigne, son nom
servent également à éviter toute confusion.

Est-il permis de prendre les signes distinctifs adoptés déjà
par un autre commerçant, dans la fabrication et la vente
d'objets similaires ? Nous avons déjà examiné les dispositions
de lois spéciales qui répriment ces usurpations ; d'ailleurs
l'équité et les principes généraux du droit répondent que ces
diverses marques ou désignations de produits créent un droit
exclusif au profit de celui qui les a, le premier, employées à
cet usage ; qu'il ne peut donc pas être permis d'y porter

atteinte en les appliquant à une industrie de même nature, sans violer le principe si ancien, reconnu par toutes les législations, et d'après lequel on doit réparer le dommage causé à autrui. C'est sous la protection tutélaire de ce principe que se placent toutes les industries, lorsqu'elles demandent aux Tribunaux des décisions qui arrêtent les envahissements d'une concurrence déloyale.

Mais d'ailleurs les prescriptions renfermées dans les lois de 1824 et de 1857 que nous venons d'examiner ont été édictées pour mettre un frein aux actes de concurrence déloyale.

151. La fraude se cache sous mille formes variées. C'est ordinairement par l'imitation des formes extérieures, des désignations et des noms employés par le commerçant que la concurrence déloyale agit. Cette imitation a pour but de faire confondre les produits d'établissements différents.

La concurrence déloyale emploie parfois aussi d'autres moyens. Et l'on a vu certains négociants discréditer les produits d'un confrère pour attirer sur les leurs la faveur du public.

La déloyauté dans les actes peut emprunter à certains délits leurs procédés et leur mode d'action. Ces actes peuvent en effet, suivant les circonstances, constituer les délits de diffamation, d'escroquerie ou d'abus de confiance.

152. Voyons d'abord les faits de concurrence déloyale qui peuvent porter sur l'emploi des noms propres servant à désigner soit les personnes, soit les lieux de fabrication.

Nous avons vu que la loi de 1824 punissait l'usurpation des noms des commerçants et des lieux de fabrication. Il ne s'agit donc plus ici de l'usurpation de noms propres, mais d'une concurrence faite par l'usage illégitime, irrégulier d'un nom véritable, ou par l'emploi de qualités privées, sans droit et dans la vue d'établir une confusion préjudiciable à des fabricants ou à des négociants vendant des produits similaires.

153. La liberté du commerce étant un principe absolu, il ne peut être interdit à un commerçant d'ouvrir un magasin sous son nom pour y faire tel commerce qui lui conviendra. (Trib. de comm. de la Seine, 10 décembre 1857 : Desouches c. Achard [1].) La première conséquence à tirer de ce principe, c'est que le commerçant propriétaire d'un établissement a le droit de se servir de son nom, malgré la similitude qu'il présente avec celui d'un négociant de produits similaires, dont l'établissement serait fort achalandé. Mais si à cette similitude de noms viennent s'ajouter quelques circonstances qui dénotent une intention de concurrence déloyale, les Tribunaux doivent la faire cesser, en prescrivant certaines mesures propres à faire disparaître toute confusion. Ainsi, par exemple, si le commerçant qui vient s'établir en face ou à côté de celui dont il cherche à usurper la clientèle dissimulait son prénom pour ne laisser en évidence que son nom qui, par sa similitude, induirait le public en erreur ; si encore, ayant un établissement faisant angle sur une rue peu fréquentée, il ne plaçait que son nom sur la rue principale, et inscrivait son prénom sur la rue où les passants sont moins nombreux.

(Trib. de comm. de la Seine, 28 mai 1857 et 3 septembre même année : Pinaud c. Pineau [2].)

154. Si en principe il est permis à un négociant ou à un fabricant de mettre sur son enseigne et sur ses marques, ou sur ses produits, son nom seul, alors que, s'agissant de produits similaires, ce nom est le même que celui d'un fabricant en possession déjà de la confiance du public, il faut reconnaître que la loyauté dans le commerce ne doit pas consister seulement à l'exercice du droit rigoureux, mais qu'elle doit aller jusqu'à prévenir la confusion qui pourrait être préjudiciable à ceux qui font le même commerce. Les Tribunaux alors peuvent ordonner que le dernier négociant établi ajoutera à son nom l'un

---

[1] *Droit,* 1857, 23 décembre.
[2] *Droit,* 1857, 31 mai et 6 septembre.

de ses prénoms. (Paris, 28 juillet 1835 : Guyot *c.* Périne-Guyot [1] ; Bidault *c.* Bidault. Trib. de comm. de la Seine, 9 mars 1854 : Bidault et C° *c.* Bidault [2].)

Dans une espèce où les prénoms employés étaient semblables, où la ville du lieu de fabrication était la même, la Cour de Paris a ordonné de faire précéder le nom patronymique de tous les prénoms, dans l'ordre où ils étaient inscrits dans l'acte de naissance et en caractères de même grosseur. (Paris, 23 juin 1842 : Krammer *c.* Collas, au sujet des nom et prénoms Jean-Marie Farina ; Cass., arrêt de rejet, 2 janvier 1844 [3].)

155. A plus forte raison, à l'égard d'un négociant, d'un industriel qui, dans une pensée de concurence, a pris un nom pareil à celui d'un fabricant connu, faut-il décider que les Tribunaux ont le droit de lui interdire l'usage de ce nom ; car c'est là une manœuvre déloyale, coupable pour détourner la clientèle d'un négociant. Les Tribunaux doivent saisir et réprimer la fraude et la mauvaise foi partout où elles se présentent et quelle que soit la forme sous laquelle elles se cachent. (Trib. de comm. de la Seine, 26 février 1857, contrefaçon de papier à cigarettes : Bordon *c.* Lassauzée et Job [4].)

Aussi les Tribunaux ont-ils été jusqu'à défendre à un commerçant de se servir de son nom, de le mettre sur ses enseignes, factures, annonces.

156. Des décisions de cette nature sont intervenues dans des espèces où une association avait été créée en apparence seulement, dans le but unique de faire une concurrence fondée sur la similitude du nom de l'associé avec celui d'un négociant de produits similaires depuis longtemps établi. Mais si les magistrats ne reconnaissaient pas l'existence de la fraude dans le fait même de l'association, ils ne pourraient faire défense au commerçant de se servir du nom de son associé,

---

[1] *Gazette des Tribunaux*, 1835, 29 juillet.
[2] *Gazette des Tribunaux*, 1854, 18 mars.
[3] Dall., *Rép.*, v° INDUSTRIE, n. 343 ; Dev. et Car., 44, I, 363.
[4] *Gazette des Tribunaux*, 1857, 27 mars.

quel que soit le préjudice que dût en éprouver le négociant vendant des produits similaires.

Il ne resterait, en effet, qu'un fait de concurrence commerciale; or, la concurrence est le principe vital de notre commerce et de notre industrie. Ce qu'il faut réprimer, c'est uniquement la déloyauté de la concurrence. Mais celui qui fait le même commerce que son voisin use de son droit; s'il place sur son enseigne son nom, il use de son droit; s'il y met celui de son associé semblable à celui de son voisin, il use encore de son droit.

Par application de ces principes, la Cour de Paris, 2e Ch., a, par arrêt du 28 janvier 1856, contrairement aux conclusions de M. l'avocat général, fait défense à un sieur Duriot de se servir du nom de Moreaux, son associé, par le motif que la société formée entre eux était une manœuvre frauduleuse concertée dans le but de faire une concurrence déloyale à l'établissement contigu existant antérieurement, que l'acte de société démontrait que Moreaux n'était pas associé sérieux et légitime, et qu'il avait prêté abusivement son nom à Duriot pour procurer à celui-ci un nouveau moyen de faire naître la confusion entre les deux établissements rivaux et de détourner les pratiques à son profit [1].

Dans le même sens, on peut consulter l'arrêt que la Cour de cassation a rendu le 4 février 1852. (Cliquot *c.* Cliquot [2]. — Trib. de comm. de la Seine, 5 mars 1856 : Richer et Ce *c.* Huguin Richer et Ce [3].)

157. Les Tribunaux devraient également annuler les actes de mandat et de cession qui seraient entachés de fraude et qui auraient pour but de donner à un négociant le moyen de se servir d'un nom qui, par sa similitude avec celui d'un autre

---

[1] *Gazette des Tribunaux*, 1856, 31 janvier. — Voir également notre Traité, p. 277, et les observations que nous avons présentées au sujet de cet arrêt dans les *Annales de la propriété industrielle*, année 1856, p. 33.

[2] Dev. et Car., 53, 1, 214. Dall., *Rép.*, v⁰ INDUSTRIE, n. 343.

[3] *Annales de la propriété industrielle*, année 1856, p. 126.

négociant, ferait naître une confusion entre deux établissements de produits similaires [1].

158. Réciproquement, il peut se faire que le fabricant
n'ait pas le droit d'employer son nom sur ses produits, au
moins pendant un certain temps; c'est ce qui aura lieu lorsqu'il aura cédé son établissement en autorisant son successeur
à se servir de son nom. (Paris, 3 juin 1854; Cass., 13 février 1855 ; Morel c. Bajou [2].)

159. Il peut arriver également, dans certains cas spéciaux,
que par un long usage ou par suite du consentement, soit
exprès, soit tacite, de l'intéressé, le nom d'un fabricant originaire soit conservé par les fabricants ou par des débitants
postérieurs. Pour les fabricants, cela arrive lorsque le nom
du fabricant originaire est devenu comme la seule désignation
usuelle et reçue de tel ou tel procédé de fabrication tombé
dans le domaine public; alors il peut être exceptionnellement
permis à d'autres qu'au propriétaire de s'en servir, afin de
désigner, non l'origine industrielle du produit fabriqué, mais
le procédé ou le mode de fabrication. Les Tribunaux ne sau-
raient autoriser une telle dérogation aux règles communes
qu'en reconnaissant que le nom en litige est devenu la
désignation usuelle et comme nécessaire du produit, en
prenant de plus les précautions convenables pour que toute
confusion sur l'origine industrielle des produits soit évitée,
et pour que l'emploi du nom d'un fabricant, permis malgré
lui à d'autres ne devienne pas le moyen d'une concurrence
illicite à son préjudice.

Mais doit être cassé l'arrêt qui constate qu'un tiers s'est servi
du nom d'un fabricant alors qu'il ne renferme, pour justifier
cette autorisation, la constatation d'aucun fait ou d'aucun
usage tendant à établir que le nom de ce fabricant était devenu
la désignation ordinaire et reçue d'un certain mode de fabrica-

[1] Voy. ces exemples et ceux d'associations frauduleuses, Gastambide, n. 454.
[2] *Gazette des Tribunaux*, 1854, 4 juillet, 8 février ; 1855, 14 février.

tion tombé dans le domaine public. Il en serait ainsi, alors que
l'arrêt ferait défense de se servir des lettres initiales du nom du
fabricant employées seules, s'il résulte d'une disposition vir-
tuelle de son dispositif qu'il autorise à se servir des lettres
initiales du nom du fabricant ou du nom lui-même, en le faisant précéder des mots : *façon de*. (Cass., arrêt du 24 décembre 1855 : Bricard *c.* Teissier, marque Sterlin [1].)

160. A l'égard des fabricants et des débitants qui continuent à se servir du nom de leurs prédécesseurs, sans ajouter
à ce nom la qualité de *successeurs*, et à faire le commerce
qui leur a été cédé sous le nom seul de leur prédécesseur, il
faut décider que l'usage, la jouissance de ce nom, ne peuvent
exister qu'en vertu d'une autorisation expresse, ou d'un consentement tacite donné par celui auquel appartient le nom
dont on se sert. On ne peut arguer de l'habitude ou de la tolérance que les négociants apportent dans le commerce à cet
égard et de la facilité avec laquelle ils laissent continuer par
d'autres, sous leur nom unique, le commerce qu'ils faisaient.
C'est aux magistrats d'apprécier si l'autorisation a été donnée,
ou si elle résulte des circonstances qui leur sont soumises.
Lorsque cette autorisation sera reconnue exister, il faudra décider que celui qui se sert de ce nom a le droit de poursuivre
les fabricants et négociants qui l'usurperaient [2].

Dans le commerce, l'usage du nom d'un autre, pendant
le temps nécessaire pour la prescription, ne peut créer pour
l'avenir un droit au profit de celui qui s'en est servi. Car le
nom d'une personne, pas plus que son état civil, ne peut s'acquérir par prescription.

On peut consulter sur ces différents points un jugement du
Tribunal de commerce de la Seine du 25 août 1857 : Riche
c. Garin [3].

---

[1] *Droit*, 1856, 20 février ; *Gazette des Tribunaux*, 1856, 5 janvier.
[2] Gastambide, n. 467.
[3] *Gazette des Tribunaux*, 1857, 29 août.

Chacun est maître de disposer de son nom comme il l'entend.

161. Les héritiers de celui qui a disposé de son nom en autorisant les successeurs de son commerce à le laisser sur les enseignes, annonces, factures, etc., ne peuvent s'opposer à cet usage. Les obligations de cette nature sont, comme toutes les autres, transmissibles aux héritiers. Toutefois, on ne devrait pas considérer comme valable la clause par laquelle un négociant autoriserait son successeur à se servir de son nom seul, sans limiter la durée de cette jouissance ; cette disposition équivaudrait à une aliénation du nom, et le nom est inaliénable. Les Tribunaux pourraient mettre à la jouissance du nom cédé le terme qu'ils jugeraient convenable. Lorsque l'usage par un négociant du nom de son prédécesseur n'est dû qu'à une simple tolérance du négociant qui a cédé son fonds, il est hors de doute que les héritiers de celui-ci pourront faire cesser cet usage.

162. L'acquéreur d'un fonds de commerce, dont il était l'un des associés, a le droit de s'annoncer au public sous la dénomination de l'ancienne maison, en ajoutant qu'il en est le successeur. (Paris, 1re Ch., 28 juin 1856 : Biétry c. Marcel [1].)

163. Le commerçant qui vend son fonds de commerce en autorisant l'acheteur, en sa qualité de successeur, à se servir du nom du vendeur comme il le jugerait convenable, n'autorise pas par cette clause l'acheteur à prendre le nom du vendeur en le désignant seul sur les enseignes, cartes et factures. Cette clause ne donne à l'acheteur que le droit de faire suivre son nom de celui du vendeur, en faisant précéder ou suivre ce nom de son titre de successeur. (Paris, 3me Ch., 21 mars 1857 : Bautain c. Mercklein [2].)

C'est sans doute cette solution qui a inspiré à l'honorable

[1] *Droit*, 1856, 29 juin.
[2] *Droit*, 1857, 27 mars.

M. Quesné, député, un amendement à l'article 3 de la dernière loi sur les marques de fabrique et de commerce.

Cet amendement était ainsi conçu : *Nul ne peut faire usage d'une marque à lui cédée et comprenant le nom d'un fabricant et d'un commerçant s'il n'ajoute à cette marque son propre nom suivi du mot* SUCCESSEUR.

Cet amendement a été rejeté. La Commission, tout en rendant justice à la pensée morale qui l'avait dicté, n'a pas cru devoir accueillir une disposition se rattachant indirectement à une loi qui régit les marques, et qui n'a pas exclusivement pour objet le nom du commercant, comme la loi du 28 juillet 1824. Le rapporteur de la Commission ajoutait que l'adoption de cet amendement rendrait impossible toute cession d'une maison de commerce et du nom qui la recommande au public, qu'il tarirait ainsi pour le commerçant une source légitime de profits et supprimerait un élément puissant de loyale émulation.

Ces considérations ont assurément été soumises au législateur sarde ; il n'y a pas attaché l'importance qu'on leur a donnée chez nous, puisqu'il a inséré dans l'article 4 de la loi du 12 mars 1855 une disposition analogue à l'amendement dont nous venons de parler [1].

164. Il a été jugé que le gendre d'un négociant peut mettre sur son enseigne et sur ses prospectus le nom de son beau-père, en indiquant sa qualité de gendre. (Bordeaux, 21 décembre 1841 : Varinot c. Lacaze [2].)

165. Le nom d'un fabricant ou d'un commerçant ne peut être aliéné seul et indépendamment de tout établissement industriel ou commercial. Gastambide appuie ce principe de l'autorité de décisions judiciaires. (Trib. corr. de la Seine, 5 mars 1829 ; Trib. civ. de la Seine, 3ᵐᵉ Ch., 13 août 1828 [3].)

---

[1] Voir *infrà*, chap. VI.

[2] Dalloz, *Rép.*, vᶦˢ INDUSTRIE et COMMERCE, n. 360.

[3] *Gazette des Tribunaux*, 1828, 14 août. Voir Gastambide, n. 468 ; Dalloz, *Rép.*, vᵒ INDUSTRIE, n. 265.

L'état civil d'une personne ne peut être l'objet d'une transaction, d'une cession, d'un contrat quelconque. Il en est de même du nom qui est l'indication de cet état civil. Le législateur a même défendu les engagements de service à vie, parce qu'ils sont attentatoires à la liberté individuelle, article 1780 du Code Napoléon.

166. Mais le nom, c'est-à-dire l'usage du nom d'un fabricant ou d'un commerçant peut être cédé avec la fabrique ou la maison de commerce à laquelle il était attaché; car on considère alors le fonds de commerce comme l'objet principal de la cession, et l'usage du nom comme un accessoire faisant partie du fonds et nécessaire à son exploitation.

Dans ce sens, le Tribunal civil de la Seine, 1er Ch., a jugé, le 3 février 1858 (Maquet *c.* Alexandre-Dumas) : « que le nom de l'auteur et du coauteur d'ouvrages littéraires et scientifiques, en tant qu'il s'applique à ces œuvres, en est l'accessoire et participe au caractère légal qu'elles comportent comme propriétés purement privées; que, par conséquent, il est susceptible, comme elles, de toute espèce de stipulation, et peut être omis sur les titres, si cela a été convenu entre l'auteur et son coauteur [1]. »

167. L'ancien employé salarié dans une fabrique, une maison de commerce, ne peut, alors qu'il s'établit, prendre la qualité d'ancien employé de telle maison. Il ne peut pas davantage revendiquer le droit de conserver son individualité dans les travaux auxquels il a pris part.

168. Il en est de même des qualifications de : *ancien représentant, ex-gérant* de telle maison, alors surtout que ces qualifications sont écrites en caractères tellement petits, que le nom du commerçant resterait seul en évidence, ainsi que la qualification appartenant à la maison dont ce commerçant se dirait l'ancien gérant ou représentant. (Trib. de comm. de la Seine, 28 août 1857 : Aubin *c.* Honoré [2].)

[1] *Gazette des Tribunaux*, 1858, 4 février.   [2] *Droit*, 1857, 3 décembre.

169. Il en est autrement de la qualité d'élève ; elle peut être désignée à la faveur du public par celui qui a véritablement le droit de la prendre. (Trib. de comm. de la Seine, 23 janvier 1857 : Mayer et Pierson *c.* Herlich et Vust [1].) Ainsi celui qui a appris le commerce ou la fabrication qu'il exerce, chez un patron, par suite d'un contrat d'apprentissage, est parfaitement fondé à prendre la qualification d'élève de ce patron. Il en est de même de l'enfant qui a fait son éducation professionnelle chez ses père et mère. Dans ces deux cas, l'apprenti et l'enfant ont le droit, lorsqu'ils s'établissent, de prendre sur leurs enseignes et factures le titre d'élève de celui qui leur a enseigné leur industrie ou eur commerce. (Trib. de comm. de la Seine, 13 oct. 1841 : veuve Fardel *c.* dames Millery et Renack [2]; Trib. de comm. de la Seine, 1er juin 1855 : Manoury et Oudot *c.* Boutibonne, fille Oudot [3]).

Cette distinction, en effet, est fondée. L'employé, le représentant, le gérant n'ont, dans la maison où ils sont occupés, qu'une position qui s'éteint avec eux. Ils donnent leur travail, ils reçoivent en retour un salaire. Ils n'ont pas une personnalité distincte de celle du chef de l'établissement. Il en est autrement des élèves formés par celui-ci ; ils reçoivent de lui son enseignement, ses traditions, les secrets, si l'on peut ainsi dire, de son art ou de sa fabrication, en échange de sommes payées et du temps consacré gratuitement. Ils se rattachent donc à leur patron non plus par une fabrication d'ouvrier, mais par l'étude et la connaissance de la théorie, des principes qui président à sa fabrication.

170. L'indication d'une clientèle qu'on ne possède pas, peut, avec raison, être considérée comme un moyen de concurrence déloyale. Ainsi, celui qui indique qu'il est le fournisseur de tel souverain, de tel personnage, de telle ambas-

---

[1] *Gazette des Tribunaux*, 1857, 25 janvier.
[2] Dall., *Rép.*, v^{is} INDUSTRIE et COMMERCE, n. 360.
[3] *Droit*, 8 juin 1855.

sade, peut être poursuivi par celui qui a cette clientèle, pour acte de concurrence déloyale. (Trib. de comm. de la Seine, 25 mars 1858 : Schorthose c. Hogg [1].)

171. Après la dissolution d'une société commerciale, l'un des associés ne peut faire le commerce auquel se livrait la société, en ajoutant à son nom celui de son associé, alors surtout que ce dernier a continué le même commerce. Il ne le pourrait pas davantage, si cet associé était son beau-père et qu'il eût ainsi ajouté à son nom celui de sa femme. (Paris, 21 décembre 1855 : Manchon c. Jahan [2].)

172. Le négociant qui a fait partie d'une société commerciale, mais qui n'y est plus rattaché par aucun lien, et qui n'a conservé aucun intérêt dans cette société, ne peut prendre aucune désignation qui rappelle cette société. Ainsi, ayant créé une société nouvelle qui a le même objet, ou qui débite des produits similaires, il ne pourrait lui donner un nom et une qualification qui puissent tromper le public en lui faisant croire à une communauté d'intérêts qui n'existe pas, et qui simulerait une fusion d'intérêts entre des compagnies étrangères et rivales. (Trib. de comm. de la Seine, 5 mars 1856 : Richer et Ce c. Huguin et Richer [3].)

173. Les enfants qui fondent un établissement de même nature que ceux de leur père ou mère n'ont pas le droit d'ajouter à leur nom celui qui est ajouté par leur père ou mère à leur nom propre, et qui forme leur raison sociale. (Trib. de comm. de la Seine, 1er juin 1855 : Oudot et Manoury c. fille Oudot [4].)

174. Le fabricant peut ajouter à son nom la qualification qui indique, soit la nature de son produit, soit celle à laquelle il aurait droit par des titres délivrés à la suite d'examen

[1] *Droit*, 1858, 27 mars ; *Gazette des Tribunaux*, 1858, 2 avril.
[2] *Annales de la propriété industrielle*, année 1855, p. 221.
[3] *Gazette des Tribunaux*, 1856, 9 mars.
[4] *Annales de la Propriété industrielle*, année 1855, p. 160.

passé, soit celle par laquelle on désigne ordinairement ses travaux, ou la fabrication à laquelle il se livre.

Ceux qui exercent la médecine et qui ont obtenu le grade de docteur peuvent faire précéder ou suivre leur nom de cette qualification ; de même pour les sages-femmes, les pharmaciens, etc., etc.

Mais si la qualification est vulgaire et n'est accordée par aucun diplôme, elle pourra, suivant les circonstances, être considérée comme moyen de faire une concurrence déloyale.

C'est ainsi que le Tribunal de commerce de la Seine, dans son jugement du 25 septembre 1857 (Ducray *c.* Charles Chevalier [1]), a décidé que Ducray, successeur et gendre de l'ingénieur Chevalier, avait le droit de s'opposer à ce que M. Charles Chevalier ajoutât à son nom la qualification *d'ingénieur*, parce que la maison dont Ducray est successeur était depuis longtemps en possession de ce titre.

175. Les Tribunaux ont le droit d'interdire aux négociants d'ajouter à leur nom des qualifications qui seraient de nature à porter atteinte aux intérêts et aux droits légitimes d'un autre négociant.

Le Tribunal de commerce de la Seine a fait défense au sieur Moreaux d'ajouter à son nom les mots de : *fils de la mère Moreaux.* — Il a vu, dans l'emploi de cette qualification, l'intention manifeste, de la part du sieur Moreaux, de s'attribuer la faveur qui est attachée à l'établissement fondé par sa mère. — La trivialité de ces expressions, a dit le Tribunal, aurait dû en interdire à Moreaux l'usage à l'égard de sa mère, s'il n'avait eu l'intention d'en tirer profit au détriment de cette dernière ou de ses représentants. (Trib. de comm. de la Seine, 29 juin 1855 : Robineau *c.* Duriot et Moreaux. — Arrêt confirmatif sur ce point [2].)

176. L'on a vu quelquefois des parents spéculer sur la

---

[1] *Droit*, 1857, 2 octobre.

[2] *Gazette des Tribunaux*, 1855, 8 juillet. *Suprà*, n° 156.

notoriété de leur nom, rappelant les distinctions les plus élevées, pour faire de cette parenté l'enseigne des plus vulgaires
industries, ainsi : Mme X..., nièce de M. X..., général, sénateur, député, etc..., tient pension, etc., etc. De telles désignations ne peuvent être tolérées dans aucun cas.

177. Le patron qui stipule avec un de ses employés qu'il
ne pourra pas le quitter pour s'établir et lui faire concurrence,
et qui garantit cette stipulation par une clause pénale, fait
une convention parfaitement valable ; mais serait nulle la
convention par laquelle cet employé s'interdirait de travailler
dans une fabrique de produits semblables. (C. cass., 10 mai
1858 : Gilbert *c.* Fourny). — Trib. de comm. de la Seine,
10 septembre 1857 : John Arthur *c.* Gesling [1].)

178. Lorsqu'un graveur, lithographe ou dessinateur, reproduisant une photographie, s'est engagé à indiquer en caractères visibles, au bas de sa gravure ou de sa lithographie, les
noms des photographes dont il a reproduit l'œuvre, il doit le
faire de manière que le public ne puisse pas être induit en
erreur et croire que le dessinateur est l'auteur principal.
(Trib. civ. de la Seine, 2e Ch., 17 juin 1856 : Mayer et Pierson *c.* Bourdin [2].)

179. Le négociant qui, sans prendre le nom d'un de ses
concurrents, cherche, au moyen de ce nom, à faire naître
une confusion dans l'esprit des acheteurs, ne commet pas le
délit prévu par la loi de 1824, mais il fait un acte de concurrence déloyale.

M. Gastambide [3] cite à ce sujet les deux exemples suivants :
un commerçant qui n'avait pas osé prendre le nom de son
confrère, appelé *Verdier*, avait fait peindre sur son enseigne
un oiseau, au-dessous duquel il avait écrit : *Au Verdier;*
un autre, voulant usurper le crédit de son voisin, nommé

---

[1] *Droit, Gazette des Tribunaux*, 1858, 19 mai ; 1857, 12 septembre.
[2] *Droit*, 1856, 19 juin.
[3] *Traité des contrefaçons*, n. 475.

Petit, a fait écrire sur sa boutique : *Au Gagne* PETIT, en ayant soin de mettre ce dernier mot en très-gros caractères.

Se rend également coupable d'un acte déloyal de concurrence celui qui, sur ses enveloppes ou sur son enseigne, présente les médailles qui lui ont été décernées, de manière à ne laisser voir que les lettres de son nom, qui sont les mêmes que celles du commerçant auquel il fait concurrence. (Trib. de comm. de la Seine, 19 octobre 1854 : Ménier *c.* Pelletier [1].)

Il en est de même de celui qui s'attribue mensongèrement une médaille ou une mention qu'il n'a pas obtenue. (C. de Bordeaux, 20 décembre 1853 : Sandoval et Colomès *c.* Loint frères [2].)

180. La loi du 28 juillet 1824 a assimilé au délit de tromperie sur la nature de la chose vendue le fait d'usurpation des noms du commerçant, du fabricant, ou du lieu de fabrication apposés sur un produit fabriqué.

L'article 423 du Code pénal fait consister ce délit dans la tromperie sur la nature des marchandises, et par *nature* il faut entendre la qualité fondamentale, la substance, la matière première qui est annoncée comme existant dans la chose vendue ; substance, matière qui, en conséquence, ont fait l'objet du contrat. Cet article qualifie également de délit la tromperie sur la quantité de la chose vendue.—Mais là s'arrête l'application de la loi pénale, qui ne punit pas la tromperie sur la qualité de la marchandise vendue, les pierres précieuses exceptées.

La loi de 1824 a donné à l'élément constitutif de ce délit une extension plus grande. Cette loi trouve l'existence de ce délit dans des indications fausses sur la provenance, sur l'origine de la marchandise vendue.

Dans le cas de ces désignations trompeuses, si le juge ne croit pas pouvoir, en restant dans le cercle inflexible de l'article 423 du Code pénal, appliquer directement cet article, il

[1] *Gazette des Tribunaux*, 1854, 22 octobre.
[2] *Annales de la propr. indust.*, année 1855, p. 1 et suiv. V. *infrà*, n° 190.

arrivera au même résultat par l'intermédiaire de la loi de 1824. Ainsi celui qui vend comme vin de tel cru déterminé un vin d'une autre origine commet le délit de tromperie sur la nature de la chose vendue, réprimé par l'article 423 du Code pénal. (C. de Paris, 18 mai 1854 : Barton c. Champroux [1].)

Il en est de même de celui qui donne à ses produits une fausse qualification, qui, par exemple, annonce pour châles cachemires des châles faits avec une matière autre que le cachemire, à moins cependant, ainsi qu'on l'explique plus loin, que le nom du produit ne soit celui du fabricant lui-même, auquel cas la loi de 1824 serait applicable.

§ 2. — De l'imitation pouvant amener la confusion entre des produits similaires. — De divers moyens de concurrence déloyale.

SOMMAIRE.

181. L'imitation, considérée comme moyen de concurrence déloyale, ne peut jamais porter sur l'objet ou sur le produit fabriqué.
182. Ce principe s'applique aux œuvres artistiques et aux compositions pharmaceutiques.
183. La concurrence déloyale ne peut s'exercer qu'entre des produits similaires.
184. De la manière d'envelopper les marchandises.
185. De l'emploi des mêmes modes de publicité.
186. Du négociant qui, dans ses annonces, discrédite les produits similaires de ses confrères.
187. Du libraire qui annonce un livre à un prix inférieur à celui fixé par l'éditeur.
188. Du libraire qui fait faire, pour des livres dont il n'est pas l'éditeur, des couvertures portant son nom, et l'indication d'une année plus récente que celle de la dernière édition.
189. Du négociant qui, après avoir imité les enveloppes adoptées par un de ses confrères, recommande au public, dans ses prospectus, de se défier de toute autre préparation que celle qu'il vend.
190. De celui qui se présente à tort comme ayant été honoré d'une médaille décernée par le jury d'exposition.

---

[1] *Gazette des Tribunaux*, 1854, 19 mai.

191. Du complice des actes de concurrence déloyale. — Exemples concernant les imprimeurs.

181. L'imitation, considérée comme moyen de concurrence déloyale, ne peut jamais porter sur l'objet ou sur le
produit fabriqué.

En effet, ou cet objet constitue une invention, soit parce
que cette fabrication aurait lieu à l'aide d'un procédé breveté,
soit parce que le produit serait lui-même breveté comme étant
un produit nouveau ; ou bien au contraire l'objet fabriqué
appartient au domaine public.

Dans le premier cas, la fabrication de cet objet est réservée, monopolisée au profit de l'inventeur ou de ses ayants
droit, et la loi garantit leur fabrication exclusive par des
actions en contrefaçon.

Dans le second cas, lorsqu'il s'agit d'un objet sur la fabrication duquel ne pèse aucun droit privatif, on rentre dans les
principes généraux de la liberté du commerce et de l'industrie,
et la fabrication seule d'objets de cette nature ne peut donner
ouverture à aucune action.

Ainsi tous les fabricants peuvent chercher à améliorer un
objet dont le type est connu, dont la forme est d'un emploi
général dans l'industrie.

Le Tribunal de commerce de la Seine a fait application de
ces principes au sujet de la fabrication de boîtes ayant la forme
et la couleur des pommes d'api. (27 mars 1857 : Campro-
ger et Primault c. Bail [1].)

182. Ce principe est applicable à la fabrication et à la
vente de tous les produits non brevetés; il s'applique aussi à la
vente des objets qui ne sont pas, à proprement parler, des
objets industriels, mais qui peuvent être considérés comme
des œuvres artistiques, aussi bien qu'à la vente des produits
régis par une législation spéciale : telles sont les préparations
pharmaceutiques. Le pharmacien peut donc se plaindre lorsque

---

[1] *Droit*, 1857, 17 avril.

la ressemblance dans la forme ou les enveloppes de ses produits aurait pour résultat d'amener une confusion qui lui serait préjudiciable. La Cour de Paris a, dans ce sens, par arrêt du 21 janvier 1850, confirmé avec raison une décision du Tribunal de commerce de la Seine du 15 mai 1849. (Leperdriel c. Delvallée [1].) M. Leperdriel avait adopté pour sa toile vésicante une couleur spéciale et une mesure métrique imprimée sur cette toile. M. Delvallée avait employé pour la confection du même objet la même couleur et avait retracé les mêmes losanges. Les magistrats ont repoussé son moyen de défense, qui consistait à dire qu'il avait agi suivant son droit, l'usage d'une couleur et d'une certaine mesure ne constituant pas une propriété.

183. L'idée de concurrence suppose nécessairement des rapports et des industries similaires.

Ce que la loi réprime, c'est la déloyauté dans ces rapports. La limite placée dans le champ vaste et libre de l'industrie et du commerce, c'est le dol, c'est la fraude.

Le négociant, le fabricant, qui cherchent à faire croire au public que leurs produits sont d'une autre provenance, ont une autre origine, et qui essayent de les rattacher à une maison en possession de la faveur du public, commettent des actes qui portent atteinte à la liberté même du commerce et de l'industrie. Car la liberté, c'est le respect des droits acquis. Les Tribunaux sont unanimes pour condamner de semblables usurpations. On ne doit donc pas se servir, pour des produits similaires, d'enveloppes de même forme, de même dimension, de même couleur et de façon, en un mot, à établir une ressemblance aussi complète que possible, et partant, une confusion. Ces actes, qui ne seraient inspirés que par une pensée de concurrence déloyale, seraient réprimés par les Tribunaux encore bien que les enveloppes portassent un nom

---

[1] *Droit*, 1850, 22 janvier.

autre que celui du commerçant auquel la concurrence s'a-
dresse. (Trib. de comm. de la Seine, 10 décembre 1857, au
sujet d'enveloppes de biscuits : Guillout c. Richard [1].)

184. La manière d'envelopper la marchandise, bien qu'elle
ne constitue pas une invention qui puisse créer une propriété
exclusive, peut néanmoins être considérée, selon les circonstances, comme un moyen de concurrence déloyale. (Trib.
de comm. de la Seine, 26 septembre 1854 : Vinit c. Brunet [2].)
La forme donnée à un produit ne peut constituer une propriété privée qu'autant qu'elle est nouvelle et spéciale. (Trib.
corr. de la Seine, 7e Ch., 10 mars 1858 : Bleuze, C. Blech [3].)

185. Mais le fait par un négociant ou fabricant de se servir
des mêmes moyens de publicité qu'un autre négociant ou
fabricant vendant des produits similaires ne constitue pas à
lui seul une concurrence déloyale.

C'est l'application régulière, légitime, du principe de la
liberté commerciale.

186. Le négociant qui, dans les annonces de ses produits,
discréditerait les produits similaires d'un autre négociant,
commettrait un acte de concurrence déloyale, que les Tribunaux ont pouvoir de faire cesser sur la demande de la partie
intéressée. Ainsi, par exemple, le libraire qui, dans le catalogue de ses ouvrages, fait figurer la traduction d'un ouvrage
étranger, en ajoutant que telle autre traduction du même
ouvrage éditée par tel libraire est une mauvaise traduction,
qu'elle est peu estimée, ce libraire, disons-nous, dépasse les
limites de son droit à l'instant que, pour vanter ses produits,
il discrédite ceux d'un concurrent. Cet acte est, à l'égard des
choses, ce que la diffamation est à l'égard des personnes.

Mais l'œuvre scientifique, l'ouvrage, la brochure qui aura
pour but de démontrer que tel ouvrage de science renferme

---

[1] *Droit*, 1857, 5 janvier. V. *suprà*, nos 32 et suiv.
[2] *Gazette des Tribunaux*, 1854, 29 septembre.
[3] *Annal.*, 1858, pag. 219.

des théories funestes et dangereuses ne peut donner naissance à nne action contre l'éditeur de cette brochure, car avant d'être faite dans un but mercantile, cette œuvre critique a été faite dans l'intérêt de la science. C'est en effet dans l'examen et la critique que sont renfermés les progrès des sciences comme ceux des arts.

On peut consulter dans ce sens un jugement du Tribunal de commerce de la Seine au sujet d'une brochure renfermant la critique de la méthode grecque de M. Burnouf. (Delalain c. Lecoffre et Cᵉ [1].)

187. Cependant il peut se faire que, en dehors d'annonces ayant pour objet de discréditer le produit, les Tribunaux trouvent, dans certaines circonstances, des éléments de concurrence déloyale pouvant donner lieu à une réparation d'un préjudice causé. Ainsi, contrairement à l'appréciation faite par les magistrats du Tribunal de commerce de la Seine, la Cour (2ᵉ Ch.) a vu des actes de concurrence déloyale dans le fait par un libraire d'annoncer, au rabais sur le prix de l'éditeur, quelques exemplaires d'occasion du même ouvrage et surtout dans le fait de l'avoir, par l'entremise de voyageurs, annoncé et offert à des prix fort réduits, de façon à faire croire au public, contrairement à la vérité, qu'il en pouvait livrer un très-grand nombre d'exemplaires neufs qu'il tenait de l'éditeur lui-même. (Paris, 13 janvier 1857 : Pilon c. Vivès [2].)

188. Il en serait de même du cas où un libraire achèterait à l'éditeur d'un ouvrage une certaine quantité d'exemplaires de cet ouvrage, les annoncerait sur son catalogue à un prix inférieur à celui de l'éditeur, et, pour faire croire à une nouvelle édition de l'ouvrage, aurait fait faire de nouvelles couvertures du livre, sur lesquelles il aurait indiqué son nom comme étant celui de l'éditeur, en imprimant au bas de son

[1] *Gazette des Tribunaux*, 1857, 6 février.
[2] *Gazette des Tribunaux, Droit*, 1857, 15 janvier.

nom la date d'une année plus récente que la date véritable. A notre avis, ces faits constitueraient non-seulement des faits de concurrence déloyale, mais encore le délit de tromperie sur la nature de la chose vendue.

189. Le négociant qui ne se borne pas à reproduire la forme extérieure des marchandises vendues par un de ses confrères, ainsi que celle des étiquettes et cachets dont elles sont revêtues, mais qui publie, en outre, des prospectus dans lesquels il recommande au public de se défier de toute autre préparation que la sienne, commet une concurrence déloyale au premier chef, ainsi que l'a décidé le Tribunal de la Seine, 5 septembre 1854. (Brian c. Ravault [1].)

190. Celui qui se présente à tort comme ayant été honoré d'une médaille décernée par le jury d'exposition, et qui indique, sur ses factures et circulaires, l'obtention de cette marque de distinction, peut être poursuivi par le fabricant de produits similaires qui a obtenu une récompense de cette nature. Cette manœuvre a eu évidemment pour but de détourner la clientèle du plaignant. (C. de Bordeaux, 20 décembre 1853, infirmant un jugement du Tribunal de Bordeaux du 1er août précédent, Sandoval et Colomès c. Louit [2]; Lyon, 4 mai 1854, Werly c. X [3]...) — A notre sens, il faudrait même aller plus loin, et décider que cette manœuvre pourrait constituer le délit d'escroquerie.

191. Celui qui se rend complice de faits de concurrence déloyale peut être poursuivi comme l'auteur même de cette concurrence.

Ainsi, l'imprimeur qui imprime des étiquettes d'une maison de commerce, sur la demande d'un tiers, et les livre à une personne non autorisée par la maison désignée sur ces étiquettes, est responsable de son action, et doit être condamné

---

[1] *Gazette des Tribunaux*, 1854, 22 septembre.

[2] *Annales de la propriété industrielle*, 1855, p. 1 et suiv.

[3] *Gazette des Tribunaux*, 1854, 5 juillet. V. *suprà*, n° 180.

à réparer le dommage causé par l'emploi desdites étiquettes. (Trib. de comm. de la Seine, 24 juin 1839 [1].)

Il en est de même de l'imprimeur auquel un négociant a commandé et fait faire des compositions et clichés destinés, par exemple, à imprimer des livres de renseignements pour les besoins journaliers. Cet imprimeur ne peut vendre à un autre éditeur des tirages faits sur ces compositions et clichés, lesquels tirages seraient destinés à fournir des livres présentant les mêmes renseignements. Cet imprimeur serait ainsi l'agent d'une concurrence qui aurait sa source dans l'abus qu'il aurait fait des compositions qui lui auraient été commandées et dont il n'était que le dépositaire et non le propriétaire.

Mais si l'imprimeur reste propriétaire de ses compositions et de ses clichés, il ne peut être recherché pour les tirages qu'il aurait faits pour le compte d'un autre. Si, en effet, les renseignements imprimés et l'ordre dans lequel ils sont présentés ne constituent pas une propriété privée pour celui qui les a fait imprimer, ils peuvent être publiés par tout le monde, et dès lors, le fait seul de cette publication ne peut constituer une concurrence déloyale. Voir cependant Trib. de comm. de la Seine, 4 août 1857, Boucher-Lemaistre c. Wittersheim et Gros [2]. — Sur la similitude des caractères typographiques, du format du livre, de la qualité du papier, voir même Trib., 19 mai 1858 [3].

§ 3. — **Des diverses dénominations données aux produits.**

SOMMAIRE.

192. La désignation donnée à un produit n'est protégée par aucune loi spéciale. — Distinction à ce sujet entre les produits brevetés et ceux qui sont dans le domaine public.

---

[1] *Gazette des Tribunaux*, 1839, 27 juin; *Droit*, 1839, 2 juillet.
[2] *Gazette des Tribunaux*, 1857, 8 août, *Droit*, 1857, 9 septembre.
[3] *Gazette des Tribunaux*, *Droit*, 1858, 2 juin.

193. Les fabricants d'un produit tombé dans le domaine public ne peuvent prendre la qualité d'inventeur de ce produit.

194. Des remèdes ou compositions pharmaceutiques. — Du nom qui leur est donné. — Les pharmaciens autres que l'inventeur ou ses ayants droit peuvent-ils donner à une composition le nom de l'inventeur ?

195. Des produits connus et des désignations nouvelles qui leur sont données.

196. Des désignations tirées du langage vulgaire. — Des désignations les plus simples, les plus naturelles. — De celles qui appartiennent à l'usage régulier de la langue française.

De celles qui désignent une espèce, un genre, une classe de produits.

197. De la désignation qui est spéciale, caractéristique de l'objet auquel elle s'applique.

198. Des titres donnés à des productions littéraires, à des journaux.

199. Les noms donnés à des produits industriels peuvent- changer, bien qu'à la différence des productions de l'esprit l'objet auquel ils s'appliquent soit toujours le même.

200. On doit considérer comme dénominations pouvant faire l'objet d'un droit exclusif les expressions qui, soit par leur combinaison, soit par leur application, présentent un caractère de nouveauté.

201. Les qualifications données à un produit ne peuvent constituer une dénomination privative. — De l'emploi ordinaire d'une expression qui n'est pas nouvelle.

202. Des désignations composées du nom des fabricants ou commerçants.

203. De l'annonce d'une qualification qui n'existe pas. — Concurrence d'éditeur à éditeur.

204. De l'emploi du mot *dépôt*. — De la qualité de *dépositaire*.

192. La désignation donnée à un produit n'est protégée ni par la loi de 1857, ni par celle de 1824.

Pour décider si le nom sous lequel un produit est connu dans le commerce peut être employé par tous les commerçants, ou si, au contraire, il est l'objet d'un droit exclusif, il faut établir une double distinction. L'une, que nous avons déjà fait connaître, est relative au produit lui-même, et l'autre au nom sous lequel le produit est désigné.

La fabrication du produit dont il s'agit peut être, comme nous l'avons vu, garantie par un brevet d'invention ; dans ce cas, le monopole du produit et de sa désignation appartiendra au propriétaire du brevet, pendant toute la durée dudit brevet ; peu importe que la désignation du produit soit tirée du nom de l'inventeur lui-même, ou soit prise dans des qualifications usuelles.

Les Tribunaux ont fait défense de prendre le nom de *rakachou*, qui était la reproduction presque exacte du *racahout* des Arabes, produit qui était l'objet d'un brevet, et celui de *paraguay*, qui était le même que M. Roux avait donné à sa composition, qu'il appelait *paraguay-Roux*. (Trib. de comm. de la Seine, 8 juin 1829.)

Mais lorsque ce produit est tombé dans le domaine public, n'importe par quelle cause, tout le monde peut, non-seulement le fabriquer, mais encore le débiter sous le nom qui lui a été originairement donné par l'inventeur et sous lequel il l'a fait connaître au public ; le nom ne peut survivre au droit privatif de fabrication du produit. Dans ce cas, les fabricants et débitants de ce produit doivent seulement éviter de se servir d'enveloppes, d'étiquettes, de vases, pouvant faire confusion avec ceux employés déjà par d'autres fabricants et débitants. En un mot, tout ce qui pourrait conduire à une confusion des produits et partant à une concurrence déloyale doit être évité avec soin. (Trib. de comm. de la Seine, 8 avril 1858, eau de Botot : Barbier *c.* Simon [1]; 13 août 1857, au sujet de l'élixir Raspail et des capsules gélatineuses de Raquin [2]; — Nancy, 13 juillet 1855 : Ulrich Vivien *c.* Robert Werly ; Robert Werly *c.* Hussenot [3].)

S'il en était autrement, et si l'on pouvait forcer les fabricants libres de ce produit à chercher des équivalents, ce serait nuire à leur commerce et donner lieu de supposer ou que le produit n'est pas le même, ou que les objets de leur fabrication ne sont pas identiquement façonnés par les mêmes pro-

---

[1] *Droit*, 1858, 10 avril. *Annales de la propr. ind.* 1858, p. 191.

[2] *Gazette des Tribunaux*, 1857, 5 septembre ; *Droit*, 1857, 13 septembre.

[3] *Gazette des Tribunaux*, 1855, 16 juillet. — Dev. et Car., 55, 2, 581.

cédés que ceux de l'inventeur, et que c'est à cause de ces différences que cette maison a seule conservé le privilége du nom primitif des produits inventés.

« S'il est du devoir des Tribunaux, a dit la Cour de Paris, de protéger les droits acquis et de réprimer avec sévérité toute concurrence qui s'exercerait par des voies déloyales, il n'importe pas moins à la liberté du commerce et de l'industrie d'écarter des priviléges sans fondement et de ne pas souffrir que l'usage plus ou moins prolongé d'une chose tombée dans le domaine public se transforme en un droit de propriété [1]. »

193. Il ne faut pas étendre à la qualité, au titre d'*inventeur*, ce que nous venons de dire au sujet du nom donné au produit autrefois breveté.

Le genre d'honneur, en effet, qui s'attache à l'inventeur de toute découverte, n'est pas donné aux mêmes conditions de durée que l'exercice du brevet : il constitue au contraire, pour elle, une sorte de propriété industrielle impérissable.

L'inventeur d'une invention tombée dans le domaine public, ou ses représentants, ont donc le droit de demander au fabricant qui a pris la qualité d'inventeur de ces produits ou de ces inventions des dommages-intérêts pour la réparation du préjudice causé par la prise de cette qualité, et la cessation, à l'avenir, de l'emploi de cette qualification, qui est la source d'une concurrence déloyale. (C. de Rennes, 12 mars 1855 : Peyre fils *c.* Rocher [2].)

194. Des décisions semblables sont intervenues au sujet de la vente de remèdes secrets. A leur égard, comme à l'égard de tout autre objet, des faits de concurrence déloyale peuvent donner naissance à une action en justice. Ainsi, le pharmacien qui invente un remède auquel il donne son nom peut très-bien s'opposer à ce qu'un de ses confrères vende sous ce nom

---

[1] *Gazette des Tribunaux*, 1854, 25 mars.

[2] *Annales de la propriété industrielle*, année 1855, p. 183.

le sirop, la pâte, le remède inventé. Sans examiner, en effet, la législation qui régit les compositions pharmaceutiques, il est incontestable que l'on ne peut se servir du nom d'autrui pour recommander ses produits, tant que l'usage de ce nom n'est pas tombé dans le domaine public.

Sans doute notre législation, en principe, ne reconnaît pas de remède secret ; les seuls qui puissent exister sont ceux qui étaient autorisés avant le décret du 26 décembre 1810 ; leur existence est plutôt encore le fait d'une tolérance que la reconnaissance d'un droit. — L'unique question qui puisse se présenter ici est celle du nom, de la désignation, de l'enveloppe du remède, en un mot, des moyens employés pour faire une concurrence déloyale. — Il en résultera donc que tous les pharmaciens pourront composer et vendre le remède préparé, suivant la formule de l'inventeur du remède, mais qu'ils ne pourront le vendre sous le nom de ce dernier, si l'usage de ce nom constitue encore un droit privatif.

C'est ce qui a été décidé au sujet du sirop Flon, de la pâte George, du papier d'Albespeyres, et du rob Boyveau-Laffecteur.

On peut consulter, pour ce dernier, le jugement du Tribunal de commerce de la Seine du 22 mai 1856 (Giraudeau de Saint-Gervais c. Hureaux et Charpentier [1]), et sur le papier Albespeyres, le jugement du même Tribunal, du 17 mars 1856 (Albespeyres c. Hureaux [2]). On peut également se reporter aux jugements du même Tribunal, des 10 juillet 1847, 10 septembre 1849, 28 mars 1850.

En ce qui concerne spécialement le droit qu'on peut avoir sur la propriété d'un remède secret, nous renvoyons à un arrêt récent de la Cour de Metz, du 11 février 1857 [3].

195. Lorsqu'il s'agit, non d'un produit breveté désigné

---

[1] *Droit*, 1856, 25 mai ; 1858, 16 mai, arrêt confirmatif.
[2] *Gazette des Tribunaux*, 1856, 21 mars ; *Droit*, 1856, 20 mars.
[3] Dev. et Car., 1857, 2, 689.

sous un nom spécial, mais bien d'un produit ordinaire, connu, chaque négociant peut annoncer au public ce produit sous un nom nouveau, ou, au contraire, continuer à le désigner par le nom sous lequel il est déjà connu.

Dans ce dernier cas, nous n'avons rien à dire ; la concurrence ne pourra porter sur le nom de ce produit, puisque tous ont le droit de l'employer.

Dans le premier cas, au contraire, quelles désignations, quels noms pourront devenir l'objet d'une jouissance exclusive ?

On peut, à cet égard, formuler quelques règles tirées des diverses décisions judiciaires rendues en cette matière.

196. La désignation tirée du langage vulgaire ne peut constituer au profit de celui qui s'en sert le premier un droit exclusif. Cela est surtout vrai lorsque l'expression employée est la plus simple et la plus naturelle pour faire comprendre, en le moins de mots possible, le mérite de l'objet fabriqué. (C. de Nancy, 7 juillet 1855 : Verly *c.* divers [1] au sujet des *corsets sans coutures.* — C. Colmar, 16 juin 1857, au sujet des *toiles-ménage* [2].)

Il faudra le décider encore de même pour les expressions tombées depuis longtemps dans le domaine public, et dont l'emploi appartiendrait à l'usage régulier de la langue française, ainsi que pour celles qui serviraient à désigner une chose ou une espèce de produit.

Au sujet des productions écrites, le titre qui ne s'applique pas spécialement, exclusivement à un écrit, mais qui désigne une branche particulière de connaissance, ou un genre particulier d'ouvrages, n'est pas susceptible d'une propriété privée.

C'est par application de ces principes qu'il a été décidé que les mots : *Traités, Encyclopédies, Almanachs, Indicateurs,* usités pour désigner certaines publications, pourraient être employés par tout le monde.

---

[1] *Annales de la propr. industr.*, année 1855, p. 105.§Dev. et Car., 55, 2, 581.
[2] *Ibid.*, 1858, p. 216.

Il en est de même, lorsque le titre ne fait qu'exprimer en termes usuels une idée générale, souvent réalisée par d'autres éditeurs, comme le titre de *Biographie universelle*. (C. de Paris, 4 mars 1853 : Michaud, Toisnier-Desplace *c.* Firmin Didot[1].)

197. Mais il a été jugé que ces mots : *la Mode*, pourraient être l'objet d'un droit exclusif. Si l'expression n'était pas nouvelle, il y avait au moins nouveauté dans son application.

Il s'agissait en effet d'un journal qui avait pris pour titre ces mots : *la Mode*. Un autre journal s'annonçait sous cette désignation : *la Mode de Paris*. Les premiers juges avaient rejeté la demande en condamnation pour usurpation de titre, par les motifs que ces mots : *la Mode*, étaient une désignation générale, et que ceux : *la Mode de Paris*, étaient une désignation avec une application particulière.

La Cour de Paris a infirmé cette décision, en considérant que le titre *la Mode*, appliqué à un journal, n'est pas une expression générale qui pourrait s'appliquer à plusieurs journaux traitant de sujets différents, mais bien une désignation spéciale et caractéristique de l'objet dont ce journal s'occupe; qu'ainsi ce titre formait l'objet d'une propriété exclusive.

198. Il faut bien reconnaître que les exemples qui précèdent présentent un caractère particulier, parce qu'ils s'appliquent à des produits d'une nature spéciale, à des créations directement et exclusivement produites par l'intelligence, par le travail de l'esprit.

Ainsi, deux journaux traitant les mêmes sujets, développant les mêmes matières, sont néanmoins deux œuvres complétement différentes. La pensée qui est leur substance, le style qui est leur forme, sont complétement distincts. — Il n'est donc pas possible que deux journaux, deux livres, portent tous deux le même nom.

[1] Voir notre traité *De la Propriété et de la Contrefaçon des œuvres de l'intelligence*, n. 108.

199. Les produits industriels, au contraire, ne peuvent pas être connus sous des noms différents, parce qu'ils ont la même nature, ils sont faits de la même substance matérielle. Leur forme, leurs qualités seules peuvent varier. Le chocolat, la bougie, le cirage, etc., sont toujours du chocolat, de la bougie, du cirage, quelle que soit la fabrique d'où ces produits soient sortis.

200. Les noms spéciaux appliqués à des produits connus et d'une libre fabrication peuvent donc être seuls l'objet d'un droit privatif. Nous entendons par noms spéciaux ceux qui ne sont pas des noms génériques, ceux qui n'appartiennent pas à la langue française, ou qui, empruntés à notre langue, sont, par leur combinaison et leur application, une désignation nouvelle d'un produit connu. Quelques exemples démontreront mieux ce principe.

Le Tribunal de commerce de la Seine, au sujet des *encriers syphoïdes*, a jugé que le mot *syphoïde* ne pouvait constituer une propriété privée, parce que, bien qu'il ne se trouvât pas dans le dictionnaire de l'Académie, ce n'était pas un mot nouveau, et que ce n'était pas non plus un nom propre[1]. Nous n'approuvons pas cette décision.

La qualification de *siccatif brillant* donnée à une certaine couleur préparée pour les parquets présente, à notre avis, ce caractère de spécialité et de nouveauté nécessaire pour en faire la source d'un droit exclusif[2].

La Cour de Lyon, dans son arrêt du 25 mai 1853 (Rivoire c. Garnier[3]), a décidé que l'expression de *chartreuse* donnée à la liqueur fabriquée au monastère de la Grande-Chartreuse, devait être l'objet d'un droit privatif, « parce que ce nom de *chartreuse* n'était pas un nom générique, comme le serait un nom dérivant de la nature de la liqueur ou des substances

---

[1] *Gazette des Tribunaux*, 1841, 21 juillet.
[2] *Gazette des Tribunaux*, 1843, 6 octobre.
[3] *Annales de la propriété industrielle*, année 1858, p. 117.

dont elle est composée ; que cette liqueur n'a été ainsi nommée que parce qu'elle a été inventée au monastère de la Grande-Chartreuse et qu'elle y est fabriquée par des chartreux, en sorte que ce nom désigne tout à la fois les inventeurs, les fabricants et le lieu de fabrication, et qu'il constitue, sous chacun de ces rapports, une marque distinctive, une spécification, qui ne saurait s'appliquer avec vérité à un produit similaire ou analogue. »

201. Les qualifications données à un produit ne constituent pas une dénomination particulière : *bourrelets hygiéniques*, *socles articulés* ne sont pas des désignations pouvant être l'objet d'un droit privatif.

Il a été jugé que la désignation : *pommade du lion* ne pouvait être l'objet d'un emploi exclusif, parce qu'elle appartenait depuis longtemps au domaine public. (Trib. de comm. de la Seine, 19 novembre 1838 [1].)

Il a été également jugé que l'emploi d'une expression qui n'était pas nouvelle ne pouvait être exclusivement réservé et par conséquent ne donnait naissance à aucune action. (Trib. de Paris, 1re Chambre, 15 février 1857, sur l'emploi du mot *défi*, imprimé dans des annonces de spectacle [2].)

202. Parmi les désignations qui donnent droit à une jouissance exclusive sont celles où figure soit le nom du fabricant, soit celui du lieu de fabrication, soit un nom propre quelconque : *biberon Darbo, crayon Comté, eau de Botot, eau de mélisse des Carmes*, etc.

L'usurpation de ces noms donne non-seulement lieu à une action en concurrence déloyale, mais encore à l'action correctionnelle spéciale renfermée dans la loi du 28 juillet 1824.

203. Le négociant ne peut pas ajouter à son produit une qualification tirée d'un fait qui ne lui appartient pas, dans la

---

[1] *Droit*, 1838, 21 novembre.
[2] *Droit*, 1857, 17 février ; *Gazette des Tribunaux*, 1857, 16 février.

vue de faire concurrence à un autre négociant ; ainsi l'éditeur d'une partition d'opéra, conforme à la représentation de cet opéra, a le droit de demander que l'éditeur d'une partition du même opéra, mais qui n'est pas conforme aux représentations, n'annonce pas sa publication en indiquant que cet opéra est le *grand succès* du théâtre sur lequel il est représenté. Une annonce de cette nature peut, en effet, établir une confusion dans l'esprit du public et faire supposer que l'œuvre vendue par les défendeurs est conforme en tous points avec celle qui est représentée. Ainsi jugé par le Tribunal de commerce de la Seine le 25 juin 1857 (veuve Cendrier c. Brandus et Dufour [1]).

204. Le mot *dépôt*, la qualité de *dépositaire*, sont souvent employés et pris par des commerçants. Nous citons deux décisions qui ont interprété, chacune dans un sens différent, l'emploi de ces expressions.

« Attendu, a dit le Tribunal civil de la Seine, que l'expression *dépôt*, en matière de commerce, a un sens déterminé, et signifie un lieu dans lequel un propriétaire ou un fabricant fait débiter ou permet de débiter ce qu'il récolte ou ce qu'il fabrique ; que cette expression indique donc l'existence d'un lien direct et sans intermédiaire entre le propriétaire et le dépositaire des produits, soit naturels, soit manufacturés ; qu'il en résulte un moyen légitime d'appeler la confiance du public sur l'établissement qualifié de dépôt, et qu'ainsi cette qualification, comportant avec elle une valeur, ne peut être prise et annoncée au public que par celui qui reçoit directement du propriétaire les produits qu'il débite. » (Jugement du 22 avril 1854 : Rocquaire-Werwaerde c. Marc Chanel [2].)

Cependant, si cette expression *dépôt* est prise dans un sens général, dans le sens d'*entrepôt*, de *magasin*, sans affectation d'une qualité particulière conférée au négociant qui fait le

---

[1] *Gazette des Tribunaux*, 1857, 1er juillet.
[2] *Gazette des Tribunaux*, 1854, 24 avril.

commerce du produit, il faudra décider, comme l'a fait le Tribunal de commerce de la Seine, au sujet de la désignation de *Dépôt de thés de la Compagnie anglaise* : qu'il n'y a, dans cette expression, qu'une indication d'un lieu ou d'un établissement d'où l'on tirait la marchandise offerte en vente ; de telle sorte que chacun peut prendre cette indication sans être taxé d'usurpation [1]. Mais c'est à tort, selon nous, que le même Tribunal a rejeté, par jugement du 16 mai 1854 [2], la demande formée par M. Dubonnet *c.* veuve Cognac, en se fondant sur ce que la propriété de la liqueur de la Grande-Chartreuse, au sujet de laquelle le litige s'était élevé, appartient aux Pères de la Grande-Chartreuse ; que la qualification de principal dépositaire que se donne M. Dubonnet n'établit aucun lien de droit entre lui et les défendeurs, et qu'il est justifié que tout le monde peut se faire livrer directement la liqueur dont il s'agit. Sans doute il n'existait pas de contrat entre le demandeur et les défendeurs ; aussi ceux-ci n'étaient-ils pas assignés en violation de contrat ; le demandeur ne leur reprochait que d'avoir pris une qualité lui appartenant exclusivement alors, et d'avoir ainsi, à l'aide de ce moyen trompeur, attiré une clientèle qui revenait au demandeur seul.

§ 4. — DES ENSEIGNES. — Des dénominations qu'elles peuvent présenter. — De leur imitation et de leur usurpation.

SOMMAIRE.

[1] *Gazette des Tribunaux*, 1832, 17 mars.
[2] *Gazette des Tribunaux*, 1854, 17 mai.

208. Le nouveau locataire d'une boutique n'a pas le droit d'adopter une désignation commerciale qui puisse faire confondre son établissement avec celui du précédent locataire.

209. De l'enseigne d'un établissement qui a cessé d'exister et de l'enseigne d'un établissement cédé.

210. L'enseigne peut faire l'objet d'une cession, indépendamment du fonds auquel elle est attachée. — Exception pour le cas où cette enseigne est composée du nom du fabricant ou du commerçant.

211. De la propriété des énonciations, dessins, figures composant une enseigne.

212. Eléments constitutifs de l'action en usurpation d'enseignes. — De la même enseigne servant à désigner deux établissements de produits similaires.

213. La question de concurrence dépend de l'appréciation de la distance qui sépare ces deux établissements.

214. De la même enseigne prise par deux établissements destinés à des usages différents.

215. La concurrence déloyale existe par le fait de l'usurpation de l'enseigne, bien qu'il n'y ait pas reproduction exacte de l'enseigne.

216. Du négociant qui reproduit la forme et les couleurs de la boutique de son concurrent.

217. De l'action en dommages pour réparation du préjudice causé par la concurrence déloyale. — Caractère de cette action. — De l'action en revendication et en suppression d'enseigne. — Caractère de cette action. — Des tribunaux compétents.

205. Nous avons vu, en parlant des marques de fabrique et de commerce, ce qu'il fallait entendre par *enseignes;* nous avons, à ce sujet, signalé la différence qui existe entre les marques proprement dites et les enseignes.

Nous examinons ici les principes d'après lesquels sont régis les droits des négociants sur leurs enseignes, et les éléments qui, à cet égard, constituent la concurrence déloyale.

Le fabricant ou le commerçant dont on imite l'enseigne, soit comme forme, soit comme couleur, peut se plaindre de ce fait qui constituera, suivant les circonstances, une concurrence déloyale.

Si c'est la formule ou l'image écrite ou représentée sur l'enseigne qui sont reproduites sur l'enseigne d'un autre fabricant, c'est une atteinte portée à une propriété *privée.* L'enseigne, en effet, est partie intégrante du fonds, de la maison de commerce, comme la clientèle pour laquelle elle est le signe de ralliement.

206. Une enseigne est une propriété, à titre de premier occupant, à laquelle on ne peut, directement ou indirectement, porter atteinte. (Trib. de comm. de Rouen, 22 mars 1854 : veuve Leblé *c.* Houssard-Jouquet [1].)

Une enseigne est le signe indicateur d'un établissement industriel ou d'un fonds de commerce.

Une enseigne est mobilière de sa nature, et ne s'incorpore pas, par droit d'accession, à l'immeuble sur lequel on l'a placée. (Cass., 21 décembre 1853 : Gauthier *c.* Bouet [2].)

La Cour impériale de Paris, admettant ce principe, en a tiré les conséquences suivantes, dans la même affaire :

« Qu'il appartient au commerçant qui l'a choisie de la modifier, tant qu'il occupe les lieux, et quand il les quitte, de là déplacer avec l'industrie dont elle est le signe; que, si le locataire qui substitue à l'enseigne servant à désigner les lieux, au moment où se fait le bail, une enseigne de son choix, peut être passible de dommages-intérêts dans tous les cas où la substitution a eu pour résultat de nuire à l'immeuble, en détruisant son achalandage, la constatation de ce préjudice ne peut autoriser le propriétaire à s'emparer d'une chose dont il n'a pas transmis la possession, et qui, par sa nature, résiste à toute idée d'incorporation. »

207. A plus forte raison faudrait-il le décider ainsi, lorsque l'enseigne apportée par le locataire a été substituée à celle existante du consentement du propriétaire de l'immeuble. (Orléans, 18 août 1836 : Denian *c.* Demarcé ; Cass., arrêt de rejet du 6 décembre 1837 [3].)

Les Tribunaux ont décidé constamment que l'enseigne

---

[1] *Gazette des Tribunaux*, 1854, 5 avril.

[2] *Gazette des Tribunaux*, 1854, 16 juillet.; Dev. et Car., 54, 1, 90.

[3] Dev. et Car., 1837, 2, 325 ; *id.*, 1838, 1, 333.

faisait partie du fonds de commerce, et que, dès lors, elle devait appartenir à l'acheteur du fonds de commerce. Peu importe qu'à cet égard les parties aient gardé le silence, ou qu'il y ait eu, au contraire, une convention expresse. (Paris, 1re Ch., 19 novembre 1824 : Auger c. Dumont ; Caen, 13 décembre 1853 [1].)

Il faudrait encore le décider ainsi, alors même que le propriétaire du fonds de commerce serait le propriétaire de la maison où le fonds est exploité. L'acheteur du fonds est propriétaire de l'enseigne, à l'exclusion du propriétaire de l'immeuble, à moins de clause contraire. (Paris, 4me Ch., 3 juillet 1856, arrêt confirmatif d'un jugement du Trib. civ. de la Seine, 5me Ch., du 2 février 1856 : Goy c. Heudin [2].)

208. Mais il faut aussi reconnaître que le nouveau locataire d'une boutique n'a pas le droit, en créant dans les lieux un commerce semblable à celui qui était fait par le précédent locataire, d'adopter une désignation commerciale pouvant entraîner une confusion entre l'ancien et le nouvel établissement, et cela encore bien que des énonciations du bail résultât l'intention du propriétaire d'affecter les lieux à ce genre d'industrie. (Trib. de comm. de la Seine, 2 janvier 1856 : Godillot c. Dupontès et Druget [3].) Il s'agissait, dans l'espèce, de l'enseigne : *Bazar général des voyageurs ;* le plaignant trouvait que cette enseigne tendait à faire naître une concurrence avec un établissement qu'ils avaient désigné sous le nom de *Bazar des voyages.*

209. Celui qui s'empare de l'enseigne d'un établissement bien connu, et qui a cessé d'exister, fait-il un acte contraire à la loi, au droit ?

Si la maison dont l'enseigne a été prise par un nouveau négociant a cessé tout commerce, s'est complétement retirée

---

[1] Dev. et Car. V. le premier arrêt à sa date, le second 54, 2, 388.
[2] *Gazette des Tribunaux,* 1856, 25 juillet.
[3] *Annales de la propriété industrielle,* année 1856, p. 30.

des affaires, aucun intérêt n'étant lésé, il ne peut naître aucune action.

Mais si cette maison avait cédé son commerce, son fonds, il est évident qu'il y aurait une usurpation d'enseigne de la part de celui qui indiquerait son commerce sous l'enseigne du négociant qui a vendu son fonds. La possession d'un fonds comprenant celle d'enseigne, il importe peu que l'on ait expressément compris dans l'acte de cession l'achalandage ; il suffit, pour que l'acquéreur du fonds ait droit à l'enseigne, que le vendeur ne se soit pas réservé le droit de s'en servir ou d'en disposer.

Mais si le fonds n'est pas vendu, et que les marchandises qui le composaient soient seules l'objet de la vente, il est certain que l'enseigne pourra être prise par tout le monde, pourvu encore qu'elle n'ait été, lors de la vente des marchandises, l'objet d'aucune réserve de la part du vendeur. (Trib. de comm. de la Seine, 25 avril 1854 ; Bréon *c.* Thiéry, au sujet de l'enseigne du *Coq Hardi* ; Trib. de comm. de Mirecourt, 3 septembre 1845 : Claudot *c.* Ch. Husson[1].)

210. L'enseigne d'un fabricant ou d'un négociant peut, comme sa marque, faire l'objet d'une cession, d'une aliénation, indépendamment du fonds auquel cette enseigne, cette marque avaient toujours été attachées.

C'est ce qui arrive quelquefois à la liquidation des maisons de commerce, amenée par la mort du propriétaire ou par la dissolution de la société créée pour son exploitation, ou par tout autre événement qui met fin aux opérations commerciales, sans que cette maison de commerce ou cette exploitation ait un successeur.

Si la marque ou l'enseigne alors n'étaient pas cédées, vendues, elles tomberaient dans le domaine public, et deviendraient la propriété du premier occupant.

---

[1] *Droit,* 1845, 3 octobre et 7 novembre.

Mais, en ce qui concerne la marque, qui est composée du nom du négociant ou du commerçant, elle ne peut être transmise qu'avec le fonds de commerce lui-même. Ce que nous disons plus haut du nom du fabricant, et de l'impossibilité d'en céder l'usage, indépendamment de la fabrique, du fonds de commerce, reçoit ici son application [1].

211. Tout ce que nous avons dit des désignations données aux produits ne peut s'appliquer complétement aux dénominations prises pour enseignes.

La dénomination, le dessin, toutes les énonciations enfin qui sont prises pour enseignes, sont la propriété exclusive de celui qui, le premier, en a pris possession.

Il ne s'agit donc pas ici de rechercher si la devise ou l'emblème pris pour enseigne présente le caractère de nouveauté, ou forme une création de l'esprit. La nouveauté ne consiste que dans la priorité d'application d'une désignation connue, à l'usage d'une enseigne de magasin.

Ainsi, la lingère qui place son commerce sous la pudique enseigne de *la Vestale*, le tailleur celle de *la Bonne Foi*, ont le droit de s'opposer à ce que de pareilles désignations servent d'enseigne à des établissements de même nature. Peu importe qu'il n'existe aucun rapport entre l'enseigne et le commerce qu'elle annonce au public.

. Une conséquence importante qu'il faut tirer de ces principes est celle-ci :

Quelque générale, quelque vulgaire que soit la désignation prise pour enseigne, elle ne peut être prise par un négociant vendeur des produits similaires (Trib. de comm. de la Seine, 24 juillet 1857 : Dorvault et C° c. Hureaux, au sujet de la qualification donnée à la pharmacie, appelée par eux *Pharmacie centrale de France*[2] ; tous les fabricants, au

---

[1] Gastambide, n. 469 ; Dalloz, *Rép.*, v¹ˢ INDUSTRIE et COMMERCE, n. 267, 268. V. *suprà*, n. 165.

[2] *Droit*, 1857, 30 juillet.

contraire, peuvent donner aux produits qu'ils vendent la dénomination vulgaire sous laquelle ils sont connus.

212. Pour qu'une action en usurpation d'enseigne soit fondée, il faut deux éléments : le premier, c'est que l'enseigne soit usurpée par un négociant vendant des produits similaires ; et le second, qu'il y ait en fait possibilité de concurrence par la situation respective des deux établissements.

Il est évident que la même enseigne peut être prise à la fois par plusieurs négociants de la même ville, lorsque ces négociants font un commerce de marchandises n'ayant aucun rapport.

Le droit, en effet, de se servir de telle désignation pour enseigne n'est pas un droit de propriété, c'est une possession, une jouissance que la loi garantit à celui qui, le premier, s'en est servi pour faire connaître ses opérations de commerce.

Empêcher un autre négociant de produits similaires de faire usage des mêmes qualifications, c'est, non pas reconnaître un droit absolu de propriété de l'enseigne dans la personne du négociant qui s'en est mis le premier en possession, c'est seulement le maintenir dans sa possession, partant dans sa clientèle.

S'il nous était permis de transporter à des droits mobiliers des principes créés pour les droits qui ont des immeubles pour objet, nous dirions que ce négociant ne peut agir qu'au *possessoire* et non au *pétitoire*.

La conséquence de la nature de ce droit, c'est qu'un négociant ne peut s'opposer à ce qu'un négociant, faisant un tout autre commerce que le sien, se serve de la même enseigne que lui ; il n'aurait aucun intérêt, il n'a donc aucune action.

213. Le négociant même dont l'enseigne aurait été usurpée par un confrère pourrait bien être déclaré mal fondé en sa demande en usurpation d'enseigne, s'il était établi qu'aucune concurrence ne peut lui être faite. Il peut, en effet, y avoir

une distance telle entre les deux établissements, que chacun d'eux s'adresse à une classe d'acheteurs différente.

Les Tribunaux auront à apprécier si, en fait, la distance qui sépare les deux établissements peut empêcher toute concurrence déloyale.

214. Nous venons de dire que pour qu'il y ait concurrence déloyale il faut qu'il y ait une possibilité de confusion entre les deux produits. Aussi la même enseigne, la même qualification donnée à deux exploitations différentes, destinées à des services et des usages différents, ne peut donner naissance à aucune action. Il ne peut y avoir lieu à réparation, là où il n'y a pas dommage. Il a été jugé que le propriétaire d'une revue hebdomadaire illustrée, de nouvelles littéraires, portant le même titre qu'un petit livre, *l'Ami de la Maison*, renfermant les éléments de législation usuelle, de tenue de livres, d'arithmétique, ne pouvait être contraint de changer le titre de sa revue, bien qu'il ait été pris postérieurement à la publication du livre. (Trib. de comm. de la Seine, 9 avril 1856 [1].)

215. La dénomination donnée à un établissement ou à une entreprise industrielle peut constituer un fait de concurrence déloyale, encore bien que cette dénomination ne soit pas la reproduction exacte de celle adoptée par une personne exerçant la même industrie. Il suffit qu'elle puisse amener une confusion entre les deux établissements (Paris, 6 février 1857 : D'Inville c. Vergniolles [2]); l'un de ces établissements avait pris pour enseigne : *Caisse des reports*, et l'autre : *Caisse générale des reports*. Il a été jugé que l'enseigne : *Aux pauvres Diables* était une usurpation de celle : *Au pauvre Diable*; que le propriétaire de l'enseigne *Au Rocher de Cancale* avait le droit de demander la suppression de l'enseigne : *Au Rocher du Cantal*; que les mots : *Grand café de la Marine*

---

[1] *Droit*, 1856, 10 avril.
[2] *Annales de la propriété industrielle*, année 1857, p. 202.

sont la reproduction de ceux : *Grand café de la Marine royale*[1].

Ce que nous disons de la dénomination prise pour enseigne s'applique également au dessin qui décore souvent les enseignes. Il y aurait lieu d'intenter une action en concurrence déloyale si l'on avait reproduit le même dessin, bien qu'on eût changé la légende. Les enseignes de : *la Botte rose*, *la Botte ponceau*, *la Botte aurore*, sont une usurpation de l'enseigne *la Botte rouge*, alors surtout que ces inscriptions sont placées au bas d'une botte peinte en rouge. (Trib. de comm. de la Seine, 7 août 1832[2].) Il en est de même du *Soulier fleuri* et de *la Pantoufle fleurie;* l'une de ces enseignes est la reproduction de l'autre.

216. Le négociant qui donne à ses magasins la même forme extérieure, les peint des mêmes couleurs, dans les mêmes dispositions que le magasin voisin où se débitent des produits similaires, peut être déclaré coupable d'actes de concurrence déloyale. Il cherche, en effet, à faire naître une confusion entre les deux établissements et à s'emparer par ce moyen d'une clientèle qui ne lui appartient pas.

217. Toutes les demandes en dommages-intérêts, pour réparation du préjudice causé par une concurrence déloyale, doivent être portées devant le Tribunal de commerce. L'objet de la demande, le caractère des parties impriment à des actions de cette nature un caractère essentiellement commercial. Mais sont civiles les actions qui soulèvent une question de propriété d'enseigne, soit que cette action ait pour objet la revendication ou la suppression d'une enseigne.

Les tribunaux de commerce sont, par conséquent, incompétents pour en connaître. (Trib. civ. de la Seine, 3me Ch., 21 juillet 1841 : Gémion c. la Société bordelaise et bourguignonne[3].)

---

[1] Dalloz, *Rép.*, vis INDUSTRIE et COMMERCE, n. 365.
[2] *Gazette des Tribunaux*, 1832, 9 août.
[3] *Gazette des Tribunaux*, 1841, 23 juillet.

CHAPITRE IV.

DES ÉTRANGERS. — DROITS QU'ILS PEUVENT EXERCER EN FRANCE.

SOMMAIRE.

218. Nous avons exposé complétement [1] les principes qui régissent les étrangers en France, au sujet des actions relatives à la propriété et à la contrefaçon des œuvres de l'intelligence. Nous avons alors fait connaître quels étaient les droits que les fabricants et négociants étrangers pouvaient exercer en France, relativement à leurs marques de fabrique et de commerce.

Nous devons examiner ici quels sont les droits des fabricants et négociants, au sujet : 1° de leurs marques de fabrique ou de commerce ; 2° de l'usurpation de leur nom en France par des fabricants et des commerçants français ; 3° de la concurrence déloyale qui peut leur être faite.

En ce qui concerne les marques de fabrique et de commerce, la situation légale faite aux étrangers par la jurisprudence de la Cour suprême, antérieurement à la loi de 1857, était l'application rigoureuse des principes renfermés dans le Code Napoléon. Cette jurisprudence accordait aux étrangers admis à établir leur domicile en France la jouissance de tous les droits civils, tant qu'ils continuaient d'y résider. (Art. 13 C. Nap.)

Mais c'était une question très-controversée que celle de savoir si les étrangers non autorisés à résider en France avaient le droit de poursuivre les Français qui usurpaient

---

[1] *De la Propriété et de la Contrefaçon des œuvres de l'intelligence*, p. 475 et suiv.

leurs noms ou leurs marques de fabrique et de commerce [1].

La Cour de cassation, dans deux arrêts assez récents, s'était prononcée en faveur du système restrictif, elle était contraire aux étrangers. Il s'agissait, dans l'espèce qui lui était soumise, de l'usurpation par un fabricant français du nom d'un fabricant anglais et de la contrefaçon d'une marque de fabrique; en opposition avec le Tribunal de commerce et les Cours de Paris et de Rouen, elle a maintenu sa première décision. (Arrêt du 14 août 1844, qui a cassé l'arrêt du 30 novembre 1840 de la Cour de Paris : Guesnot et autres c. Rowland Andison [2].)

La même Cour, Chambres réunies, a maintenu cette décision par son arrêt du 12 juillet 1848 [3], qui a rejeté le pourvoi formé dans la même affaire contre l'arrêt de la Cour de Rouen du 8 juin 1845 [4].

On peut consulter dans le même sens les arrêts du 28 janvier 1846 (Spencer et Stubs c. Monmousseau et autres [5]), des 12 avril 1854 (Kirby-Béard c. Cattier et autres [6]).

Enfin, dans un arrêt très-récent, la Cour suprême a persisté dans sa jurisprudence. Elle a formellement déclaré dans cet arrêt que, jusqu'à la mise à exécution de la loi du 23 juin 1857, les étrangers, bien que résidant en France, mais n'ayant pas l'autorisation d'y établir leur domicile, ne pouvaient introduire devant les Tribunaux français aucune action ayant pour objet soit la reconnaissance de la propriété de leur marque de fabrique, soit la réparation du préjudice causé pour concurrence déloyale faite en France à leur commerce. Ces actions n'étant recevables que lorsqu'elles sont inten-

---

[1] On peut consulter sur ces divers points un article de M. Pataille, *Annales de la propriété industrielle*, année 1855, p. 33.

[2] Dall., 44, 1, 385 ; Dev. et Car., 44, 1, 755 ; 41, 2, 85.

[3] Dev. et Car., 48, 1, 417.

[4] Dev. et Car., 45, 2, 354.

[5] Dev. et Car., 48, 1, 426.

[6] *Gazette des Tribunaux*, 1854, 13 avril.

tées ou par un étranger autorisé à établir son domicile en France, ou appartenant à une nation liée avec la France par des conventions diplomatiques, établissant à notre égard des conditions de réciprocité. (Cass., 19 décembre 1855, 16 novembre 1857 : Klug *c.* Warton–Ferry; Cassation de l'arrêt de la Cour de Paris du 22 mars 1855 [1].)

La disposition de la nouvelle loi met fin à la croisade entreprise contre cette jurisprudence, jurisprudence que M. Wolowski déplorait [2], et que M. Fœlix déclarait être une calamité [3].

219. Le titre II de la loi de 1857 consacre aux dispositions relatives aux étrangers les articles 5 et 6, empruntés, sauf quelques légères différences de rédaction, au projet de loi de 1847. L'article 5 est ainsi conçu :

« Art. 5. Les étrangers qui possèdent en France des éta-
« blissements d'industrie ou de commerce jouissent, pour les
« produits de leurs établissements, du bénéfice de la pré-
« sente loi, en remplissant les formalités qu'elle prescrit. »

L'hypothèse prévue par cet article est celle où les établissements d'industrie ou de commerce possédés par un étranger sont situés en France.

Cette décision a sa raison d'être dans un sentiment d'équité naturelle et dans les principes du droit des gens. L'étranger résidant en France, y possédant des fabriques, des établissements commerciaux, contribue par son travail, par ses capitaux, à la richesse du pays. L'étranger résidant n'est-il pas d'ailleurs soumis à une partie de nos lois françaises, à toutes nos lois de police? ne supporte-t-il pas sa part des charges publiques? N'était-il pas dès lors juste de lui accorder aide et protection, et de l'appeler à jouir des droits communs à tous les Français?

---

[1] *Gazette des Tribunaux*, 1855, 20 décembre; *Droit, Gazette des Tribunaux*, 1857, 16 novembre.

[2] *Recueil d'Économie politique*, vº MARQUE, p. 473.

[3] *Traité du droit international*, n. 607.

Enfin, les étrangers ont le droit de faire le commerce en France et d'y fonder des établissements ; or, le droit pour le fabricant étranger de s'opposer à l'apposition de ses marques ou de son nom sur des produits autres que les siens, ce droit n'est-il pas une conséquence naturelle, équitable, même nécessaire, de la faculté que nos lois lui reconnaissent d'avoir en France un établissement de commerce ?

220. L'article 5 n'est pas l'extension d'un principe du droit civil régissant les étrangers, mais l'expression d'un principe nouveau. Ainsi, aux termes de cet article, pour jouir des droits civils relatifs à la propriété de sa marque de fabrique et de commerce, non-seulement l'étranger n'a pas besoin d'être autorisé à établir son domicile en France, mais même il n'a pas besoin d'y résider ; il suffit qu'il possède un établissement d'industrie ou de commerce, sur le sol français ; il peut donc être domicilié en pays étranger, même y résider et faire valoir en France son établissement par des gérants, des préposés, pour avoir droit au bénéfice de la loi de 1857. En un mot, cette extension de notre droit est plus spécialement accordée en considération de l'établissement industriel, qu'en faveur du propriétaire de cet établissement.

221. Le second cas prévu par la loi est celui de l'article 6, ainsi conçu : « Les étrangers et les Français dont les établisse-« ments sont situés hors de France jouissent également du « bénéfice de la présente loi, pour les produits de ces éta-« blissements, si, dans le pays où ils sont situés, des con-« ventions diplomatiques ont établi la réciprocité pour les « marques françaises.

« Dans ce cas, le dépôt des marques étrangères a lieu au « greffe du Tribunal de commerce du département de la « Seine. »

Il s'agit ici, non plus comme dans le cas de l'article précédent, d'établissements situés en France, mais bien en dehors de son territoire.

La première observation à faire est celle-ci : cette disposition est applicable aussi bien aux Français qu'aux étrangers.

Le Français ne peut se prévaloir de sa nationalité pour réclamer en France la protection des lois et des arrêts de la justice ; car, en transportant à l'étranger son lieu de fabrication, il a volontairement dénationalisé ses produits et est ainsi devenu un producteur étranger. Tous les produits qui viennent des pays étrangers sont indistinctement frappés des mêmes prohibitions, des mêmes interdictions.

C'est dans le sens de ces principes que la jurisprudence avait formé ses décisions, en appliquant nos lois industrielles à la production nationale exclusivement. (Paris, 6 avril 1853 : Rosset et Normand c. Selleron et Delangle [1].)

222. La réciprocité dont parle l'article 6 de la loi de 1857 est celle qui sera établie par des conventions diplomatiques. D'après le projet de loi de 1847, il suffisait que cette réciprocité fût accordée par les lois de la nation étrangère. Notre article veut qu'elle résulte de conventions diplomatiques. Cette modification a été faite avec intention. M. le rapporteur de la Commission au Corps législatif a dit, pour motiver ce changement, que l'on ne peut concéder les garanties de notre législation, sans savoir si des garanties égales nous sont accordées ; si nous n'échangeons pas une protection efficace contre une protection illusoire.

Les divers commentateurs du Code Napoléon avaient élevé depuis longtemps déjà des critiques sévères, sur la rédaction de l'article 2 de notre Code, laquelle n'admet que la réciprocité résultant des conventions diplomatiques [2].

Cette disposition, qui rejette la réciprocité résultant des lois, pour n'admettre que celle établie dans les traités diplomatiques, peut paraître bien exagérée de la part d'un législateur qui s'est montré si hospitalier envers les auteurs et artistes

---

[1] *Gazette des Tribunaux*, 1853, 17 avril ; notre traité, p. 336.

[2] Voir notre traité, p. 475.

étrangers. Le décret du 28 mars 1852 appelle les étrangers à jouir des mêmes droits que les Français, lorsqu'il s'agit de propriété littéraire et artistique ; il est vrai que la jurisprudence, adoptant, sur l'interprétation de ce décret, les principes que, le premier, nous avons émis, tend à le restreindre aujourd'hui dans son application [1]. (Trib. corr. de la Seine, 7e Ch., 16 décembre 1857 : Chabal c. Paté et autres [2]; Cass., 14 décembre 1857 : Verdi et Blanchet c. Calzado [3].)

223. Le dépôt des marques étrangères, dans les cas où les étrangers, possédant des établissements hors du territoire français, sont admis à poursuivre devant les Tribunaux français les usurpateurs de leurs marques, devra avoir lieu au greffe du Tribunal de commerce du département de la Seine.

Ce lieu de dépôt est au centre des principales affaires commerciales de France ; un seul lieu de dépôt a été indiqué dans la pensée que, pour les étrangers, comme pour les commerçants en général, les recherches des intéressés seraient faites plus sûrement et plus rapidement.

Le projet de loi de 1847 renfermait à ce sujet la même disposition.

224. Nous ne connaissons que deux traités diplomatiques conclus pour la protection des marques de fabrique et de commerce. L'un est passé avec la Russie et l'autre avec le grand-duché de Bade [4].

Ces traités, conclus récemment, presque le même jour, renferment des dispositions différentes.

Le traité passé avec la Russie ne fait pas connaître la peine réservée aux contrefacteurs des marques étrangères. Il se borne à dire, d'une manière vague, que la reproduction dans l'un des deux pays des marques de fabrique apposées dans

[1] Voir notre traité, p. 475.
[2] *Droit*, 1857, 17 décembre.
[3] *Droit*, 1857, 25 décembre.
[4] Voir le texte de ces traités, chap. VI.

l'autre, sur certaines marchandises, pour constater leur origine et leur qualité, sera sciemment interdite et réprimée, et pourra donner lieu à une action en dommages-intérêts valablement exercée, par la partie lésée, devant les Tribunaux du pays où la contrefaçon aura été constatée.

Le traité passé avec le grand-duché de Bade assimile à la contrefaçon des œuvres d'art et d'esprit la reproduction, dans l'un des deux pays, des timbres et marques de fabrique apposés sur les produits industriels ou manufacturiers de l'autre pays.

• Dès que le traité annoncé avec la Russie pour la protection des œuvres d'art et d'esprit sera conclu, on établira probablement la même assimilation, entre les peines réprimant la reproduction des œuvres d'art et d'esprit et celle qui sera appliquée à l'usurpation des marques de fabrique et de commerce.

Mais comment devront s'interpréter les traités diplomatiques intervenus sur ce point, lorsqu'ils auront pour objet de garantir une protection réciproque? Quelle application ces traités devront-ils recevoir?

Le principe de réciprocité qui sera établi dans des traités diplomatiques aura pour objet de soumettre l'étranger contrefacteur aux lois de notre nation, lorsque la poursuite sera exercée en France, et aux lois de son pays, lorsque l'action sera intentée devant les Tribunaux de la nation à laquelle appartient le contrefacteur. Il n'y a pas à se préoccuper du caractère de l'action intentée ; il importe peu qu'elle soit civile ou correctionnelle; il est également sans intérêt de rechercher le lieu où la contrefaçon a été commise. Dans le cas où il s'agit d'une action correctionnelle, les raisons se présentent en foule pour le décider ainsi. C'est la prescription de l'article 3 du Code Napoléon. L'étranger, comme le fait remarquer M. Mangin [1], devient sujet de la loi du pays où il se transporte. Il est soumis à la puissance publique de ce pays.

---

[1] N. 69 ; Voir également notre traité, n. 424 et suiv.

225. Mais l'étranger qui ne réunirait pas les conditions prescrites pour poursuivre lui-même en France les usurpateurs de sa marque ne pourrait-il pas être admis, sur les poursuites du ministère public, à faire condamner l'usurpateur, comme s'étant rendu coupable du délit de tromperie sur la nature de la marchandise vendue? Avant la loi de 1857, des décisions judiciaires l'avaient ainsi jugé. Il doit en être de même encore aujourd'hui. (Trib. corr. de la Seine, 8ᵐᵉ Ch., 28 juin 1853 : Spencer Sheffiels c. Dequenne père et fils[1]; 28 janvier 1846 : Spencer c. Monmousseau [2]; Bordeaux, 20 juin 1853 : Kirby-Béard c. Cattier [3]; Cass., 12 avril 1854 : arrêt de rejet [4].)

226. Ce que nous venons de dire pour les marques s'applique en grande partie aux noms.

En ce qui concerne l'usurpation du nom d'un commerçant, il faut reconnaître que la jurisprudence de la Cour de cassation est constante, et que, quelque graves que soient les critiques dont elle a été l'objet, cette jurisprudence doit continuer à recevoir son application.

En conséquence, la protection accordée par la loi de 1824 ne s'étend pas au delà des limites de notre territoire; elle est faite seulement pour les industriels français résidant en France. L'étranger, pour pouvoir user du bénéfice de cette loi, doit donc se trouver dans les conditions prescrites par les articles 11 et 13 du Code Napoléon. (Bordeaux, 20 juin 1853 : Kirby-Béard c. Cattier et Neuss [5]; Cass., 12 juill. 1848 : Guesnot, Gueland et autres c. Rowland [6].)

---

[1] *Gazette des Tribunaux*, 1853, 30 juin.

[2] Dev. et Car., 48, 1, 426. Une décision semblable, mais reposant sur des motifs différents, avait été rendue déjà au sujet de bonnets fabriqués en France, et portant la marque d'un fabricant de Tunis. (Paris, 26 mars 1822 : Benoît et autres c. Benoît et autres. — Dev. et Car., 7, 2, 48.)

[3] Dev. et Car., 53, 2, 714.

[4] *Gazette des Tribunaux*, 1854, 13 avril; Dev. et Car., 55, 1, 827.

[5] Dev. et Car., 53, 2, 714.

[6] Dev. et Car., 48, 1, 417 et la note. Voir plus haut les arrêts cités au n. 218.

227. Les villes étrangères n'ont pas plus de droit que les individus étrangers au sujet de l'action qu'elles pourraient intenter en France, contre des fabricants et négociants qui auraient faussement indiqué sur leurs produits le nom d'une ville étrangère, comme étant le lieu de la provenance du produit.

Elles ne peuvent intenter une action en usurpation de leur nom que conformément au droit commun, c'est-à-dire aux prescriptions de l'article 11 du Code Napoléon.

Le Tribunal correctionnel de la Seine, dans son jugement du 9 juillet 1835, n'a pas prononcé de condamnation contre des négociants français qui avaient faussement indiqué sur leurs produits le nom de la ville de Cologne, par ce motif que la loi de 1824 a eu pour objet, non de garantir les acheteurs contre les fraudes, mais de protéger les villes de fabrique dont le nom apposé sur les produits commande la confiance; or, la loi de 1824 ne devant aucune protection aux villes étrangères, les magistrats ont conclu qu'il ne pouvait y avoir lieu à aucune répression.

M. Gastambide [1] critique avec raison, selon nous, cette décision, qui est la conséquence d'une confusion. Nous avons examiné déjà si la loi de 1824 a eu ce double but de garantir les acheteurs contre les fraudes, et de protéger les villes de fabrique [2]. En vertu même du caractère de cette loi, une distinction doit être faite.

Toutes les fois qu'il s'agira d'apprécier l'action intentée en France, soit par un négociant étranger, soit par une ville étrangère, la décision que nous venons de citer devra être admise; mais, dans le cas où l'on se place au point de vue d'une tromperie exercée vis-à-vis de l'acheteur, une condamnation doit intervenir; si ce n'est pas le cas d'appliquer la loi de 1824, qui renvoie à l'article 423 du Code pénal,

[1] N. 461.
[2] Voir *suprà*, n. 119 et 225.

c'est certainement le cas de faire une application directe des dispositions contenues dans cet article [1].

228. Cette distinction a été faite par des nations qui ont emprunté à notre législation ses principales dispositions.

La Cour de Bruxelles, par un arrêt récent (30 mai 1855 : Fumouse c. Brunin Lobineau [2]), au sujet d'un délit de tromperie sur la nature de la marchandise vendue, commis par un citoyen belge, qui avait revêtu frauduleusement les enveloppes d'un produit fabriqué par lui, du nom et de la marque du fabricant français, a jugé que ce fait constituait un délit prévu par le Code pénal, et que si le prévenu avait dû préalablement, pour le commettre, se livrer à des faits de contrefaçon, cela pouvait aggraver le caractère du délit, mais non empêcher ou entraver la poursuite. La Cour a adopté en outre les motifs des premiers juges; reconnaissant ainsi aux étrangers qui se prétendent lésés par un délit ou un crime le droit de porter plainte et de se constituer partie civile, sous la condition de la caution *judicatum solvi*.

229. La conséquence des principes que nous venons d'exposer, c'est que dans le cas où la contrefaçon, en France, de la marque d'un fabricant ou commerçant étranger donnerait naissance à une poursuite de la part du ministère public, fondée sur le délit de tromperie sur la nature de la marchandise vendue, ce commerçant ou fabricant étranger ne pourra pas intervenir dans le débat correctionnel pour se porter partie civile, et qu'il ne pourra pas davantage réclamer des dommages-intérêts par une action directe portée devant les Tribunaux civils.

230. Le législateur a voulu, par des dispositions spéciales, protéger la fabrication et le commerce de la France. Ces dispositions ont pour but de réserver à nos fabricants et à nos

---

[1] Voir cependant Dalloz, *Rép.*, v° INDUSTRIE, n. 270 et 278.

[2] *Annales de la propriété industrielle*, 1855, p. 45.

commerçants les débouchés qu'on voudrait leur enlever au moyen de l'usurpation de leurs marques et de leurs noms, et d'empêcher que les produits français soient discrédités sur les marchés extérieurs, par des produits de mauvaise qualité, revêtus de marques contrefaites ou usurpées.

Si les parties intéressées n'avaient pas le pouvoir d'arrêter les produits revêtus de fausses marques et déposés en transit en France, nous arriverions nécessairement à encourager ces fraudes de la part des étrangers. Ils trouveraient, d'une part, en effet, toute sécurité à faire traverser notre territoire à leurs produits revêtus de fausses marques ; et, d'autre part, l'apposition sur les objets mêmes des timbres de la douane française serait la preuve que ces objets sortent réellement de France ; il serait donc facile de tromper ainsi l'étranger, et de faire croire que ces produits sont d'origine française.

L'article 1er de la loi du 28 juillet 1824, l'article 426 du Code pénal, l'article 41 de la loi du 1er juillet 1844 sur les brevets d'invention, renfermaient déjà des prohibitions semblables.

La jurisprudence les avait toujours appliquées à notre matière.

La Cour de Paris (14 juillet 1854) et la Cour de cassation (7 décembre 1854 [1]), dans les décisions rendues au sujet du transit en France des capsules de chasse françaises, fabriquées à Rousdorf (Goupillat, de Paris, c. Glaenzer et Morin) ont précisé les effets des dispositions de la loi qui permet le transit aux marchandises étrangères, en les séparant de celles qui reconnaissent à des tiers des droits sur ces mêmes marchandises.

« Attendu, a dit la Cour de cassation, en droit, que les lois en vigueur sur le transit, portées dans l'intérêt de la navigation et de l'industrie française, n'ont pour but que d'établir les droits de ce transit à l'égard des marchandises

---

[1] Dev. et Car., 1854, 1, 819; *Gazette des Tribunaux*, 1854, 31 août, 18 décembre.

étrangères prohibées ou soumises à des tarifs pour la consommation intérieure ;

« Attendu que ces lois réservent le droit des tiers, et dès lors ne font pas obstacle à l'action légitime des fabricants français ou propriétaires de marchandises, lorsque leur mise en circulation par cette voie a pour effet de léser leurs droits ;

« Attendu que, par son article 1er, la loi du 28 juillet 1824 prévoit et réprime, comme un délit, l'apposition de fausses marques de fabrique, et que, spécialement d'après le deuxième alinéa de cet article, tout « commissionnaire devient passible « des effets de la poursuite, lorsqu'il a sciemment exposé en « vente ou mis en circulation les objets marqués des noms « supposés ou altérés ; »

« Attendu que cette disposition ne s'applique pas seulement à la mise en circulation en France, dans le but de livrer à la consommation française, mais que les termes généraux de la loi s'appliquent aussi à l'expédition de la marchandise à l'étranger, lorsqu'elle s'appuie sur un fait de circulation qui a emprunté une portion du territoire français, circulation dont le résultat est de tromper, même à l'extérieur, sur l'origine de la fabrication, et de lui donner indûment le caractère apparent d'une fabrication française ; d'où il suit, dans l'espèce, qu'en déclarant Morin coupable d'avoir sciemment commis cette fraude, de nature à porter préjudice évident à l'industrie française et à léser les droits des fabricants français, etc..... ; rejette. »

En ce qui concerne les marques, cette jurisprudence se trouve remplacée aujourd'hui par l'article 19 de la loi de 1857, ainsi conçu : « Tous produits étrangers portant soit la « marque, soit le nom d'un fabricant résidant en France, soit « l'indication du nom ou du lieu d'une fabrique française, sont « prohibés à l'entrée et exclus du transit et de l'entrepôt, et « peuvent être saisis, en quelque lieu que ce soit, soit à la dili- « gence de l'administration des douanes, soit à la requête du

« ministère public ou de la partie lésée. » La loi de 1824, qui ne laissait aucun doute, lorsque la fraude consistait dans l'apposition de faux noms, continuera de recevoir son application. — La loi de 1857, loin de l'abroger, lui donne une nouvelle force, en reproduisant la disposition qu'elle renferme, et en s'étendant même aux marques qui consisteraient non plus dans l'emploi d'un nom, mais encore à celles qui seraient représentées par un signe distinctif quelconque.

Terminons l'examen de cette prescription de l'article 19 de la loi de 1857, en citant ses disposions finales :

« Dans le cas où, dit cet article, la saisie est faite à la dili-« gence de l'administration des douanes, le procès-verbal de « saisie est immédiatement adressé au ministère public. »

Ce pouvoir est accordé à l'administration des douanes, parce que seule elle peut connaître ces fraudes, les constater, les saisir. « Contre la fraude, disait M. le rapporteur au Corps législatif, la rapidité des poursuites est la condition du succès. »

231. Les actions en concurrence déloyale étant la sanction du droit reconnu aux étrangers de faire le commerce en France, droit qui a son fondement dans les principes du droit des gens, peuvent être intentées devant les Tribunaux français par un négociant étranger, faisant commerce en France, contre des négociants français. Cette décision est conforme aux principes renfermés dans la loi de 1857, laquelle établit une séparation bien distincte entre les actions qui ont pour objet la propriété des marques de fabrique et celles par lesquelles on demande la réparation du préjudice causé par une concurrence déloyale. Cependant, nous avons indiqué plus haut des arrêts de la Cour de cassation qui n'admettent pas cette interprétation des principes de droit qui nous régissent [1].

L'exposant étranger qui a obtenu à l'Exposition universelle

[1] V. n. 218.

soit une médaille, soit une mention honorable, a-t-il, contre celui qui s'est mensongèrement attribué une médaille ou une mention honorable, une action devant les Tribunaux des pays étrangers qui ont concouru à l'Exposition [1]?

Nous pensons que ces questions doivent être résolues par l'application des principes généraux que nous venons de rappeler. Ces actes constituent une concurrence déloyale, dont l'appréciation peut être faite par des Tribunaux français à l'égard même des négociants étrangers.

232. Un fabricant français, qui a chargé un fabricant étranger d'exécuter dans ses fabriques, situées à l'étranger, ses produits, peut se plaindre devant les Tribunaux français de la concurrence qui lui est faite par ce fabricant étranger, bien que cette concurrence ne soit faite qu'en pays étranger. (Paris, 1re Ch., 25 janvier 1856 : Emmanuel Bloc c. Hinks-Wils et Alexandre [2].)

Cette décision est fondée sur la violation du contrat intervenu entre le négociant français et le fabricant étranger. Dans l'espèce, le fabricant étranger avait un associé en France, et bien qu'aucune condamnation n'ait été prononcée contre ce dernier, c'était, pour les magistrats, un motif de plus pour repousser l'exception d'incompétence opposée par ce fabricant étranger.

233. Le négociant étranger résidant en France, sans être autorisé à y établir son domicile, peut poursuivre devant les Tribunaux français un autre négociant étranger résidant également en France, pour réclamer des dommages-intérêts par suite d'usurpation faite, en France, du nom donné à des objets fabriqués.

Quand il s'agit de questions qui ont un caractère commercial, débattues entre deux étrangers, les Tribunaux français se

---

[1] *Annales*, année 1855, p. 5. V. *suprà*, n. 179.
[2] *Annales de la propriété industrielle*, année 1856, p. 57.

déclarent compétents. L'on doit considérer comme présentant un caractère commercial les actes qui sont des éléments d'une concurrence commerciale. (Paris, 2ᵐᵉ Ch., 22 mars 1855 : Warton c. Klug [1].)

234. Suivant la législation anglaise, le fabricant ou négociant étranger a le droit d'obtenir d'une Cour d'équité des dommages-intérêts à raison de l'usage frauduleux de son nom et de sa marque. (Chancellerie, 11 juin 1857 : Collins c. Cohen [2].)

Cette Cour a décidé, dans cette affaire, qu'elle avait qualité pour juger les questions de fraude ; que la fraude doit être réprimée à l'égard des étrangers aussi bien qu'à l'égard des nationaux.

Nous avons vu qu'en Belgique l'étranger non domicilié est admis à porter plainte et à se constituer partie civile lorsqu'il s'agit d'un délit de tromperie sur la nature de la chose vendue par l'usurpation de son nom et de sa marque. (Bruxelles, 30 mai 1855 : Fumouze c. Brunin Lobineau [3].)

[1] *Annales de la propriété industrielle*, année 1855, p. 40.
[2] *Annales de la propriété industrielle*, année 1855, p. 97 et année 1857, p. 278.
[3] *Annales de la propriété industrielle*, année 1855, p. 45, *suprà*, n. 228.

CHAPITRE V.

LÉGISLATION FRANÇAISE.

LÉGISLATION SUR LES MARQUES DE FABRIQUE ET DE COMMERCE.

SECTION I.

§ 1. — Loi du 23 juin 1857 exécutoire six mois après sa promulgation [1].

TITRE I.

DU DROIT DE PROPRIÉTÉ DES MARQUES.

Art. 1er. La marque de fabrique ou de commerce est facultative.

Toutefois, des décrets rendus en la forme des règlements d'administration publique peuvent, exceptionnellement, la déclarer obligatoire pour les produits qu'ils déterminent.

Sont considérés comme marques de fabrique et de commerce les noms sous une forme distinctive, les dénominations, emblèmes, empreintes, timbres, cachets, vignettes, reliefs, lettres, chiffres, enveloppes et tous autres signes servant à distinguer les produits d'une fabrique ou les objets d'un commerce.

Art. 2. Nul ne peut revendiquer la propriété exclusive d'une marque, s'il n'a déposé deux exemplaires du modèle de cette marque au greffe du Tribunal de commerce de son domicile.

---

[1] La promulgation a eu lieu le 27 juin 1857, par l'insertion au *Bulletin des lois* du décret de promulgation rendu le 23 du même mois.

Art. 3. Le dépôt n'a d'effet que pour quinze années.

La propriété de la marque peut toujours être conservée pour un nouveau terme de quinze années au moyen d'un nouveau dépôt.

Art. 4. Il est perçu un droit fixe d'un franc pour la rédaction du procès-verbal de dépôt de chaque marque et pour le coût de l'expédition, non compris les frais de timbre et d'enregistrement.

TITRE II.

DISPOSITIONS RELATIVES AUX ÉTRANGERS.

Art. 5. Les étrangers qui possèdent en France des établissements d'industrie ou de commerce jouissent, pour les produits de leurs établissements, du bénéfice de la présente loi, en remplissant les formalités qu'elle prescrit.

Art. 6. Les étrangers et les Français dont les établissements sont situés hors de France jouissent également du bénéfice de la présente loi pour les produits de ces établissements, si, dans les pays où ils sont situés, des conventions diplomatiques ont établi la réciprocité pour les marques françaises.

Dans ce cas, le dépôt des marques étrangères a lieu au greffe du Tribunal de commerce du département de la Seine.

TITRE III.

PÉNALITÉS.

Art. 7. Sont punis d'une amende de 50 francs à 3,000 francs et d'un emprisonnement de trois mois à trois ans, ou de l'une de ces peines seulement :

1° Ceux qui ont contrefait une marque ou fait usage d'une marque contrefaite ;

2° Ceux qui ont frauduleusement apposé sur leurs produits ou les objets de leur commerce une marque appartenant à autrui ;

3° Ceux qui ont sciemment vendu ou mis en vente un ou plusieurs produits revêtus d'une marque contrefaite ou frauduleusement apposée.

Art. 8. Sont punis d'une amende de 50 francs à 2,000 francs et d'un emprisonnement d'un mois à un an, ou de l'une de ces peines seulement :

1° Ceux qui, sans contrefaire une marque, en ont fait une imitation frauduleuse de nature à tromper l'acheteur, ou ont fait usage d'une marque frauduleusement imitée ;

2° Ceux qui ont fait usage d'une marque portant des indications propres à tromper l'acheteur sur la nature du produit ;

3° Ceux qui ont sciemment vendu ou mis en vente un ou plusieurs produits revêtus d'une marque frauduleusement imitée ou portant des indications propres à tromper l'acheteur sur la nature du produit.

Art. 9. Sont punis d'une amende de 50 francs à 1,000 francs et d'un emprisonnement de quinze jours à six mois, ou de l'une de ces peines seulement :

1° Ceux qui n'ont pas apposé sur leurs produits une marque déclarée obligatoire ;

2° Ceux qui ont vendu ou mis en vente un ou plusieurs produits ne portant pas la marque déclarée obligatoire pour cette espèce de produits ;

3° Ceux qui ont contrevenu aux dispositions des décrets rendus en exécution de l'article 1er de la présente loi.

Art. 10. Les peines établies par la présente loi ne peuvent être cumulées :

La peine la plus forte est seule prononcée pour tous les faits antérieurs au premier acte de poursuite.

Art. 11. Les peines portées aux articles 7, 8 et 9 peuvent être élevées au double en cas de récidive.

Il y a récidive lorsqu'il a été prononcé contre le prévenu, dans les cinq années antérieures, une condamnation pour un des délits prévus par la présente loi.

Art. 12. L'article 405 du Code pénal peut être appliqué aux délits prévus par la présente loi.

Art. 13. Les délinquants peuvent, en outre, être privés du droit de participer aux élections des Tribunaux et des Chambres de commerce, des Chambres consultatives des arts et manufactures et des Conseils de prud'hommes, pendant un temps qui n'excédera pas dix ans.

Le Tribunal peut ordonner l'affiche du jugement dans les lieux qu'il détermine, et son insertion intégrale ou par extrait dans les journaux qu'il désigne, le tout aux frais du condamné.

Art. 14. La confiscation des produits dont la marque serait reconnue contraire aux dispositions des articles 7 et 8 peut, même en cas d'acquittement, être prononcée par le Tribunal, ainsi que celle des instruments et ustensiles ayant spécialement servi à commettre le délit.

Le Tribunal peut ordonner que les produits confisqués soient remis au propriétaire de la marque contrefaite ou frauduleusement apposée ou imitée, indépendamment de plus amples dommages-intérêts, s'il y a lieu.

Il prescrit, dans tous les cas, la destruction des marques reconnues contraires aux dispositions des articles 7 et 8.

Art. 15. Dans le cas prévu par les deux premiers paragraphes de l'article 9, le Tribunal prescrit toujours que les marques déclarées obligatoires soient apposées sur les produits qui y sont assujettis.

Le Tribunal peut prononcer la confiscation des produits, si le prévenu a encouru, dans les cinq années antérieures, une condamnation pour un des délits prévus par les deux premiers paragraphes de l'article 9.

TITRE IV.

JURIDICTIONS.

Art. 16. Les actions civiles relatives aux marques sont portées devant les Tribunaux civils et jugées comme matières sommaires.

En cas d'action intentée par la voie correctionnelle, si le prévenu soulève pour sa défense des questions relatives à la propriété de la marque, le Tribunal de police correctionnelle statue sur l'exception.

Art. 17. Le propriétaire d'une marque peut faire procéder par tous huissiers à la description détaillée, avec ou sans saisie, des produits qu'il prétend marqués à son préjudice, en contravention aux dispositions de la présente loi, en vertu d'une ordonnance du président du Tribunal civil de première instance, ou du juge de paix du canton, à défaut de Tribunal dans le lieu où se trouvent les produits à décrire ou à saisir.

L'ordonnance est rendue sur simple requête et sur la présentation du procès-verbal constatant le dépôt de la marque. Elle contient, s'il y a lieu, la nomination d'un expert, pour aider l'huissier dans sa description.

Lorsque la saisie est requise, le juge peut exiger du requérant un cautionnement qu'il est tenu de consigner avant de faire procéder à la saisie.

Il est laissé copie, aux détenteurs des objets décrits ou saisis, de l'ordonnance et de l'acte constatant le dépôt du cautionnement, le cas échéant : le tout à peine de nullité et de dommages-intérêts contre l'huissier.

Art. 18. A défaut par le requérant de s'être pourvu, soit par la voie civile, soit par la voie correctionnelle, dans le délai de quinzaine, outre un jour par cinq myriamètres de distance entre le lieu où se trouvent les objets décrits ou saisis et le domicile de la partie contre laquelle l'action doit être dirigée, la description ou saisie est nulle de plein droit, sans préjudice des dommages-intérêts qui peuvent être réclamés, s'il y a lieu.

TITRE V.

DISPOSITIONS GÉNÉRALES OU TRANSITOIRES.

Art. 19. Tous produits étrangers portant soit la marque, soit le nom d'un fabricant résidant en France, soit l'indication du nom ou du lieu d'une fabrique française, sont prohibés à l'entrée et exclus du transit et de l'entrepôt, et peuvent être saisis, en quelque lieu que ce soit, soit à la diligence de l'administration des douanes, soit à la requête du ministère public ou de la partie lésée.

Dans le cas où la saisie est faite à la diligence de l'administration des douanes, le procès-verbal de saisie est immédiatement adressé au ministère public.

Le délai dans lequel l'action prévue par l'article 18 devra être intentée, sous peine de nullité de la saisie, soit par la partie lésée, soit par le ministère public, est porté à deux mois.

Les dispositions de l'article 14 sont applicables aux produits saisis, en vertu du présent article.

Art. 20. Toutes les dispositions de la présente loi sont applicables aux vins, eaux-de-vie et autres boissons, aux bestiaux, grains, farines, et généralement à tous les produits de l'agriculture.

Art. 21. Tout dépôt de marques opéré au greffe du Tribunal de commerce, antérieurement à la présente loi, aura effet pour quinze années à dater de l'époque où ladite loi sera exécutoire.

Art. 22. La présente loi ne sera exécutoire que six mois

après sa promulgation. Un règlement d'administration publique déterminera les formalités à remplir pour le dépôt et la publicité des marques, et toutes les autres mesures nécessaires pour l'exécution de la loi [1].

Art. 23. Il n'est pas dérogé aux dispositions antérieures qui n'ont rien de contraire à la présente loi.

EXPOSÉ DES MOTIFS

DU PROJET DE LOI CONCERNANT LES MARQUES DE FABRIQUE ET DE COMMERCE.

MESSIEURS,

Des plaintes s'élèvent depuis longtemps sur l'incohérence de la législation relative aux *marques de fabrique et de commerce*, sur l'incertitude de la juridiction en cette matière, et sur l'exagération des dispositions pénales qui répriment la contrefaçon, exagération qui entraîne, le plus souvent, l'impunité.

Les Conseils généraux des manufactures et du commerce, les Conseils généraux des départements, les Chambres de commerce, les Chambres consultatives des manufactures, tous les organes de l'industrie et du commerce ont demandé, à plusieurs reprises et avec instance, une révision de cette législation.

Une première fois la question fut soumise aux Conseils généraux des manufactures et du commerce, dans leur session de 1841-1842. Ces Conseils, dans des avis étudiés avec soin, posèrent les bases d'un projet de loi qui, délibéré par le Conseil d'Etat, au commencement de 1845, fut présenté à la Chambre des pairs le 8 avril de cette année.

Ce projet, discuté en 1846 seulement par cette Chambre, et adopté à peu près dans les termes proposés par le gouvernement, ne fut porté à la Chambre des députés qu'en 1847.

Le rapport de la Commission, qui apportait d'assez profondes modifications au projet de la loi, ne fut soumis à la Chambre que dans les derniers jours de la session de 1847. Il n'avait pu être discuté lorsque la révolution de Février éclata.

[1] Nous donnons, à la fin de cet ouvrage, le texte de ce règlement, qui, au moment où nous imprimons (juin 1858), n'a pas encore été rendu.

La question fut reprise en 1850. Le Conseil général de l'agriculture, des manufactures et du commerce la discuta de nouveau dans la session de cette année, et, à la suite de sa délibération, un nouveau projet fut envoyé par le gouvernement au Conseil d'Etat, qui l'adopta, avec certaines modifications, le 17 juillet 1851. Mais les événements politiques vinrent, encore une fois, l'ajourner.

Aujourd'hui, Messieurs, le gouvernement pense que cette question des marques de fabrique et de commerce, si longuement, si complétement élaborée, est enfin mûre pour une solution. Il a voulu que le projet de loi, soumis de nouveau à une délibération approfondie dans le sein du Conseil d'Etat, fût présenté au Corps législatif.

I.

Il s'agit, comme nous l'avons dit, de refondre, en la complétant et en la coordonnant, la législation existante sur les marques de fabrique et de commerce. Par conséquent, il convient, avant tout, de remettre sous vos yeux l'état actuel de la législation sur cette matière, en faisant précéder cet exposé d'une courte analyse des dispositions légales qui la régissaient sous l'ancien régime.

§1. — Avant 1789, une multitude de métiers étaient assujettis à l'obligation de la marque. Mais la marque n'était pas alors ce qu'elle est généralement aujourd'hui, la simple signature du fabricant ou du commerçant sur l'objet de sa fabrication ou de son commerce ; elle était de plus le certificat de l'autorité publique touchant la qualité du produit, son origine, son poids, etc...

Le gouvernement fixait, pour chaque nature de produits, l'espèce, la qualité et le poids des matières ; il déterminait les conditions de la fabrication, il inspectait même les opérations de la main-d'œuvre. Puis, vérifiant la conformité du produit avec le type réglementaire, il y apposait son estampille, qui prenait ainsi le caractère d'une garantie publique.

Cette mise en tutelle de l'industrie nationale et des consommateurs avait pour sanction une pénalité très-sévère : *confiscation des produits, amendes considérables, dégradation du corps de métier, exposition au carcan...* Et, pour la mise à exécution d'une telle législation, on comprend qu'il fallût une armée entière d'employés : *maîtres-gardes, grands et petits jurés, jurés généraux et particuliers, inspecteurs, contrôleurs, officiers prud'hommes,* etc., etc.

Comme on trouvait des ressources pour le Trésor royal dans la création de ces divers offices, l'esprit de fiscalité s'était emparé de cette institution et avait poussé jusqu'aux abus les plus criants et les plus préjudiciables au travail national cette réglementation de l'industrie, qui originairement avait eu l'intérêt public pour but, et qui avait été inspirée par l'excellente pensée de garantir la sincérité des marchandises, et de protéger l'honneur et les intérêts généraux du commerce français, en France et hors de France, contre les fraudes de marchands et fabricants déloyaux.

Ce régime suscitait des plaintes très-sérieuses. Il avait été l'objet des remontrances du tiers état dans les cahiers des états généraux de 1614; Colbert l'avait condamné dans son testament politique; dès 1750, plusieurs villes de fabrique, celle de Nîmes entre autres, s'en étaient de fait affranchies. Il fut très-considérablement modifié, en ce qui touche la fabrication des tissus, par les lettres patentes du 5 mai 1779, et par celles du 4 juin 1780. Ces deux actes introduisirent un régime intermédiaire; il fut désormais loisible aux fabricants d'adopter, dans la fabrication de leurs étoffes, telles dimensions et combinaisons qu'ils jugeraient à propos, ou de s'assujettir à l'exécution des règlements. Les produits devaient recevoir, comme auparavant, une marque, une estampille de l'autorité publique. Mais, dans le cas où les produits étaient conformes aux règlements, ils portaient le mot *réglé*, qui n'était pas apposé sur les tissus fabriqués librement. Il paraît même que, dans la pratique, et nonobstant les lettres patentes de 1779 et de 1780, le plomb de la libre fabrique avait disparu avant 1789.

La Révolution affranchit complétement l'industrie. Tous ces règlements périrent par la loi du 7 mars 1791, qui supprima les maîtrises et les jurandes.

Désormais, plus d'estampille de l'autorité, destinée à attester la loyauté des marchandises et à garantir le public contre la fraude; suppression même de toute obligation pour le producteur de signer ou de marquer ses produits. La marque de fabrique ou de commerce, la signature du fabricant sur l'objet de sa fabrication ne fut plus qu'une faculté, qu'un droit; mais ce droit était illusoire, parce qu'il était sans protection légale suffisante, parce qu'il n'était pas protégé par une peine prononcée contre le contrefacteur.

« Sous l'ancien régime, » disait avec énergie le rapporteur du projet de loi sur les marques, présenté en 1847 à la Chambre des députés, « sous « l'ancien régime, le patronage s'était transformé en oppression, et la « tutelle en servitude; sous le régime nouveau, la liberté ne tarda pas à « dégénérer en licence. »

Il fallut donc mettre un frein aux abus graves qu'engendra la liberté absolue de l'industrie. Le législateur dut intervenir.

C'est ici que nous entrons dans l'exposé de la législation qui régit aujourd'hui la matière qu'il s'agit de reviser.

§ 2. — Après 1789, la première disposition réglementaire qui se rencontre sur les marques de fabrique est un arrêté des consuls du 23 nivôse an IX, qui autorise les fabricants de quincaillerie et de coutellerie à frapper leurs ouvrages d'une marque particulière dont la propriété leur était assurée, à la charge par eux de la faire empreindre sur des tables communes déposées à cet effet à la sous-préfecture de leur domicile.

Puis, vient un arrêté du 7 germinal an X, qui autorise *la manufacture nationale de bonneterie orientale* établie à Orléans à mettre sur les envois qu'elle fait à l'étranger un cartouche conforme au dessin qu'elle a soumis au gouvernement.

Mais ce droit de propriété de la marque, reconnu aux fabricants de quincaillerie et de coutellerie, puis à *la manufacture nationale de bonneterie orientale d'Orléans*, était dépourvu de sanction.

La loi du 22 germinal an XI généralisa la reconnaissance du droit appartenant à chaque fabricant et artisan d'apposer sa marque particulière sur les objets de sa fabrication, et édicta une sanction.

Par son article 16, elle déclarait que la contrefaçon des marques donnerait lieu :

1.º A des dommages-intérêts ;

2º A l'application des peines prononcées contre le faux en écrituresprivées. Toutefois, par son article 18, elle subordonnait l'exercice de l'action en contrefaçon de la marque au dépôt préalable d'un modèle de cette marque au Tribunal de commerce.

La loi de l'an XI ne statuait point sur la juridiction à laquelle devaient être soumis les litiges en matière de marques. On restait sous l'empire du droit commun.

Le décret du 11 juin 1809, rectifié par un avis du Conseil d'Etat approuvé le 20 février 1810, et contenant règlement sur les Conseils de prud'hommes, introduit quelques dispositions importantes relativement à la juridiction en matière de marques. Il investit les Conseils de prud'hommes d'un droit d'arbitrage à l'effet d'indiquer les différences à établir entre telle marque et telle autre. Si la voie de l'arbitrage ne réussit pas, la difficulté est portée au Tribunal de commerce.

Du reste, le décret de 1809 maintient l'action criminelle en contrefaçon, et maintient également la nécessité du dépôt pour l'exercice de cette action ; mais il exige un double dépôt, l'un au greffe du Tribunal de commerce, l'autre au secrétariat du Conseil des prud'hommes.

Le 22 février 1810 fut promulgué le Code pénal, dont les articles 142 et 143 vinrent confirmer les dispositions de la loi de germinal an XI, et punirent des peines appliquées au faux en écritures privées, savoir : de la *réclusion*, la contrefaçon des sceaux, timbres ou marques des établissements particuliers de banque et de commerce ; et du *carcan*, aujourd'hui remplacé par la *dégradation civique*, l'usage frauduleux des vrais sceaux, timbres ou marques de ces établissements.

Telles sont les dispositions générales sur les marques de fabrique.

Elles ont été complétées et plus ou moins modifiées, pour certains produits spéciaux, par des décrets que nous analyserons sommairement.

Savons.

Il y a trois décrets sur les marques des savons, l'un du 1er avril 1811, les autres du 18 septembre de la même année et du 22 décembre 1812.

Pour les savons, la marque du fabricant est obligatoire ; elle doit être de .orme différente, suivant que le savon est fabriqué à l'huile d'olive, à l'huile de graines ou à la graisse ; elle doit porter le nom du fabricant et celui de la ville où il fait sa résidence.

La ville de Marseille jouit d'une marque particulière pour ses savons à l'huile d'olive.

Une peine correctionnelle, une amende, frappe celui qui livre au commerce des savons non marqués ou indûment revêtus de la marque attribuée à une autre espèce de savons.

Une amende frappe également celui qui usurpe la marque spéciale des savons à l'huile d'olive de Marseille.

Quant à l'usurpation de la marque particulière appartenant à un fabricant, elle reste soumise à la peine criminelle édictée par la loi de germinal an XI et par les articles 142 et 143 du Code pénal.

Quincaillerie et coutellerie.

La quincaillerie et la coutellerie sont l'objet de dispositions spéciales écrites dans le décret du 5 septembre 1810, qui dérogent assez notablement à la loi de l'an XI, au décret de 1809 et aux articles 142 et 143 du Code pénal.

La contrefaçon des marques n'est plus punie ici d'une peine criminelle, mais simplement d'une peine correctionnelle, une amende de 300 francs pour un premier délit, une amende double et un emprisonnement de six mois en cas de récidive.

D'après le décret de 1809, les contestations civiles en matière de marques sont soumises, comme on l'a dit, à l'arbitrage des prud'hommes d'abord, et, si l'arbitrage ne réussit pas, au Tribunal de commerce. En matières de marques de quincaillerie, il n'en est point ainsi : les Conseils de prud'hommes sont investis d'une véritable juridiction, et non plus seulement du droit d'arbitrage ; et, s'il n'y a pas de Conseils de prud'hommes, c'est le juge de paix qui prononce.

Draps.

La marque des draps est également réglementée par une législation spéciale, savoir : par le décret du 25 juillet 1810, qui attribue aux fabricants de Louviers le droit exclusif de donner à leurs draps une lisière jaune et bleue, et qui frappe d'une amende les fabricants des autres villes qui emploieraient cette lisière ; et par le décret du 22 décembre 1812, qui dispose que chaque manufacture de draps pourra obtenir l'autorisation d'une lisière particulière exclusivement affectée à ses produits, et, de plus, rend obligatoire pour les draps la marque de fabrique.

Mais on ne fera que mentionner, en passant, ces deux décrets, parce qu'ils sont restés sans exécution : le premier, par suite d'un avis du Conseil d'État, approuvé par l'Empereur, le 30 avril 1811, portant que l'exécution de ce décret devait être suspendue jusqu'à la promulgation d'un règlement qui n'a jamais été fait ; le second, celui du 22 décembre 1812, par l'effet d'un autre avis du Conseil d'Etat, approuvé par l'Empereur, le 17 décembre 1813, qui a maintenu à toutes les manufactures le droit d'adopter telles lisières qu'elles jugeraient convenables.

§ 3.— Ici se présentent, dans l'exposé de la législation existante sur les marques, un certain nombre de lois, décrets ou ordonnances qui se rattachent au sujet, mais auxquels il ne peut être question de toucher dans le projet de loi actuel ; on verra tout à l'heure pour quelle raison.

Dans cette catégorie particulière, il faut comprendre notamment :

1° L'article 59 de la loi du 28 avril 1816, qui oblige les fabricants de cotons filés et de tissus de coton et de laine à imprimer sur leurs produits une marque et un numéro de fabrication, afin de les distinguer des produits étrangers similaires prohibés ;

2° Les ordonnances des 8 août 1816, 23 septembre 1818, 26 mai 1819 et 3 avril 1836, qui déterminent, pour l'exécution de l'article 59, tout ce qui concerne l'estampillage et la marque des tissus de laine, coton ou autres de la nature de ceux qui sont prohibés, des tricots et produits de la bonneterie, des châles de laine, de coton ou de soie, des cotons filés, des tulles de coton, etc.;

3° La loi du 28 germinal an IV, article 1er, et la loi du 21 octobre 1814, article 17, qui obligent l'imprimeur à indiquer son nom et sa demeure sur tous les produits de son industrie ;

4° L'ordonnance du 29 octobre 1846, article 7, qui prescrit au pharmacien d'apposer, sur les substances vénéneuses qu'il délivre, une étiquette indiquant son nom et son domicile ;

5° La loi du 19 brumaire an VI, qui enjoint aux fabricants de matières d'or et d'argent d'imprimer sur leurs produits un poinçon portant un emblème spécial choisi par eux et déposé, et la première lettre de leur nom, indépendamment des poinçons du titre et du bureau de garantie ;

6° Le décret du 9 février 1810, article 4, qui oblige les fabricants de cartes à jouer à mettre sur chaque jeu une enveloppe indiquant leurs noms, demeures, enseignes et signatures en forme de griffes.

Le projet de loi actuel, qui a pour objet d'assurer une protection réelle à la marque de fabrique et de commerce, d'intéresser, par l'efficacité de la protection qui la couvrira désormais, le fabricant ou le commerçant qui la possède à lui donner de la valeur et à s'en faire une source de fortune par la loyauté de ses produits, et d'arriver, par ce moyen indirect, à sauvegarder les intérêts du consommateur lui-même, n'avait point à s'occuper des actes législatifs ou réglementaires ci-dessus rappelés, parce qu'ils procèdent d'un tout autre intérêt, l'intérêt de douane, l'intérêt de police, ou l'intérêt fiscal.

La loi du 28 juillet 1824 se rattache plus étroitement à l'intérêt que nous avons en vue. Cette loi est celle qui punit des peines portées en l'article 423

du Code pénal, savoir : d'une peine correctionnelle (amende et emprisonnement), celui qui usurpe non plus la marque, c'est-à-dire le signe con-
ventionnel qui remplace le nom du fabricant, mais le nom lui-même ou
la raison commerciale du fabricant, ou même le nom du lieu de la fabrication. Bien qu'il y ait un rapport très-direct entre l'objet de cette loi et
celui du projet actuel, on n'a point pensé qu'il y eût lieu de toucher à la loi
de 1824, puisqu'elle édicte contre l'usurpation du nom une peine de la
même nature que celle dont il s'agit de frapper l'usurpation de la marque,
et puisqu'elle accorde au nom du fabricant la même protection qu'il s'agit
d'assurer à sa marque. La loi de 1824 reste donc complétement en dehors
du projet qui vous est soumis.

§ 4. — Revenons, par conséquent, à la législation qu'il s'agit de reviser,
savoir : à la loi de germinal an XI, au décret du 11 juin 1809, aux articles
142 et 143 du Code pénal, et aux différents décrets spéciaux sur les savons et sur la quincaillerie.

L'exposé qui a été fait plus haut de cette législation a démontré qu'elle
présente un défaut d'harmonie qui ne s'explique pas, et des contradictions
dans ses dispositions principales, celles qui sont relatives à la juridiction
et à la peine.

Ainsi, en ce qui touche la juridiction, on a vu que, d'après le décret du
11 juin 1809, qui est général, les contestations civiles qui s'élèvent sur les
marques sont d'abord soumises au Conseil de prud'hommes à titre de conciliation, puis, s'il n'y a pas conciliation, aux Tribunaux de commerce. Mais
s'agit-il de contestations relatives aux marques de la quincaillerie et de la
coutellerie, le décret postérieur du 5 septembre 1810, dérogeant au décret
de 1809, attribue juridiction au Conseil de prud'hommes qui prononce
comme juge, et à son défaut au juge de paix. Les prud'hommes paraissent
aussi avoir juridiction relativement aux marques des savons, aux termes
de l'article 5 du décret du 1er avril 1811.

En ce qui touche les dispositions pénales, même contradiction.

D'après la loi du 22 germinal an XI, combinée avec les articles 142 et
143 du Code pénal, la contrefaçon des marques et l'usage frauduleux des
véritables marques sont punis d'une peine criminelle, *la réclusion et la
dégradation civique.* D'après le décret du 5 septembre 1810, la contrefaçon
des marques de la coutellerie n'est punie que d'une peine correctionnelle,
500 *francs d'amende.*

C'est aussi une peine correctionnelle qui frappe le contrefacteur de la
marque spéciale attribuée aux savons à l'huile d'olive de la ville de Marseille. Mais la contrefaçon des marques particulières des fabricants de
savon reste punie par la peine criminelle du Code pénal.

La législation des marques ne présente pas seulement des contradictions;
on y signale aussi des lacunes. Ainsi la loi de germinal an XI, non plus
que le Code pénal, ne punissent point *le débit* des ouvrages à marques
contrefaites; d'où il suit que les produits étrangers revêtus de marques
françaises contrefaites, qui viennent, en France même, faire la concur-

rence la plus déloyale à nos fabricants, ne donnent point lieu à l'application d'une peine. Des auteurs pensent qu'on ne peut poursuivre celui qui les débite que par la voie civile.

Mais le vice principal et considérable de cette législation, c'est l'exagération de la peine prononcée par la loi de germinal an XI et par le Code pénal, qui, étant hors de proportion avec la criminalité du fait qu'il s'agit de réprimer, entraîne l'impunité. Un auteur, qui a écrit un livre estimé sur la matière, déclare que, comme il s'agit de la Cour d'assises, cette juridiction n'est saisie que dans des cas très-rares ; que la gravité de la peine a été et sera encore trop souvent une cause d'acquittement ; que, dans l'état de la législation, les intérêts lésés ne peuvent réellement poursuivre ces sortes d'affaires que par la voie civile [1]. Or, il ne semble pas qu'il y ait à démontrer ni le droit qu'a la loi pénale d'intervenir pour la répression d'une action dont la criminalité est incontestable, puisque la contrefaçon des marques, c'est le détournement frauduleux de la clientèle ou de l'achalandage d'autrui, ni la nécessité et la convenance de mettre entre les mains des parties lésées un moyen de défense plus énergique que l'arme des dommages-intérêts.

Le but du projet de loi qui vous est soumis, Messieurs, est donc de combler les lacunes de la législation sur les marques, de faire cesser le défaut d'harmonie qui existe entre ses diverses dispositions, de déterminer la juridiction d'une manière uniforme, enfin de donner à la peine un degré d'énergie suffisant, mais qui ne dépasse pas le but. Vous aurez à apprécier si la solution du problème est heureusement donnée.

II.

§ 1. — Avant d'entrer dans l'examen des questions spéciales que soulèvent les divers articles du projet de loi et des motifs qui les expliquent, il convient de déterminer le terrain sur lequel se sont placés les auteurs du projet, et de préciser l'esprit général et le principe des dispositions présentées à votre approbation.

Et d'abord, il n'est pas besoin de faire remarquer que la marque industrielle ou commerciale ne s'entend point ici de l'estampille au moyen de laquelle l'autorité inscrit son *visa* sur certains produits spéciaux qu'exceptionnellement elle vérifie, soit dans un intérêt de police, soit même dans un intérêt de garantie publique, mais uniquement de la marque personnelle au fabricant ou au commerçant, que celui-ci est dans l'usage d'apposer sur les objets de sa fabrication ou de son commerce pour en constater l'origine.

L'apposition du nom est la plus sûre et la plus claire de toutes les marques. Cependant l'usage des signes, emblèmes ou symboles destinés à remplacer le nom, usage qui remonte aux temps où la connaissance de

---

[1] Gastambide, *Traité des Contrefaçons*, p. 425.

l'écriture et de la lecture était rare, s'est conservé, non-seulement parce qu'il est traditionnel et passé dans les habitudes, mais parce qu'il est commode. Sur beaucoup d'objets, le nom occuperait une trop grande place, et la marque symbolique le remplace avantageusement.

Déjà nous avons dit que, quant au nom, la loi du 28 juillet 1824 a assuré la protection qui lui est due ; que cette protection est jugée suffisante, qu'il n'y a rien de plus à faire à cet égard. Le projet n'a donc à s'occuper et ne s'occupe que de la marque symbolique ou emblématique employée par le fabricant ou par le commerçant pour remplacer son nom sur les produits de sa fabrication ou de son commerce.

Messieurs, il est clair que le fabricant qui, par la supériorité de ses produits, par l'habileté et la sincérité de sa fabrication, s'est acquis une renommée méritée, a un grand intérêt à revêtir de sa marque les objets qui sortent de sa fabrique, puisque cette marque, qui les signale à la préférence du public, en facilite et en assure le débit. Il est clair encore que celui qui voit sa marque recherchée, préférée par le public, trouve, dans son intérêt même, de fortes raisons pour faire d'incessants efforts d'intelligence et de loyauté afin de lui conserver la préférence dont elle est l'objet. Il est clair enfin que l'exemple des marques honorées, recherchées dans le commerce et devenant pour ceux qui les possèdent une source de fortune, est pour les autres industriels une puissante incitation à marcher dans la même voie. Mais à quelle condition l'industrie trouvera-t-elle réellement dans la marque les avantages qni viennent d'être signalés ?

A la condition que la marque sera réellement et efficacement protégée par la loi ; que le fabricant trouvera une sécurité entière dans l'emploi qu'il pourra faire de sa marque ; enfin qu'il recevra de la loi des garanties suffisantes et faciles à réclamer contre le contrefacteur.

Et maintenant, nous ajoutons que ce qui aura été fait directement au profit et dans l'intérêt du fabricant profitera largement, par une conséquence nécessaire, au public lui-même. En effet, si la marque est suffisamment protégée contre les usurpations, efficacement interdite à ceux qui n'y ont pas droit, si, peu à peu, les fabricants et commerçants honnêtes et intelligents sont amenés, par leur intérêt même, à marquer leurs produits, puis à maintenir et à augmenter la valeur de leur marque, par le soin qu'ils auront de ne l'apposer que sur des marchandises loyales, le public n'aura-t-il pas un moyen très-simple d'éviter les tromperies dont il est trop souvent victime, en exigeant des intermédiaires auxquels il s'adresse la marque qu'il sait devoir inspirer confiance et présenter des garanties ?

Fallait-il aller plus loin dans la protection du public, et prévoir les abus auxquels peut se prêter le droit de marque au détriment non plus des fabricants ou commerçants, mais des consommateurs ? Fallait-il profiter de l'occasion pour édicter des dispositions nouvelles contre les tromperies dont le public peut être victime par le moyen des marques ?

On ne l'a point pensé. Sauf une seule disposition dont il sera parlé ultérieurement, à l'occasion du titre III, on a écarté soigneusement du projet toute disposition qui ne tendrait pas directement au but indiqué plus haut, de faire de la marque une véritable propriété, et de lui donner de sérieuses garanties.

La loi, comme on le verra tout à l'heure, n'a voulu appliquer le bénéfice de ses dispositions protectrices qu'à la marque déposée ; c'est à celle-là seulement qu'elle entend accorder certains avantages, certains priviléges. Mais, si vous vous placez au point de vue de l'intérêt des consommateurs, des tromperies dont ils peuvent être les victimes par le moyen des marques, la distinction essentielle et fondamentale des marques déposées et de celles qui ne le sont pas disparaît ; car la tromperie est la même et a la même conséquence pour le public, soit qu'elle se pratique par une marque déposée, soit qu'elle s'exerce par une marque non déposée. Ici donc, et au point de vue de la tromperie pratiquée envers le public, il vous faudrait confondre ce qu'ailleurs, dans un autre point de vue, vous êtes obligé de distinguer soigneusement ; vous seriez conduit à altérer sensiblement la simplicité et la clarté de la loi.

Il y a plus : une fois dans cette voie, vous devez aller plus loin. Si vous prévoyez les tromperies pratiquées par le moyen des marques déposées ou non déposées, la force des choses vous oblige à prévoir également les tromperies qui s'exercent par des moyens très-voisins de ceux-là : l'annonce, le prospectus, l'artifice des indications de l'étalage, etc.

Eh bien ! il faut le dire, tout cela n'est peut-être pas du domaine de la loi pénale. Le public ne doit pas être constamment traité comme un mineur, et là où il peut faire ses affaires lui-même, où il peut se défendre contre le charlatanisme et contre la tromperie par un peu d'attention et de vigilance, il n'est pas toujours nécessaire et il n'est pas toujours prudent de mettre à son service la loi pénale et le ministère public.

D'ailleurs, il ne faut pas oublier que l'article 423 du Code pénal et la loi du 27 mars 1851 ont pourvu déjà et suffisamment, ce semble, à la protection due aux consommateurs contre les fraudes du commerce. Cet article et la loi de 1851 répriment, en effet, les tromperies sur la nature des marchandises, les falsifications différentes dont elles peuvent être l'objet, ainsi que les fraudes sur la quantité des choses livrées. Si l'expérience démontrait que la loi de police commerciale, faite en 1851, pour compléter et développer l'article 423 du Code pénal, est elle-même insuffisante et incomplète, il y aurait à examiner si une loi nouvelle doit être faite. Mais ce n'est point ici le lieu.

Ainsi, la marque, signe convenu, qui remplace sur le produit le nom du fabricant ou du commerçant, tel est l'objet précis et limité du projet de loi. Assurer à la marque une protection suffisante, efficace, facile à obtenir, dans l'intérêt de celui à qui elle appartient, et, par voie de conséquence, dans l'intérêt du consommateur, tel est le principe fort simple et qui domine les dispositions nouvelles.

Cela dit, il ne nous reste plus qu'à faire connaître les motifs particuliers des articles qui ne s'expliqueraient pas d'eux-mêmes.

§ 2. — Le projet est divisé en cinq titres : le premier traite du caractère purement facultatif de la marque et des conditions auxquelles la propriété de la marque s'acquiert ou se conserve ; le second, des droits des étrangers ; le troisième, des pénalités ; le quatrième, des juridictions ; le cinquième contient les règles générales et les dispositions transitoires que comporte le sujet.

TITRE I.

DU DROIT DE PROPRIÉTÉ DES MARQUES.

ART. 1er. — L'article 1er pose en principe et d'une manière générale le caractère purement facultatif de la marque. Une disposition de cette nature nous a paru être le véritable point de départ de la loi projetée. La question du caractère obligatoire ou facultatif de la marque a été fort agitée dans ces derniers temps : c'est la question la plus grave du projet ; il fallait s'en expliquer tout d'abord.

Bien que le système absolu de la marque obligatoire ait été plus ou moins complétement, plus ou moins explicitement repoussé dans tous les projets antérieurs et par tous les corps auxquels ils ont été soumis, nous devons rappeler en peu de mots les arguments sur lesquels il s'appuie.

Il faut mettre un terme, dit-on, aux fraudes qui se commettent sur le marché intérieur, plus encore sur le marché extérieur. Ces dernières, surtout, ont la plus désastreuse influence sur la prospérité de nos fabriques. Les pacotilleurs, qui versent sur les places étrangères des marchandises de mauvais aloi, déshonorent notre industrie, lui font une réputation détestable, et l'excluent du marché. Si chaque fabricant était obligé d'apposer sa marque sur les produits de sa fabrication, il y regarderait à deux fois avant de signer une œuvre défectueuse ou déloyale ; il serait armé pour résister aux obsessions du commerce intermédiaire, quand celui-ci prétend spéculer sur la qualité inférieure des marchandises, sur l'éloignement des marchés, sur l'incurie ou sur l'ignorance des acheteurs. La marque, si elle ne supprime pas la fraude, en restreint au moins le champ. C'est le défaut de responsabilité du fabricant qui la favorise : la marque obligatoire ne crée pas la responsabilité, sans doute, mais elle donne à l'acheteur, au public, le moyen de l'invoquer et d'en faire sentir la portée au fabricant déloyal, tout au moins en repoussant ses produits ; elle assure donc à cette responsabilité une réalité et une sanction.

Aux objections tirées de ce que la marque obligatoire serait en contradiction avec les principes de liberté de l'industrie consacrés par notre droit public moderne, les partisans de la marque obligatoire répondent que plus la liberté est grande, plus il importe de rendre sérieuse et réelle la responsabilité de ceux qui en usent ; que ce n'est point porter atteinte à la liberté de l'industrie que de lui dire : Vous usez de votre liberté à votre gré ; mais vous en userez à vos risques et périls, sous votre responsabilité, et, pour que cette responsabilité soit réelle, vous signerez vos œuvres.

Les adversaires du système de la marque obligatoire tiennent, à leur tour, le langage suivant :

D'abord, qu'entend-on par la marque obligatoire ? Apparemment, ce n'est pas le retour à l'ancienne législation d'après laquelle le gouvernement lui-même intervenait pour frapper la marchandise d'une estampille, d'un poinçon, constatant la vérification dont elle avait été l'objet de la part de l'autorité. Ce ne serait pas, dans ce cas, la marque du fabricant qu'il s'agirait de rendre obligatoire, mais la marque de l'Etat. Eh bien ! sous l'ancienne législation, alors que l'industrie française était réglementée de toutes parts, habituée de longue main à un régime qui était loin d'être celui de la liberté, alors que d'ailleurs elle était si peu développée, ce système souleva de telles plaintes, entraîna de tels abus, de telles tracasseries, que, même avant la Révolution, il avait succombé. Que serait-ce donc aujourd'hui, avec les habitudes de liberté dans lesquelles l'industrie et le commerce ont vécu depuis soixante ans, avec les développements immenses que l'industrie a pris, avec la variété infinie de ses combinaisons? Quelle armée d'employés ne faudrait-il pas maintenant pour suffire à la tâche? Et pour arriver à quoi ? A rendre l'administration, l'Etat, caution responsable de la bonne qualité des marchandises livrées au public !

Il existe, assurément, certains cas exceptionnels où l'on a reconnu qu'il était possible, utile, nécessaire même, de faire intervenir la vérification de l'autorité, puis de faire constater cette vérification par une estampille.

Ainsi, le titre des matières d'or et d'argent est vérifié par les bureaux de garantie, et le produit reçoit deux poinçons de l'autorité, celui du titre et celui du bureau de garantie ; les armes à feu sont éprouvées, et le fonctionnaire qui en fait l'épreuve revêt de son poinçon le canon éprouvé ; l'enveloppe des cartes à jouer est frappée du timbre de la régie qui constate que l'impôt a été payé ; les poids et mesures portent une empreinte par laquelle les vérificateurs certifient qu'ils sont conformes aux types réglementaires.

Mais ce n'est plus qu'à titre très-exceptionnel que l'autorité intervient aujourd'hui dans la vérification de certains produits de l'industrie, et, on ne craint pas de le dire, le système de la marque obligatoire de l'Etat, pour peu qu'on lui donnât un peu d'étendue, à plus forte raison si on l'entendait d'une manière générale, est un système qui ne soutient pas l'examen.

Que, s'il s'agit seulement de rendre obligatoire la marque du fabricant, peu de mots suffiront pour établir que ce système, même entendu ainsi, serait à peu près impraticable, fort préjudiciable aux intérêts des fabricants, et qu'il n'offrirait aucune garantie sérieuse au public.

Nous disons d'abord qu'il serait impossible à mettre en pratique pour un très-grand nombre de produits.

Il est une foule d'objets comme les dentelles, les châles, les écharpes, les mouchoirs, les cristaux, etc., qu'on ne peut marquer autrement que par une étiquette mobile, facile à enlever, à changer, qui ne porterait pas par conséquent avec elle la preuve qu'elle appartient bien à l'auteur du produit.

Les menus objets, comme les aiguilles, les épingles, etc., ne peuvent être marqués que par l'enveloppe, qui offre les mêmes inconvénients, puisqu'il est facile de remplacer les objets qu'elle couvre.

Les tissus en pièces ne peuvent être marqués qu'aux deux extrémités de la pièce. Or, les fragments de pièces, les coupons, suivant le langage du commerce, ne peuvent pas porter la marque, et les consommateurs n'achètent guère que des coupons.

Ainsi, la première objection : impossibilité matérielle d'apposer la marque sur un très-grand nombre de produits, au moins de manière à ce qu'elle garantisse l'origine de la fabrication.

Nous disons, en second lieu, que le système de la marque obligatoire serait fort préjudiciable aux industriels. En effet, il y a des cas nombreux où les fabricants les plus honnêtes, les plus intelligents, sont obligés de livrer au commerce des produits défectueux ou de qualité inférieure. Ce sont les produits d'essai, les produits mal réussis, les produits d'un prix peu élevé, destinés aux consommateurs de la classe la plus nombreuse, pour qui le bon marché est indispensable. Font-ils en cela une opération déloyale? Nullement, si le public est averti de ce qu'il achète. Cependant le fabricant ne signe point de tels produits qui nuiraient à sa réputation. Si vous l'obligez à les signer, vous lui interdirez la fabrication très-licite et très-utile des objets destinés à la consommation du peuple, vous l'obligez à détruire les produits d'essai et les produits mal réussis, c'est-à-dire que vous le ruinez, ou que vous le forcez à compromettre sa marque.

Et puis, enfin, le public dont vous avez voulu sauvegarder les intérêts, vous ne lui donnez qu'une garantie illusoire et bien inférieure à celle que lui assure la marque facultative.

Avec la marque facultative, en effet, le public peut reconnaître, sait reconnaître celle qui a une bonne réputation ; il s'adresse à celle-là de préférence, et il a une certitude morale que le fabricant honorable à qui elle appartient ne l'aurait pas apposée sur le produit qu'il achète, s'il était défectueux. Mais, avec la marque obligatoire, tous les produits sont marqués ou signés ; c'est la confusion des langues ; à moins d'une étude spéciale, il est impossible de s'y reconnaître, de distinguer la bonne marque de la mauvaise ; et, lors même qu'on sait la distinguer, elle n'est plus une garantie pour le public, puisqu'elle couvre également tous les produits du fabricant, les bons comme les mauvais.

Ces raisons, et d'autres qu'il serait trop long d'énumérer, ont fait repousser le système absolu de la marque obligatoire.

Toutefois, le système opposé, celui de la marque facultative, entendu d'une manière absolue, pouvait avoir aussi ses inconvénients, et l'on a compris que, pour certains produits spéciaux et à titre exceptionnel, il pourrait y avoir utilité, nécessité même de rendre la marque de fabrique ou de commerce obligatoire.

Cette nécessité est démontrée par les faits existants. Nous avons déjà cité certains actes législatifs auxquels il ne s'agit point, auxquels personne ne propose de porter atteinte, et qui ont rendu la marque ou le nom du fabricant obligatoire pour les produits auxquels ils s'appliquent.

En ce moment, la marque ou le nom est et restera obligatoire pour l'imprimerie, pour les matières d'or et d'argent, pour les tissus français et similaires aux tissus étrangers prohibés, pour les cartes, pour les matières vénéneuses. Or, la variété des combinaisons de l'industrie est telle aujourd'hui, qu'on peut comprendre qu'il apparaisse tout à coup des produits nouveaux ou des combinaisons nouvelles de produits anciens qu'il soit nécessaire d'assujettir à la marque, soit dans un but de police s'il s'agit d'un produit qui présente certains dangers pour la société, soit dans un but de garantie publique s'il s'agit d'un produit que le public serait absolument hors d'état de vérifier quand il l'achète, et dont il aurait intérêt à pouvoir constater ultérieurement l'identité, soit enfin pour satisfaire à des intérêts semblables ou analogues à ceux qui ont motivé les dispositions légales précitées.

Mais c'est seulement à titre exceptionnel, on l'a dit expressément dans le paragraphe 2 de l'article 1er, que l'obligation de la marque pourrait être imposée à certains produits spéciaux, et sous la garantie d'un décret délibéré en Conseil d'Etat. Il peut y avoir grande utilité, et on n'aperçoit aucun danger à reconnaître ce droit au gouvernement dans ces limites et en cette forme.

Art. 2. — L'article 2 détermine la condition essentielle et absolue à laquelle est subordonnée la propriété de la marque, sans laquelle on ne peut revendiquer le bénéfice de la loi et la protection spéciale qu'elle accorde à la marque. Cette condition, c'est le dépôt du modèle de la marque en double exemplaire au greffe du Tribunal de commerce.

Le motif de cette disposition est facile à comprendre.

Les différents emblèmes, symboles ou signes dont les fabricants peuvent se servir pour remplacer leur nom ne sont à vrai dire la propriété de personne ; ils sont dans le domaine public, tout le monde peut s'en emparer. Si donc vous voulez déposséder le public, au profit d'un seul, du droit de se servir de tel ou tel signe, il est juste et il est nécessaire que vous obligiez le fabricant qui désire s'en réserver l'usage exclusif à rendre son intention publique, à la porter à la connaissance de tous, et que vous fournissiez aux autres fabricants le moyen de connaître les signes dont l'emploi leur est interdit. Tel est l'objet principal de l'obligation du dépôt, qui équivaudra à une notification faite au public par le fabricant qui a pris possession d'une marque, pour informer ses confrères de cette prise de possession, et faire naître son droit de propriété exclusive. Un des deux exemplaires du modèle restera déposé au greffe du Tribunal de commerce pour servir au jugement des contestations qui pourront s'élever ; l'autre exemplaire est destiné, dans la pensée du gouvernement, au Conservatoire des arts et métiers, où les marques seront centralisées et classées de manière à pouvoir être mises facilement à la disposition des intéressés.

Il est bien entendu, d'ailleurs, qu'il ne saurait être interdit à personne d'user d'une marque non déposée ; mais la marque, dans ce cas, ne constituera pas pour celui qui s'en servira une propriété interdite à tous autres. Il ne jouira pas du bénéfice de la loi, il n'aura pas l'action correctionnelle, et s'il lui reste l'action civile, en réparation des dommages causés, ouverte par l'article 1382 du Code Napoléon, toujours est-il qu'il ne pourra trouver dans l'usage habituel, dans la possession antérieure d'une marque, autre chose qu'un élément insuffisant par lui-même, et ne pouvant que concourir avec d'autres circonstances pour établir son droit à des dommages-intérêts. Telle est la pensée qui a fait écrire, dans les articles 2 et 3, que la propriété de la marque ne pouvait être acquise et conservée qu'au moyen du dépôt et à partir du dépôt. S'il était nécessaire d'accorder à la marque une protection efficace, il ne l'était pas moins de fournir aux fabricants les moyens de se mettre en règle, et d'éviter des contrefaçons ou des usurpations involontaires.

Art. 3. — C'est ce même ordre d'idées qui a amené les rédacteurs du projet à limiter, par l'article 3, les effets du dépôt à une durée de quinze années, sauf à reconnaître au propriétaire de la marque le droit de renouveler son dépôt tous les quinze ans pour conserver sa marque. Il eût été, en effet, illusoire d'accorder aux parties intéressées la faculté de rechercher les marques employées, si ces recherches eussent dû s'étendre à une époque trop reculée. Et, d'autre part, ce n'était point imposer une condition bien difficile ni bien coûteuse, que d'exiger un dépôt nouveau tous les quinze ans, quand le dépôt a lieu au greffe du Tribunal de commerce du domicile, et quand les frais de ce dépôt ont été réduits à une somme minime.

TITRE II.

DISPOSITIONS RELATIVES AUX ÉTRANGERS.

Art. 5.—Les principes généraux du droit accordant aux étrangers le libre exercice du commerce et de l'industrie en France, l'article 5 du projet ne fait que traduire ce principe, en disant que le bénéfice de la loi est acquis à tous ceux qui possèdent en France des établissements industriels ou commerciaux ; la propriété de leurs marques leur sera garantie aussi longtemps que leur travail et leurs capitaux contribueront à la richesse du pays.

Art. 6. — Mais on n'a point pensé que le même avantage dût être étendu, sans réserve, aux établissements situés hors de France et exploités, soit par des étrangers, soit même par des Français. Le bénéfice de notre législation ne peut être accordé à des établissements situés en pays étrangers qu'autant que des garanties équivalentes nous seront offertes en retour et qu'une réciprocité réelle aura été stipulée dans une convention diplomatique. Cette condition fait l'objet de l'article 6. Elle satisfait à une pensée de moralité que le gouvernement s'est efforcé déjà de faire prévaloir dans les relations internationales. La réciprocité, en fait de marques, tend d'ailleurs à faciliter les transactions commerciales entre les divers peuples, et à les rendre de plus en plus avantageuses aux uns et aux autres, en les fondant sur la plus solide des bases, le respect mutuel des droits légitiment acquis.

Les fabriques et maisons de commerce établies à l'étranger ne ressortissant à aucune de nos juridictions, il devient indispensable de déterminer d'une manière particulière le mode à suivre pour le dépôt des marques étrangères. Le second paragraphe de l'article 6 porte que cette formalité devra s'accomplir au greffe du Tribunal de commerce de la Seine. L'existence d'un seul lieu de dépôt facilitera les recherches et les vérifications des intéressés.

TITRE III.

PÉNALITÉS.

ART. 7. — L'article 7 prévoit trois délits qu'il punit de la même peine.

Le premier consiste dans la contrefaçon de la marque appartenant régulièrement à un fabricant ou à un commerçant, ou dans l'usage de la marque contrefaite. Ce délit avait été assimilé au faux en écritures privées par la loi du 22 germinal an XI et par l'article 142 du Code pénal, qui le punissait par conséquent de la réclusion. Nous avons déjà dit que cette pénalité excessive n'était point appliquée et qu'elle entraînait l'impunité. La peine prononcée par l'article 7 et celle des articles suivants ne seront plus qu'une peine correctionnelle.

Le second délit prévu par l'article 7 est celui que commet l'individu qui, s'étant procuré d'une manière quelconque une marque, un timbre, un poinçon véritables, s'en sert pour marquer frauduleusement des produits autres que ceux des fabricants ou des commerçants auxquels appartiennent ces marques, timbres ou poinçons.

Vient, en troisième lieu, le délit de ceux qui, sciemment, vendent ou exposent en vente les produits portant des marques contrefaites ou frauduleusement apposées. Nous avons déjà dit que ce délit, complétement assimilable aux deux premiers, n'avait point été prévu par la législation existante.

On n'a pas cru devoir mentionner spécialement les recéleurs parce que, d'après les principes du droit pénal, les recéleurs sont punis comme complices.

ART. 8. — L'article 8 punit d'une peine qu'on a cherché à rapprocher le plus possible de celle prononcée par l'article 7 :

1° Celui qui se fait, de la marque déposée, un moyen de tromper le pu-

blic, en y insérant des indications propres à induire les acheteurs en erreur sur la nature du produit qui en est revêtu ;

2° Celui qui, sciemment, vend ou expose en vente des produits présentant ce genre de fraude.

L'article 423 du Code pénal punit déjà les tromperies sur la nature de
la marchandise ; mais il ne s'applique qu'à la tromperie réalisée. Il a paru
juste d'aller plus loin et d'atteindre même la tentative de tromperie, lorsqu'elle a lieu par l'abus des faveurs mêmes qu'accorde la loi. Cette disposition, qui est en parfaite harmonie avec le caractère de moralité que la loi
présente, n'a point paru d'ailleurs compromettre la simplicité de son but,
qu'on a tenu à conserver en écartant, comme nous l'avons dit, toute disposition plus spécialement destinée à protéger le public contre les fraudes
dont il peut être victime.

Art. 9. — Enfin l'article 9 attache une peine, mais moindre que les deux
précédentes, à la violation, soit des dispositions des décrets qui, aux termes de l'article 1er, auront assujetti à l'obligation de la marque certains produits spéciaux, soit des autres dispositions d'exécution de ces mêmes
décrets.

Art. 10, 11 et 12. — Les articles 10, 11 et 12, empruntés à la loi du 5 juillet 1844 sur les brevets d'invention, ont pour objet d'interdire le cumul
des peines lorsque le délinquant a à répondre, devant le Tribunal, de plusieurs des délits antérieurs au premier acte de poursuites, sauf l'application, en ce cas, de la peine la plus forte ; — de permettre aux Tribunaux
d'élever les peines au double, lorsqu'il a été prononcé contre le prévenu,
dans les cinq années antérieures, une condamnation pour un des délits
prévus par la loi ; et de les autoriser à modérer la peine suivant les circonstances, en permettant l'application de l'article 463 du Code pénal.

Art. 13. — Les peines mentionnées ci-dessus atteignent le délinquant
dans ses biens et sa liberté. Le juge peut, suivant les cas, cumuler l'a-
mende et l'emprisonnement, ou n'appliquer qu'une seule de ces pénalités.
Mais il a paru juste et nécessaire de les fortifier par d'autres peines purement morales. En conséquence, les Tribunaux sont autorisés par l'article 13 à interdire aux délinquants toute participation aux élections des
Tribunaux de commerce, des Chambres de commerce, des Chambres consultatives des arts et manufactures et des Conseils de prud'hommes pendant un temps qui n'excédera pas dix ans. De plus, les Tribunaux pourront
ordonner que les jugements de condamnation soient affichés et publiés
dans les journaux. Cette dernière disposition, indépendamment de l'effet
moral qu'elle doit produire, aura l'utilité de prémunir les consommateurs
et les fabricants contre le renouvellement de fraudes déjà commises à leur
préjudice.

Art. 14. — La confiscation des objets dont la marque serait reconnue contraire aux dispositions des articles 7 et 8, et des instruments ayant spécialement servi à commettre le délit, est le complément de la répression.

En matière de contrefaçon des œuvres d'art et d'esprit, l'article 427 du Code pénal prononce la confiscation comme une conséquence nécessaire de la peine dont le délit est frappé. Toutefois, il n'a pas paru possible d'aller aussi loin en matière de contrefaçon des marques ; l'article 14 ne rend point la confiscation obligatoire pour le juge, qui appréciera les circonstances, notamment l'importance du dommage causé par la contrefaçon et les conséquences que pourrait avoir la confiscation.

Il se peut en effet que, d'une part, le dommage causé aux tiers, par le délit, soit de peu d'importance et que, d'autre part, la confiscation soit de nature à entraîner la ruine du délinquant ou à compromettre les intérêts de ses créanciers.

Toute latitude doit donc être laissée au juge sur ce point, ainsi que sur la question de savoir si les produits confisqués devront être ou non remis au propriétaire de la marque qui a été contrefaite ou frauduleusement apposée, sans préjudice de plus amples dommages-intérêts, s'il y a lieu.

Ce qui est obligatoire pour le juge, dans tous les cas, même dans celui où il y aurait acquittement, c'est d'ordonner la destruction des marques reconnues contraires aux dispositions de la loi.

Art. 15. L'article 15, prévoyant le cas où il s'agirait d'infraction aux dispositions des décrets qui ont rendu la marque obligatoire, veut que le Tribunal ordonne toujours, même s'il y a eu acquittement, l'apposition de la marque sur les produits objets de la poursuite. Mais la confiscation, dans ce cas, et pour un premier délit, serait excessive et ne peut point être prononcée par le juge.

Toutefois, ce complément de la répression se justifie, et le second paragraphe de l'article 15 l'autorise, si le délinquant, condamné une première fois pour infraction à l'obligation de la marque, est poursuivi de nouveau pour un délit de même nature, avant le laps de cinq années. La menace de confiscation peut être, en effet, le seul moyen d'empêcher l'individu qui est rentré dans la possession des objets poursuivis pour infraction à l'obligation de la marque, de résister à l'injonction du juge et de les remettre dans le commerce sans les marquer.

TITRE IV.

JURIDICTIONS.

Art. 16. Dans la législation actuelle, et d'après le décret du 11 juin 1809, les Conseils de prud'hommes ont une part d'action au moins consultative en matière de marques de fabrique ; ils interviennent même comme juges, d'après le décret du 5 septembre 1810 sur les marques de la coutellerie.

Le projet de loi discuté devant les anciennes Chambres législatives avait maintenu l'intervention conciliatrice des prud'hommes. Le Conseil général de l'agriculture, des manufactures et du commerce, dans l'une de ses dernières sessions, a demandé que cette intervention fût supprimée comme une formalité inutile. Il faut bien le reconnaître, en effet, les Conseils de prud'hommes sont institués pour vider les différends qui s'élèvent entre les patrons et les ouvriers. Leur intervention en matière de marques de fabrique les introduit dans des débats d'une tout autre nature, puisqu'il s'agit alors de contestations entre fabricants seulement. Les Tribunaux de commerce sont d'ailleurs parfaitement aptes à prononcer sur les affaires de marques. Enfin, il se présente des affaires de cette nature dans un grand nombre de villes où il n'existe pas de Conseils de prud'hommes, et où l'arbitrage préliminaire est supprimé sans qu'il en résulte aucun inconvénient. Par ces motifs, l'article 16 énonce purement et simplement que les actions civiles sont portées devant les Tribunaux de commerce.

En cas de poursuites à fins pénales, l'action est dévolue au Tribunal de police correctionnelle, conformément au droit commun. Si, sur une poursuite en contrefaçon, le prévenu soulève pour sa défense des questions relatives à la propriété de la marque, le même Tribunal prononcera sur l'exception ; il a aussi qualité pour statuer sur toutes les demandes qui se rattachent à l'objet principal. Cette dernière disposition, empruntée à la loi du 5 juillet 1844 sur les brevets d'invention, a pour but de donner à l'action de la justice un cours beaucoup plus prompt et de mettre obstacle aux incidents que les contrefacteurs ont intérêt à multiplier afin de gagner du temps.

Il était inutile d'ajouter dans la loi que le ministère public est autorisé à poursuivre d'office, pour l'application de la peine, les infractions aux dispositions qu'elle renferme. Cela est de droit en matière pénale, toutes les fois qu'il n'y est pas dérogé expressément. Il était inutile également de mentionner que la juridiction assignée aux Tribunaux de commerce et aux Tribunaux correctionnels de France, en cette matière, ne déroge point à la juridiction de nos consuls, si le litige s'élève hors de France entre Français, juridiction qui reste réglée conformément à d'anciens édits et ordonnances et, pour certains pays, à des capitulations, traités ou usages encore en vigueur, ainsi qu'à des lois récemment promulguées.

Art. 17. L'article 17 règle les formalités de la description, avec ou sans saisie, à laquelle il peut être procédé à la requête de la partie lésée. Il est nécessaire, dans ce cas, de prendre certaines précautions pour empêcher des poursuites vexatoires inspirées par l'intérêt privé. Lorsque ces mêmes opérations ont lieu à la requête du ministère public, il y est procédé dans les formes déterminées par le Code d'instruction criminelle.

Le projet de loi confère éventuellement au juge de paix le pouvoir d'autoriser la description avec ou sans saisie. Ce droit ne lui avait pas été accordé dans le projet discuté en 1847 ; mais on a considéré que ce magistrat est plus rapproché des justiciables ; que, dans bien des cas, l'obligation de se pourvoir auprès du président du Tribunal civil entraînerait des retards préjudiciables à la partie lésée, en facilitant la suppression du corps du délit.

Art. 18. L'article 18 est emprunté, comme plusieurs des dispositions qui ont été mentionnées ci-dessus, à la loi du 5 juillet 1844 sur les brevets d'invention. On ne doit pas permettre au plaignant de prolonger à son gré l'état de suspicion dans lequel son adversaire est placé, et surtout l'espèce d'interdit qui résulte de cette dernière mesure. Si, dans un certain délai, le requérant n'a pas donné suite à ses premières poursuites, cette inaction sera regardée comme un aveu implicite de l'injustice de sa prétention. La description, avec ou sans saisie, sera nulle de plein droit, sans préjudice des dommages-intérêts qui pourront être réclamés devant le Tribunal de commerce, d'après les principes du droit commun.

TITRE V.

DISPOSITIONS GÉNÉRALES OU TRANSITOIRES.

Il ne nous reste plus, messieurs, à vous entretenir que de quelques dispositions générales ou transitoires qui complètent le projet.

Art. 19. L'article 19 a pour objet de combattre un abus qui a soulevé de vives réclamations dans divers centres manufacturiers. Il arrive fréquemment que des produits étrangers portant frauduleusement, soit la marque, soit le nom d'un fabricant résidant en France, soit l'indication du lieu d'une fabrique française, sont présentés pour le transit et gagnent le bureau de sortie sans que l'administration des douanes puisse agir et avant que les intéressés aient pu intervenir. Ces fraudes, qui ont pour but d'enlever des débouchés à notre commerce, peuvent avoir des effets d'autant plus fâcheux que les produits sont souvent de mauvaise qualité et servent à discréditer les marques ou les noms dont ils sont revêtus. Afin de combattre cet abus, l'article 19 autorise la saisie de tout produit de cette nature, à la requête du ministère public ou de la partie lésée.

Il ne faut pas d'ailleurs se préoccuper de la crainte que cette disposition puisse compromettre les intérêts d'ordre supérieur qui se rattachent au développement du transit étranger envers la France. En effet, nous nous sommes assurés qu'elle n'entraînera et qu'elle ne peut entraîner, de la part de la douane, aucune recherche, aucune vérification plus étendue que celle qu'exigent les intérêts habituels de son service ; par conséquent, il ne résultera de la disposition aucun retard, aucune formalité et aucune gêne nouvelle pour le commerce. Qui effrayera-t-elle donc, qui détournera-t-elle ? Uniquement le commerce frauduleux et déloyal ; et ce n'est point celui-là dont, au surplus, les proportions sont restreintes et qui cependant cause un préjudice notable à nos fabriques, ce n'est point celui-là qu'on doit craindre de détourner et de décourager.

Art. 20. L'article 20 étend l'application de la loi aux vins, eaux-de-vie, farines et autres produits de l'agriculture. Il y a, en effet, des avantages sérieux pour les producteurs agricoles et même pour ceux qui font le commerce des produits de cette nature, à pouvoir s'assurer la propriété d'une marque qui distingue leurs produits et qui les signale à la confiance du public, et à jouir, sous ce rapport, des mêmes faveurs qui sont accordées aux producteurs industriels.

Art. 21. L'article 21 contient une disposition transitoire qui s'explique et se justifie d'elle-même, au profit de ceux qui, antérieurement à la loi, ont déposé leur marque au Tribunal de commerce ; elle les dispense d'un nouveau dépôt au moins pour une première période de quinze ans.

Art. 22. Un règlement d'administration publique doit déterminer, aux termes de l'article 22, toutes les mesures d'exécution que comporte la loi, notamment ce qui concerne les formalités du dépôt des marques, la formation de la collection au Conservatoire des arts et métiers, etc. La publication ultérieure de ce règlement et les mesures à prendre par le commerce et par l'industrie pour se mettre en règle vis-à-vis de la loi nouvelle obligeaient à déclarer que la loi ne sera exécutoire que six mois après sa promulgation.

Art. 23. L'article 23 et dernier porte qu'il n'est pas dérogé aux dispositions antérieures qui n'ont rien de contraire à la nouvelle loi. Cela est de principe ; il a été jugé utile de le dire, cependant pour faire mieux ressortir que la loi nouvelle a un but restreint et ne touche qu'à une partie de la législation des marques. Nous avons eu soin plus haut de préciser ce but et d'énumérer les principaux monuments de la législation, qui restent en dehors de l'action de la loi nouvelle.

Nous espérons, messieurs, que les dispositions du projet que nous venons d'avoir l'honneur de vous exposer vous paraîtront résoudre avec prudence et mesure les questions délicates engagées dans la réforme de la législation sur les marques de fabrique et qu'elles mériteront votre approbation.

Signé à la minute : Vuillefroy, président de la section de l'agriculture, du commerce et des travaux publics ;

Léon Cornudet, conseiller d'Etat, rapporteur ;

Gréterin, conseiller d'Etat.

Certifié conforme :

Le Maître des requêtes, secrétaire général du Conseil d'État,
Signé : F. Boilay.

RAPPORT

FAIT AU NOM DE LA COMMISSION [1]

CHARGÉE D'EXAMINER LE PROJET DE LOI RELATIF AUX MARQUES

DE FABRIQUE ET DE COMMERCE

Par M. BUSSON, député au Corps législatif,

le 25 avril 1857.

MESSIEURS,

Le projet de loi dont vous nous avez confié l'examen est la réalisation de vœux incessamment exprimés par les représentants de l'industrie et du commerce, qui le réclament comme une protection nécessaire et un véritable bienfait. Aussi votre Commission vous eût-elle soumis son travail dès la session dernière, si elle n'eût été amenée à l'ajourner par la pensée même de mieux servir les intérêts qui s'y trouvent engagés.

Divers projets de lois sur les brevets d'invention, les dessins de fabrique, étaient à l'étude, et il y avait avantage, suivant nous, à les réunir dans le même examen et la même délibération. Régir par les mêmes principes des matières identiques, tout au moins connexes, donner à la loi le caractère si désirable d'harmonie et de simplicité, tel était notre désir, favorablement accueilli par le gouvernement, jaloux de donner à l'industrie, qui le demande si vivement, son Code Napoléon.

L'étude de ces projets paraît avoir soulevé des difficultés qui en retardèrent la présentation, et nous avons dû reprendre l'examen de la loi spéciale que vous nous avez renvoyée. Nous avons d'ailleurs la ferme confiance que le gouvernement n'abandonnera pas la pensée qu'il avait paru partager, et dont la réalisation serait pour l'industrie et le commerce une amélioration considérable ; nous l'attendons de ses intentions libérales et sagement progressives.

Les marques sont tout signe par lequel un fabricant ou un commerçant distingue les produits de sa fabrique ou de son commerce. Leur usage, qui remonte au temps où l'écriture et la lecture étaient peu connues, et qui est presque aussi ancien que le commerce lui-même, s'est conservé et étendu : il est simple, facile et passé dans les habitudes. Mais

---

[1] Cette Commission était composée de MM. Révoil, *président*; Busson, *secrétaire*; Monnin-Japy, Perret, Riché, Quesné, Levavasseur.

Les conseillers d'Etat, commissaires du gouvernement, chargés de soutenir la discussion du projet de loi, étaient MM. Vuillefroy, président de section, Gréterin et Cornudet.

leur caractère, leur but ont changé plus d'une fois ; il importe de les dé
terminer nettement.

Au moyen âge, l'industrie et le commerce avaient, comme la propriété
foncière, une organisation féodale. Les corporations, les maîtrises, les jurandes avaient tout hiérarchisé ou asservi. Le législateur faisait lui-même
la division du travail ; enfin, appliquant faussement la louable pensée de
prévenir les fraudes commerciales, il en était venu à réglementer la fabrication et à en contrôler les opérations.

Alors était apposée la marque, qui n'était pas seulement la signature
du commerçant, mais le certificat de garantie de l'autorité publique.
De là une véritable servitude pour l'industrie nationale, asservie à des
types légaux, frappée de peines énormes en cas d'erreurs dans la fabrication, qui devenaient des manquements à la loi, vexée enfin par tous les jurés, contrôleurs, inspecteurs, dont l'esprit de fiscalité et les besoins du
Trésor avaient multiplié les offices.

Ce régime souleva de fréquentes et sérieuses réclamations. Les états
généraux de 1614 en demandèrent formellement la modification. Condamné
par Colbert, abandonné en fait dans plusieurs centres importants de fabrication, il fut notablement adouci, en ce qui concerne les tissus, par le
règlement du 5 mai 1779 et les lettres patentes du 4 juin 1780. Désormais
les fabricants purent, dans la fabrication de leurs étoffes, ou s'assujettir à
l'exécution des règlements, ou adopter telles dimensions et combinaisons
qu'ils préféraient. Dans l'un et l'autre cas, les produits recevaient la marque de l'autorité publique, mais, dans le premier, ils portaient le mot :
réglé.

La loi du 7 mars 1791, en supprimant l'ancien régime commercial, affranchit complétement l'industrie ; mais, il faut bien le dire, en ce qui concerne les marques, à l'oppression succéda la licence.

Sans doute le droit qu'a tout fabricant ou commerçant d'apposer son
nom ou sa marque ne pouvait périr, car il dérive de la nature des choses
et se confond avec le droit même de travailler ; mais, destitué de toute
garantie pour le faire respecter, ce droit restait illusoire : c'était une propriété privée de tout moyen de se défendre.

Un pareil état de choses ne pouvait durer et motiva de promptes et éner-
giques réclamations. Le 28 messidor an VII, un message du Conseil des
Cinq cents recommande au Directoire la pétition d'un grand nombre de
fabricants de coutellerie et quincaillerie, réclamant les garanties de la
marque, et un arrêté des Consuls, du 23 nivôse an IX, autorise ces fabricants à frapper leurs ouvrages d'une marque spéciale, et leur en assure
la propriété à charge de dépôt. Un autre arrêté de germinal an X donne
une marque spéciale à la manufacture nationale de bonneterie établie à
Orléans.

Conçue dans des vues générales, et destinée à réglementer les manufactures et ateliers, la loi du 22 germinal an XI proclame le droit pour tout
manufacturier et artisan d'appliquer un signe particulier sur ses produits,

et punit la contrefaçon des peines portées contre le faux en écriture privée. L'exercice de cette action est subordonné au dépôt préalable de la marque.

Le décret du 11 juin 1809, relatif à l'organisation des Conseils de prud'-hommes, leur attribue le soin de veiller à l'exécution des mesures conservatrices de la propriété des marques. Un avis du Conseil d'Etat rectifie et complète ce décret, en décidant que cette juridiction est purement gracieuse et que, à défaut de conciliation par les prud'hommes, la difficulté est portée devant les Tribunaux de commerce.

Enfin le Code pénal, promulgué le 22 février 1810 (art. 142 et 143), punit de la réclusion la contrefaçon des sceaux, timbres ou marques des établissements particuliers de banque ou de commerce, et de la peine du carcan, remplacée depuis 1832 par la peine de la dégradation civique, l'usage frauduleux des sceaux, timbres et marques de ces établissements.

Dans un ordre d'idées analogue, mais qu'il est essentiel cependant de ne pas confondre, la loi du 28 juillet 1824 punit des peines portées en l'article 423 du Code pénal les altérations ou suppositions de noms sur les produits fabriqués.

A ces dispositions générales s'ajoutent des décrets et ordonnances relatifs à certains produits spéciaux et qu'il importe de rappeler.

Les lois du 28 germinal an V (art. 1er) et du 21 octobre 1814 (art. 17) astreignent l'imprimeur à indiquer son nom et sa demeure sur tout ce qu'il imprime.

La loi du 19 brumaire an VI ordonne aux fabricants de matières d'or et d'argent d'imprimer sur leurs produits une marque spéciale et déposée, indépendamment des poinçons du titre et du bureau de garantie.

Le décret du 9 février 1810 impose aux fabricants de cartes à jouer l'obligation de donner à chaque jeu une enveloppe indiquant leurs noms, demeures et signatures.

Le 23 juillet 1810, un décret rend à la fabrique de Louviers le droit exclusif dont elle jouissait avant la loi de 1791, d'avoir pour ses draps une lisière jaune et bleue, et un second décret du 22 décembre 1812 prescrit les formalités à suivre par les villes qui voudront obtenir la faveur d'une semblable mesure.

La quincaillerie et la coutellerie sont l'objet de dispositions particulières dans le décret du 5 septembre 1810, qui abaisse la peine pour rendre la répression plus efficace, et donne compétence pour les marques de ces industries aux Conseils de prud'hommes et, à leur défaut, aux juges de paix.

Un autre décret du 1er avril 1811, suivi des décrets des 18 septembre 1811 et 22 décembre 1812, prescrit aux fabricants de savons d'apposer leur marque sur leurs produits et d'en déposer l'empreinte. La ville de Marseille obtient une marque particulière pour ses savons à l'huile d'olive.

La loi du 28 avril 1816, pour faciliter la recherche à l'extérieur des tissus prohibés, enjoint aux fabricants français de produits similaires d'y apposer leur marque ; le mode d'application de cette marque, et les indications qu'elle doit renfermer, sont déterminés par les ordonnances des 8 août 1816, 23 septembre 1818, 26 mai 1819 et 3 avril 1836.

Enfin l'ordonnance du 29 octobre 1846 oblige les pharmaciens à apposer sur les substances vénéneuses une étiquette indicative de leur nom et de leur demeure.

Depuis longtemps les défauts et les lacunes de cette législation sont signalés : composée d'éléments divers, souvent contradictoires, elle soulève des critiques qu'il serait trop long d'énumérer, mais dont les plus graves cependant doivent être rapportées.

La marque, dans les lois qui viennent d'être rappelées, est tantôt obligatoire, tantôt facultative.

La condition préalable d'une poursuite en contrefaçon est le dépôt de la marque. Mais où ce dépôt doit-il être effectué? L'arrêté du 23 nivôse an IX veut que ce soit à la sous-préfecture; la loi du 22 germinal an XI, au greffe du Tribunal de commerce; le décret du 11 juin 1809, au secrétariat du Conseil des prud'hommes; la loi du 8 août 1816, à la sous-préfecture et au ministère du commerce.

De quelle juridiction relèvent les contestations en cette matière? Le décret du 11 juin 1809 les soumet aux prud'hommes, mais à titre de conciliation ; et, à défaut de conciliation, aux Tribunaux de commerce. Au contraire, le Conseil des prud'hommes et le juge de paix, là où ce Conseil n'existe pas, prononcent comme juges sur les difficultés relatives aux marques de la quincaillerie, de la coutellerie et des savons. (Décrets des 5 septembre 1810 et 1er avril 1811.)

La diversité n'est pas moins grande en ce qui touche les peines.

La loi du 22 germinal an XI et le Code pénal qualifient crime et punissent comme tel la contrefaçon et l'usage frauduleux des marques. Là contrefaçon des marques de coutellerie, des savons et des draps est punie d'une peine correctionnelle. Mais la quotité de la peine n'est pas la même dans chacun des décrets relatifs à ces divers produits.

Omission non moins fâcheuse : ces lois et décrets punissent la contrefaçon des marques, mais laissent impuni le débit fait sciemment de produits dont la marque est contrefaite.

Enfin, l'exagération de la peine portée par la loi du 22 germinal an XI et le Code pénal a rendu toute répression impossible. Les rares poursuites qui ont eu lieu ont abouti à des acquittements ; elles ont cessé depuis longtemps. Seule, l'action civile est exercée, mais entravée, énervée par les contradictions et les difficultés que nous avons indiquées. Aussi les Conseils généraux des manufactures et du commerce, ceux des départements, les Chambres de commerce ne cessent de demander une législation plus simple, plus complète, plus efficace.

Un projet de loi fut préparé en 1841 par les Conseils généraux des manufactures et du commerce, élaboré en 1845 par le Conseil d'Etat et adopté en 1846 par la Chambre des pairs. Le rapport était fait et déposé à la Chambre des députés, quand éclata la révolution de Février.

En 1850, le Conseil général du commerce et des manufactures prépara les bases d'un nouveau projet que le Conseil d'Etat vota en 1851.

De ces longues et consciencieuses études est né le projet dont vous êtes saisis.

Quel en est le but, quel en est le caractère ? C'est ce qu'il faut tout d'abord préciser.

Le principe fécond de la liberté de l'industrie inscrit dans nos lois est entré si avant dans nos mœurs qu'il n'en saurait disparaître. Il ne pouvait donc s'agir de considérer et d'organiser la marque comme une vérification faite au nom de l'Etat réglementant la fabrication, une garantie de l'autorité publique en certifiant la nature et les conditions. S'il en est autrement pour certains produits, ce sont là des exceptions édictées dans l'intérêt de tous pour la sécurité de chacun ou la défense du travail national, et dont des nécessités d'ordre public pourraient seules justifier la rare extension.

Le projet s'occupe uniquement de la marque que le fabricant ou le commerçant appose sur les objets de sa fabrication ou de son commerce, pour en constater l'origine, pour leur imprimer autant que possible, aux yeux du public, le caractère de sa personnalité.

La marque est donc une propriété privée que la loi doit défendre. Tel est le principe du projet de loi, principe dont nous aurions voulu tirer des conséquences plus nombreuses et plus fécondes, et que nous nous sommes efforcés de maintenir, sans le compliquer de dispositions étrangères. Son application n'est pas seulement un acte de justice, c'est un avantage précieux pour le commerce loyal, une garantie donnée au public. Protéger efficacement la marque, c'est amener l'industriel, le commerçant à l'employer, c'est aussi les intéresser à en rehausser la valeur par la loyauté et la perfection des produits dont ils revendiquent la responsabilité ; c'est donc, en résumé, servir les intérêts de la production et du consommateur.

Excepté quelques innovations qu'il nous avait paru possible d'étendre, le projet de loi qui vous est soumis ne constitue pas, à vrai dire, une législation nouvelle. Il résume, coordonne, rectifie ou complète les prescriptions légales existant aujourd'hui, dans une série de dispositions dont il faut analyser les motifs particuliers.

TITRE PREMIER.

DU DROIT DE PROPRIÉTÉ DES MARQUES.

ART. 1er. — La marque est le signe de la personnalité du fabricant, du commerçant, imprimée à leurs produits ; elle constitue donc une véritable propriété que proclame l'intitulé même de ce titre, et qui est le premier mot de la loi. Mais cette manifestation de sa personnalité, cette revendication de sa responsabilité par l'industriel ou le commerçant doit-elle rester libre ; doit-elle, au contraire, être une obligation légale? en un mot, la marque doit-elle être obligatoire ou seulement facultative? Telle est, messieurs, la grave question que soulève toute loi sur les marques, qu'ont agitée les organes de l'industrie, qui partage les Chambres de commerce, et qu'il fallait résoudre dès le début de la loi.

C'est au nom du commerce et dans son intérêt qu'on réclame l'obligation de la marque. La liberté de l'industrie n'a qu'un correctif, la responsabilité de l'industriel, sinon elle dégénère en licence. Que le fabricant soit tenu de signer son œuvre, le marchand les objets qu'il vend, et les fraudes qui ont si gravement compromis notre commerce à l'étranger, qui troublent si souvent le marché intérieur, disparaissent presque complétement, car nul n'en osera prendre publiquement la responsabilité. La marque obligatoire ne protége pas seulement la consommation, elle protége l'industrie elle-même contre les fraudes plus nombreuses encore du commerce intermédiaire qui, chaque jour, compromet la réputation du fabricant en trompant le consommateur. Sans doute elle ne crée pas la responsabilité, mais elle donne les moyens, nuls aujourd'hui, de l'appliquer. Qu'on ne parle pas de difficultés d'application. Pendant des siècles, et jusqu'à la loi de 1791, l'obligation de la marque a été le droit commun de l'industrie. Elle a existé avec des conditions de vérification et de surveillance qu'il ne s'agit pas de ressusciter ; elle existe aujourd'hui sans obstacles dans plusieurs pays étrangers ; elle est donc pratiquement possible.

Si graves que soient ces raisons, messieurs, elles n'ont pas persuadé votre Commission, pas plus que tous ceux qui ont élaboré tous les projets de loi antérieurs.

La répression des fraudes est un résultat excellent sans doute, mais fort hypothétique dans l'espèce. Respectera-t-il sa marque, le commerçant peu jaloux de se faire un nom commercial? La marque actuellement obligatoire pour les tissus de laine et de coton a-t-elle empêché les fraudes? Ce qui est certain, au contraire, ce sont les restrictions gênantes imposées au commerce même le plus loyal par une pareille obligation. L'expérience de plusieurs siècles le démontre. Obliger le producteur à signer tous ses produits, n'est-ce pas, sous peine de compromettre sa marque, l'empêcher de vendre les produits d'essai ou mal réussis, de faire pour les besoins de la consommation elle-même des produits inférieurs ou mélangés? Comment faire pour les produits les plus exigus, ceux non susceptibles d'être marqués, ceux dont la marque doit disparaître dans la vente en détail, ceux enfin qui sont l'œuvre de plusieurs fabricants?

Comprend-on aussi qu'il faille marquer tous les objets, même les plus simples et les plus vulgaires qui sont dans le commerce?

La marque obligatoire ne diminue-t-elle pas enfin les garanties que donne la marque facultative? Avec ce dernier système, tout fabricant habile, tout marchand loyal use de la faculté consacrée par la loi, et le public s'adresse à eux avec confiance, certain qu'ils n'apposeront pas leur marque sur un produit défectueux. Si tous, au contraire, sont tenus d'apposer leurs marques, il en résultera une confusion dans laquelle le consommateur ne pourra distinguer les bonnes et les mauvaises.

Nous n'hésitons donc pas à vous proposer de déclarer la marque simplement facultative. Toutefois, à ce principe le projet de loi apporte un tempérament propre à désintéresser la plupart des objections formulées contre lui et à concilier tous les intérêts. C'est presque toujours en se préoccupant exclusivement d'une ou de plusieurs industries particulières, qu'on réclame l'obligation de la marque, et l'on est alors porté à généraliser une mesure dont apparaît l'utilité spéciale. Déjà des actes législatifs qui ont eu, qui ont encore leur raison d'être dans des principes d'ordre ou d'intérêt public, et dont nul ne demande la modification, ont rendu pour certains produits la marque ou le nom obligatoire : ainsi pour les matières d'or et d'argent, les tissus français similaires à ceux prohibés, l'imprimerie, les substances vénéneuses, etc.

Des raisons du même ordre, d'autres non moins puissantes, l'intérêt évident de la consommation ou de grandes industries nationales peuvent rendre utile, nécessaire même, de déclarer obligatoire la marque de fabrique ou de commerce. Dans ce but, les intéressés devront s'adresser au gouvernement, à qui nous vous proposons de déléguer ce soin, convaincus que lui seul est à même d'apprécier exactement l'utilité de semblables mesures, certains enfin qu'il usera avec prudence de son pouvoir discrétionnaire. Hâtons-nous d'ajouter que son exercice est soumis aux garanties des règlements d'administration publique, et que ce seront là, en tous cas, des exceptions rares au principe qui doit rester debout de la marque facultative.

Il est presque inutile d'ajouter qu'en déclarant la marque obligatoire, les décrets détermineront le mode et les conditions de cette marque.

En quoi consistent les marques? Le projet de loi, évitant le péril d'une définition, et laissant à la doctrine et à la jurisprudence le soin de la faire, était resté muet à cet égard. Votre Commission a pensé que la donner serait prévenir de nombreuses difficultés, et elle en a pris le principe dans les projets présentés aux précédentes assemblées. Le Conseil d'État a adopté son amendement. La marque est tout signe servant à distinguer les produits d'une fabrique ou les objets d'un commerce, et la loi énumère non pas tous ces signes, mais les plus usités et les principaux parmi eux. Si la marque est la représentation du nom, il faut reconnaître que l'apposition du nom est la plus claire et la plus sûre de toutes les marques.

Le nom lui-même est donc une marque, mais à la condition que, pour éviter toute confusion, il affectera une forme distinctive, et qu'il aura été satisfait aux prescriptions de la présente loi. Ce n'est pas là, disons-le tout de suite, une observation théorique; elle a, au contraire, des conséquences pratiques évidentes. La loi actuelle a pour objet les marques;

la loi du 28 juillet 1824, qu'elle n'abroge nullement, protége le nom des commerçants et punit les usurpations, retranchements et altérations dont ils peuvent être l'objet, et cela sans aucune condition de dépôt ou de forme particulière. La loi actuelle va plus loin et fait autre chose : elle protége comme toute autre marque le nom devenu marque, par l'exécution de ses diverses prescriptions.

Art. 2.—La première, la principale de ces prescriptions est le dépôt de la marque. Adopter une marque, c'est se réserver propre l'emploi d'un signe, c'est en interdire désormais l'emploi aux autres. Il est donc nécessaire de faire connaître à tous que tel signe, hier dans le domaine public, est devenu maintenant une propriété particulière et exclusive. S'il convient de protéger cette propriété, il faut aussi prévenir les contrefaçons involontaires. Le dépôt est la constatation officielle de cette prise de possession, la notification au public de ce droit de propriété ; il ne le crée pas, il le révèle.

Le dépôt est-il attributif ou seulement déclaratif de la propriété des marques ? C'est là une question grave, controversée encore sous la législation existant aujourd'hui, et que le projet du gouvernement tranchait en faisant acquérir la propriété par le dépôt.

Que tout fabricant, que tout commerçant doive, pour s'assurer le bénéfice de la loi, déposer une marque qui est une source de fortune pour lui, un gage de confiance pour le public, cela est évident ; il y a imprudence à agir autrement, et la loi n'a pas à le protéger plus qu'il ne le fait lui-même. Mais fallait-il le dépouiller de sa propriété, cet industriel, si négligent qu'il fût, à ce point qu'il pût être poursuivi par un tiers qui, non content d'usurper sa marque, en aurait opéré le dépôt ? Telle eût été, en effet, la conséquence fatale d'un principe rigoureux : il nous a paru dangereux de faire dépendre de l'accomplissement d'une formalité, de soumettre à la chance d'une diligence plus active, la propriété d'une marque qui, le plus souvent, tire son importance de son ancienneté et n'a pas été déposée à cause de son ancienneté même.

Cette pensée a inspiré à notre honorable collègue, M. Legrand, un amendement consistant à remplacer les premiers mots de l'article 2 par ceux-ci : *Nul ne peut revendiquer la propriété exclusive*, etc.; cet amendement, adopté par votre Commission, l'a été également par le Conseil d'Etat.

Les mêmes raisons nous avaient porté, avec M. Legrand, à demander le changement du premier paragraphe de l'article 3, en ne reconnaissant la propriété de la marque qu'à partir du jour du dépôt ; cette disposition paraissait faire du dépôt la cause de la propriété. Le Conseil d'Etat, par la suppression de ce paragraphe, a écarté toute difficulté et rendu inutile l'amendement par lequel nous inscrivions, dans l'article 3 comme dans l'article 2, ce principe que le dépôt est simplement déclaratif de la propriété des marques. Ainsi donc, au propriétaire d'une marque déposée le bénéfice de la loi actuelle, des garanties spéciales qu'elle institue et des actions qu'elle organise ; à celui qui n'effectue pas le dépôt, le droit commun. Il se servira de sa marque, sans pouvoir en être dépouillé, et il demandera à l'article 1382 du Code Napoléon les moyens de se défendre contre toute concurrence déloyale.

Le dépôt a d'autres avantages qui en justifient surabondamment la nécessité. Il donne, dans les questions de priorité, un élément de certitude ; dans les questions de contrefaçon, une pièce de comparaison irrécusable. Ce dépôt sera fait au greffe du Tribunal de commerce en un double exemplaire. MM. les commissaires du gouvernement nous ont déclaré que le projet du gouvernement, en demandant un second exemplaire, est de centraliser les marques au Conservatoire des arts et métiers, de former ainsi pour tout l'empire un dépôt général qui permettra toutes les recherches et facilitera la répression des fraudes. Votre Commission n'a pu qu'applaudir à cette pensée, éminemment utile à l'industrie et au public.

Art. 3 et 4. — Les avantages de cette réunion et du dépôt lui-même seraient illusoires si, pour connaître une marque, les recherches devaient embrasser un grand nombre d'années. Il importe également à tous de savoir si une marque est conservée, ou si, au contraire, elle est tombée dans le domaine public. C'est donc avec raison que la loi limite à une période de quinze années l'effet du dépôt. Il peut, d'ailleurs, toujours être renouvelé. Les frais de ce dépôt sont minimes ; il ne fallait pas cependant que ces actes fussent sans compensation pour les officiers publics chargés de les recevoir. Le même fabricant, le même commerçant peut, s'il a plusieurs marques, en faire le dépôt dans un seul procès-verbal ; mais le droit de rédaction sera perçu autant de fois qu'il y aura de marques déposées. Tel était sans doute le sens de l'article 4 ; mais la Commission a cru devoir le dégager plus nettement par un amendement que le Conseil d'Etat a adopté.

Dans la pensée de donner aux dispositions relatives à la propriété des marques un caractère particulier de moralité et de loyauté, notre honorable collègue M. Quesné a proposé l'amendement suivant, qui se serait ajouté à l'article 3 : « Nul ne peut faire usage d'une marque à lui cédée, et comprenant le nom d'un fabricant ou d'un commerçant, s'il n'ajoute à cette marque son propre nom, suivi du mot *successeur*. » La loi sarde du 12 mars 1855 contient une disposition analogue.

Lorsqu'une industrie change de mains, il est nécessaire, suivant notre honorable collègue, que le public ne l'ignore pas et ne continue sa confiance qu'en connaissance de cause. Ne doit-on pas craindre aussi qu'un successeur, moins soucieux de l'honneur d'un nom qu'il ne porte pas, n'en exploite et n'en compromette le renom mérité, par une fabrication moins bonne ou même par des fraudes criminelles ?

Tout en rendant justice à la pensée morale et élevée de cet amendement, votre Commission n'a pas cru pouvoir l'accueillir. Il lui a paru ne se rattacher qu'indirectement à la loi, et avoir plutôt pour objet le nom du commerçant régi par la loi du 28 juillet 1824, tandis que la loi actuelle s'occupe exclusivement des marques. Lorsqu'un commerçant, par sa loyauté et la supériorité de ses produits, a su donner confiance à sa marque, conquérir un nom respecté, il trouve des avantages considérables et la juste récompense d'une vie commerciale honorable, dans la cession de sa maison, du nom qui la recommande au public, de la marque qui en signale les produits. L'adoption de l'amendement rendrait impossible toute cession semblable, tarirait, pour le commerçant, une source légitime de profits, et supprimerait un élément puissant de loyale émulation.

TITRE II.

DISPOSITIONS RELATIVES AUX ÉTRANGERS.

Art. 5 et 6.—Admettre les étrangers à exercer en France le commerce ou l'industrie, c'est leur garantir sécurité et protection. Elles leur sont dues en échange du contingent qu'ils fournissent à la richesse et à l'activité de notre pays. Il était donc juste, et l'article 5 consacre ce principe, d'accorder aux étrangers, pour leurs établissements en France, le bénéfice de la loi, à la charge d'en remplir les obligations. Ce n'est, d'ailleurs, à leur égard, que l'application du droit commun en matière de commerce.

La même faveur devait-elle être accordée aux établissements situés hors de France et appartenant à des étrangers ou même à des Français? Le projet ne le propose point; il établit une règle plus équitable, plus protectrice de nos intérêts : la réciprocité. Pourquoi gêner par des restrictions l'imitation des marques d'un pays où la marque de nos nationaux n'est pas respectée? Pourquoi le faire, surtout quand des préjugés dont le temps fera justice n'acceptent certains produits nationaux, même supérieurs, que s'ils sont revêtus de marques étrangères?

La loi va plus loin : elle exige, et avec raison, que cette réciprocité résulte de conventions diplomatiques. Il ne suffira pas que la loi étrangère punisse les usurpations et les contrefaçons de nos marques. L'on ne peut accorder la garantie de notre législation sans savoir si des garanties égales nous seront accordées, si nous n'échangeons pas une protection efficace contre une protection illusoire. La réciprocité n'existera que si elle est stipulée dans un traité.

Cette hypothèse se réalisant, il fallait déterminer le lieu où les étrangers opéreraient le dépôt qui est la condition absolue pour user du bénéfice de la loi. Il a paru plus facile pour eux, plus avantageux pour le commerce général, de décider que cette formalité sera remplie au greffe du Tribunal de la Seine.

TITRE III.

PÉNALITÉS.

Art. 7. — Les reproches les plus graves adressés à la législation actuelle sur les marques sont la diversité, la contradiction et l'énormité des peines qu'elle prononce, et qui ont pour résultat l'impuissance et l'impunité.

La loi du 22 germinal an XI et le Code pénal qualifient crime la contrefaçon des marques, et la punissent des mêmes peines que le faux en écriture privée. C'est là une exagération évidente, démontrée par ses regrettables conséquences. Il n'y a, en effet, aucune assimilation à faire entre l'atteinte plus ou moins directe portée à une propriété et la création criminelle d'un acte contenant obligation pour autrui.

Aussi le projet de loi range-t-il uniformément dans la catégorie des délits les attaques contre la propriété des marques ; mais là s'arrête l'uniformité de la loi. La peine, tout en conservant le caractère correctionnel, n'est pas la même pour tous les délits. Pour les uns le maximum s'élève, pour les autres le minimum s'abaisse davantage, sans que votre Commission ait pu se rendre un compte exact de la gravité différente de ces délits et de la convenance d'en varier la répression. Divers amendements de MM. Legrand et Tesnière, qui se confondent avec ceux de la Commission, avaient pour but de faire disparaître cette imperfection.

Pénétrée de l'idée mère du projet, votre Commission a voulu donner à la loi un caractère de simplicité et d'harmonie toujours désirable dans les œuvres législatives, plus précieuse peut-être encore ici, puisque l'absence de ces avantages est une des causes principales de la réforme qui nous est proposée. Elle a pensé qu'il convenait d'édicter la même peine contre tous les délits relatifs aux marques, en laissant aux juges toute la latitude possible pour en faire une équitable application. Cette peine, elle l'a cherchée dans des dispositions légales punissant, si l'on peut parler ainsi, des délits de la même famille. Nous trouvions, en effet, punies des peines portées par l'article 423 du Code pénal, les tromperies sur la nature de la chose vendue (art. 423 C. pén.), les usurpations et altérations de nom (loi du 28 juillet 1824), les contrefaçons en matière de brevets d'invention (loi du 5 juillet 1844), certaines fraudes dans la vente des marchandises (loi du 27 mars 1851), les mêmes fraudes relativement aux boissons (loi du 5 mai 1855). Nous avons donc proposé de punir des peines portées en l'article 423 du Code pénal tous les délits contre les marques de fabrique ou de commerce.

Au nombre de ces délits, ne doit-on pas faire figurer la destruction et l'altération frauduleuse de la marque ? Pour encourager l'usage de la marque facultative, suffit-il de punir les contrefacteurs ? Souvent la marque peut être supprimée sans le consentement et même malgré la défense du producteur, par des intermédiaires qui se donnent pour fabricants, par des concurrents jaloux de substituer leur marque à celle d'un autre et de se créer avec ses produits une réputation commerciale. Sans doute celui qui achète un produit en a la libre disposition, mais cela ne va pas jusqu'à enlever au fabricant l'honneur que lui procure l'exécution. Il en est ainsi pour les œuvres de l'art et de l'esprit ; pourquoi en serait-il autrement des œuvres industrielles ? Toute marque est une propriété, nous l'avons reconnu, et c'est le premier mot de la loi actuelle. Elle doit être préservée du vol et de la destruction. Plusieurs Chambres de commerce en ont manifesté le vœu avec instances ; le projet de la Commission de la Chambre des députés, en 1845, contenait une disposition formelle en ce sens ; la loi sarde du 12 mars 1855 a consacré ce principe, que MM. Tesnière et Legrand nous ont également proposé d'inscrire dans la loi.

Votre Commission a formulé ces idées dans deux amendements successivement présentés au Conseil d'Etat et tous deux rejetés par lui, sauf un point spécial qui se rattache à l'article 8. Voici le second de ces amendements :

« Sont punis des peines portées en l'article 423 du Code pénal:

« 1° Ceux qui ont contrefait une marque ou fait usage d'une marque contrefaite ;

« 2° Ceux qui ont frauduleusement apposé sur leurs produits ou les objets de leur commerce une marque appartenant à autrui ;

« 3° Ceux qui ont frauduleusement imité une marque ou se sont servis d'indications tendant à tromper sur la marque d'autrui ;

« 4° Ceux qui ont frauduleusement détruit ou altéré une marque ;

« 5° Ceux qui ont sciemment vendu ou mis en vente un ou plusieurs produits dont la marque serait ou aurait fait l'objet d'un des délits punis par les paragraphes précédents. »

Nous avons dit que ces amendements ont été repoussés. Deux changements toutefois ont été introduits dans la rédaction primitive ; le minimum de la peine a été abaissé à 50 francs ; l'application de l'article 463 du Code pénal permet d'ailleurs d'adoucir encore la répression ; enfin nous avons proposé, dans cet article et les suivants, de substituer aux mots : « exposé en vente, » qui semblent supposer une sorte de manifestation extérieure, ceux-ci : « mis en vente, » qui permettent d'appliquer la peine dès que l'objet du délit est destiné à être vendu.

Cette modification a été adoptée.

Ainsi modifié, l'article 7 prévoit et punit trois délits :

1° La contrefaçon d'une marque, c'est-à-dire sa reproduction aussi parfaite qu'on aura pu y parvenir ;

2° L'apposition frauduleuse de la marque d'autrui, c'est-à-dire le fait de celui qui s'est procuré la marque véritable d'une autre personne et s'en est servi pour marquer ses produits ;

3° La vente et la mise en vente de produits défectueux : c'est là le fait le plus important à punir ; la fraude serait restreinte sans le débit qui la rend productive.

Il est superflu de rappeler que les dispositions de droit commun sur la complicité, et, notamment, la complicité par recel, s'appliquent à ces délits comme à tous les autres.

Art. 8.—L'article 8 du projet émane d'un tout autre ordre d'idées. Il ne punit plus des délits contre la propriété des marques, mais des délits commis au moyen de l'emploi des marques ; il réprime l'usage de marques portant des indications propres à tromper l'acheteur sur la nature du produit et la mise en vente ou la vente de produits ainsi marqués.

Que cette disposition ait quelque utilité, votre Commission ne le conteste pas. Elle comblerait une des nombreuses lacunes qu'on regrette dans l'article 423 du Code pénal. Qu'au lieu d'atteindre seulement la tromperie consommée, si difficile à saisir, la loi punisse toutes les tentatives de tromperie ; que la loi du 27 mars 1851 s'applique à toutes les denrées et marchandises ; que toutes ces fraudes, qu'il serait trop long d'énumérer, et qui sont la honte et la ruine du commerce, soient réprimées, rien de mieux, et nous exprimons le vœu formel qu'une loi de police commerciale réalise les améliorations réclamées de tous côtés et indiquées par l'expérience ; mais il nous a semblé que pour opérer une réforme peu importante par elle-même, c'était introduire dans la loi une disposition étrangère à son principe, et n'ayant avec lui qu'un rapport de mots, s'exposer au reproche, si bien rappelé dans l'exposé des motifs, d'altérer la simplicité et la clarté de la loi. Prévoir, dans une loi sur la propriété des marques, les abus auxquels peut se prêter ce droit, cela conduirait, dans une loi sur la vente des armes de guerre ou des substances vénéneuses, à punir l'usage homicide qu'on en pourrait faire.

Votre Commission vous eût donc proposé de rejeter l'article 8 comme nuisant à l'harmonie du projet de loi et le compliquant sans grande utilité ; mais un des amendements qu'elle avait proposés à l'article 7 ayant été reporté à l'article 8 par le Conseil d'Etat, elle s'est vue placée dans la nécessité, si elle persistait, de rejeter une amélioration qu'elle considère comme indispensable.

L'article 7 punit la contrefaçon, c'est-à-dire la reproduction brutale, complète, de la marque. Mais la fraude cherche toujours à se soustraire à l'application de la loi. On ne contrefait pas une marque, on l'imite. Si elle consiste dans des lettres, on prend d'autres lettres, mais affectant les mêmes formes ; un vernis, des couleurs dissimuleront les différences, ou bien encore on se sert de la même dénomination qu'un fabricant, en ajoutant, sous une forme plus ou moins perceptible, le mot *façon*. Ces fraudes sont innombrables et se cachent de mille manières ; mais les magistrats sauront les reconnaître, et ils auront le moyen de les atteindre efficacement. L'amendement adopté par le Conseil d'Etat punit en effet ceux qui, sans contrefaire une marque, en ont fait une imitation frauduleuse, de nature à tromper l'acheteur, ou ont fait usage d'une marque imitée frauduleusement.

Les deux autres paragraphes de l'article 8, que nous acceptons, non sans regret, punissent ceux qui, au moyen d'une marque, ont trompé ou tenté de tromper l'acheteur sur la nature du produit, et ceux qui ont vendu des produits ainsi marqués.

L'honorable M. Tesnière a proposé d'appliquer l'article 8 aux tromperies et tentatives de tromperies sur l'origine des produits.

Votre Commission n'a pas accueilli cet amendement. Il aggravait d'abord l'inconvénient reproché à l'article 8 de compromettre la simplicité de la loi. Et puis, comment déterminer d'une manière nette, incontestable, le lieu d'origine ou de fabrication ? La circonscription industrielle s'étend, se restreint, se déplace. On appelle dans le commerce : articles de Lyon, de Rouen, de Roubaix, d'Amiens, d'Elbeuf, de Sedan, etc., des objets qui sont fabriqués dans un certain rayon autour de ces villes. Les eaux-de-vie de Cognac ne se récoltent pas seulement sur cette commune. Où donc sera la limite à laquelle commencera le délit? Ce serait aussi, dans plusieurs cas, atteindre et même détruire plusieurs grandes industries nationales dont les produits égalent au moins les produits étrangers similaires. Que leur origine soit nécessairement signalée, ils sont délaissés immédiatement pour des objets souvent inférieurs, mais que recommandent l'habitude et le préjugé.

Enfin, c'est interdire à l'industrie française la faculté d'imiter, par représailles, des industries étrangères, et l'exposer sans défense suffisante à une concurrence désastreuse.

Des abus sans doute peuvent se produire ; le remède en est dans la faculté donnée au gouvernement de rendre la marque obligatoire dans certains cas exceptionnels. Lorsqu'enfin l'usurpation d'un lieu d'origine aura pour effet d'établir une confusion avec les marques d'autres commerçants, ceux-ci trouveront dans les articles 7 et 8 les moyens de poursuivre tout ce qui serait une contrefaçon ou une imitation. Le droit commun enfin autorise à demander la réparation du préjudice éprouvé par tout fait de concurrence déloyale.

Art. 9.—Après avoir attribué au gouvernement le droit d'assujettir certains objets spéciaux à l'obligation de la marque, il fallait donner à ce droit une sanction ; tel est le but de l'article 9.

Un paragraphe additionnel a été proposé par M. Legrand ; il est ainsi conçu : « Dans les cas prévus par l'article 7, la poursuite ne pourra être intentée par le ministère public que sur la plainte de la partie lésée. » Convaincu que l'intervention du ministère public dans les affaires particulières des fabricants et commerçants ne doit être admise qu'avec une extrême réserve, notre honorable collègue a voulu la restreindre aux seuls cas où l'ordre public est sérieusement intéressé. Votre Commission a pensé que cette restriction aurait de graves inconvénients, notamment dans l'hypothèse prévue par l'article 19, et elle s'est refusée à l'inscrire dans la loi, certaine que le ministère public fera toujours un exercice prudent et mesuré du droit dont il est armé.

Art. 10, 11 et 12. —Dans une pensée de concordance et de simplicité, le projet emprunte à la loi du 5 juillet 1844, qui régit une matière analogue, les brevets d'invention, ses dispositions sur le cumul des peines, la récidive, les circonstances qui la constituent et l'atténuation, si utile et si équitable, de l'article 463 du Code pénal.

Art. 13.—Indépendamment des peines matérielles que ces articles prononcent, l'article 13 donne aux Tribunaux le pouvoir de priver temporairement les délinquants du droit de participer aux élections consulaires et commerciales ; ils pourront aussi ordonner l'affiche de leurs jugements et leur insertion dans les journaux. Nous avons proposé au Conseil d'Etat, qui a adopté notre amendement, de reproduire les termes de la loi, art. 6, du 27 mars 1851, pour ces utiles dispositions. Au mérite de l'exemplarité, ces peines joignent l'avantage d'appliquer au délinquant une peine analogue au délit. Il a voulu nuire à ses concurrents, surprendre la confiance du public par l'usage de signes frauduleux ou mensongers : l'insertion dans les journaux et l'affiche, surtout l'affiche à la porte de son domicile et de ses magasins, mettront le public en défiance et l'obligeront à s'abstenir de fraudes désormais signalées.

Art. 14. — La répression serait illusoire, si les produits dont la marque fait l'objet d'un délit pouvaient continuer à circuler librement. Aussi le Tribunal peut-il, même au cas d'acquittement, en prononcer la confiscation, ainsi que celle des ustensiles et instruments ayant servi à commettre le délit. Mais il doit dans tous les cas, et c'est là une disposition impérative, ordonner la destruction des marques contraires aux articles 7 et 8. On ne peut les conserver après avoir reconnu qu'elles sont une violation de la loi et du droit de propriété.

Une réparation est due évidemment au propriétaire de la marque qu'on a contrefaite ou frauduleusement apposée et imitée. La plus naturelle, celle qui se présente à la pensée, c'est de lui attribuer jusqu'à due concurrence les objets mêmes du délit dont il se plaint. Ce n'est là, toutefois, qu'un droit dont il est libre de ne pas user et que les Tribunaux sont maîtres de rejeter ou de consacrer.

Le plaignant consultera son intérêt, le magistrat la justice.

Art. 15. — Le délit de n'avoir pas apposé une marque obligatoire, ou d'avoir vendu contrairement à cette prescription, peut avoir des conséquences graves ; cela est évident, si l'on se rappelle que le plus souvent la marque est rendue obligatoire dans des intérêts d'ordre public ou pour la défense du travail national. Le Tribunal devra donc toujours, même au cas d'acquittement, faire disparaître le délit, en ordonnant l'apposition de la marque. Cette infraction, grave par elle-même, le devient encore plus quand elle se répète ; aussi, pour le cas de récidive, la loi permet aux juges de prononcer la peine rigoureuse de la confiscation.

TITRE IV.

JURIDICTIONS.

Art. 16. — La propriété des marques définie et protégée, les délits contre elle prévus et punis, à quel Tribunal faut-il confier cette défense et cette répression ?

La législation qu'il s'agit de réformer, sur ce point encore, offre une diversité vraiment remarquable.

Tantôt ce sont les prud'hommes et les juges de paix, tantôt les Tribunaux de commerce et aussi les Tribunaux ordinaires.

En matière de compétence, l'unité est une règle impérieuse dont on ne saurait s'écarter sans danger.

Tous les délits relatifs aux marques seront, comme tous les autres délits, jugés par les Tribunaux de police correctionnelle ; c'est le droit commun, et il n'y a aucun motif d'y déroger. Souvent le prévenu soulève, pour sa défense, des questions relatives à la propriété de la marque, dont l'examen, s'il fallait le renvoyer devant la juridiction compétente, suspendrait le jugement de la poursuite et deviendrait souvent un moyen de la retarder et de gagner du temps. Par un heureux emprunt à la loi du 5 juillet 1844 sur les brevets d'invention, la loi donne compétence aux Tribunaux correctionnels pour juger l'exception et statuer sur toutes les demandes qui se rattachent nécessairement à la poursuite. Il n'est pas besoin de dire que toutes les poursuites peuvent être dirigées par la partie lésée aussi bien que par le ministère public, et qu'elles sont régies par les dispositions du Code d'instruction criminelle.

Mais si l'action civile est seule engagée, quel Tribunal en connaîtra ? Il était difficile de la soumettre aux Conseils de prud'hommes, dont le nombre est encore trop restreint, et dont l'institution a surtout pour objet de terminer les difficultés entre patrons et ouvriers. Il fallait opter entre les Tribunaux de commerce, ainsi que l'indiquait le projet, et les Tribunaux ordinaires, comme l'ont proposé plusieurs membres de la Commission et l'honorable M. Tesnière.

C'est à cette dernière idée que votre Commission s'est arrêtée.

La marque de fabrique ou de commerce est une propriété ; c'est donc aux Tribunaux chargés d'apprécier les questions de propriété qu'il faut attribuer ces litiges. Les difficultés relatives aux brevets d'invention sont soumises aux Tribunaux civils par la loi du 5 juillet 1844, dont l'expérience a justifié les dispositions sur ce point. Pourquoi, d'ailleurs, ne pas rendre ces Tribunaux uniformément compétents pour les marques ? Sinon, il serait loisible au plaignant, en engageant l'action correctionnelle, de porter, à son gré, l'affaire devant les juges civils ou les juges de commerce. Ce serait à coup sûr une disposition législative fort critiquable, celle qui commettrait à une partie la faculté de choisir la juridiction et de décider la compétence.

La détermination de la juridiction commerciale n'eût pas été sans inconvénients : l'article 20 de la loi en étend l'application aux produits de l'agriculture ; on eût donc soumis à la juridiction exceptionnelle des Tribunaux de commerce, et peut-être à ses sanctions rigoureuses, des personnes qui jamais n'ont fait ni ne veulent faire le commerce.

Enfin, dans un grand nombre d'arrondissements, les Tribunaux civils jugent les affaires commerciales. Nous n'avons donc vu, avec ces raisons de principes, que des avantages considérables à leur confier une mission dont l'accomplissement et le succès nous sont présagés par l'expérience de la loi sur les brevets d'invention.

Des motifs de célérité et d'économie dans le jugement nous ont fait emprunter une autre disposition à la loi du 5 juillet 1844, pour dire que ces affaires, attribuées uniformément aux Tribunaux civils, seront jugées comme matières sommaires.

L'amendement a été adopté par le Conseil d'Etat.

Art. 17. — Pour réprimer le délit, pour reconnaître le droit de propriété, il importe de saisir l'objet du délit ou de la contestation. La loi réglemente donc le droit de saisie, en donnant au magistrat qui l'autorise le pouvoir d'en modérer la rigueur et d'exiger des garanties pour empêcher les poursuites vexatoires.

A défaut de Tribunal dans le lieu où se trouvent les objets à saisir ou à décrire, le juge de paix pourra autoriser ces mesures. La loi a voulu rapprocher ainsi le magistrat du justiciable, et ne pas désarmer le droit de propriété par des retards fâcheux.

Art. 18. — L'article 18, emprunté à la loi du 5 juillet 1844, est une garantie donnée à la partie saisie. Si la plainte est sérieuse, elle doit se produire devant la justice. Tout retard devient une vexation ou est un aveu d'impuissance ; la saisie tombera donc, à défaut de poursuites dans le délai de quinze jours, augmenté à raison de la distance, et des dommages-intérêts pourront être réclamés contre le plaignant téméraire ou de mauvaise foi.

TITRE V.

DISPOSITIONS GÉNÉRALES OU TRANSITOIRES.

Certaines dispositions sont nécessaires pour compléter la loi ou en assurer l'exécution. Il nous reste à les analyser.

Art. 19. — Parmi les fraudes dirigées contre notre industrie et notre commerce, il en est une qui mérite d'être signalée et surtout réprimée.

L'on fabrique à l'étranger des produits portant la marque ou le nom d'un fabricant français, ou bien l'indication d'un lieu de fabrique française ; on les présente en France pour le transit ; elles en sortent avant qu'on ait pu les saisir, mais portant avec elles la preuve d'un séjour en France qui semble justifier leurs indications mensongères. Ces fraudes s'exercent le plus souvent avec des marchandises de mauvaise qualité et causent le plus grave préjudice à ceux dont on usurpe le nom et les marques.

Le projet a donc fait sagement, en prohibant ces produits à l'entrée, et en autorisant leur saisie à la requête du ministère public ou de la partie lésée.

Nous avons cru qu'il fallait aller plus loin et conférer le même droit à l'administration des douanes, qui seule peut connaître ces fraudes, les constater, les saisir ; et contre la fraude, la rapidité de la poursuite est la condition du succès.

Les marchandises saisies serviront à indemniser ceux dont les marques et noms ont été ainsi compromis. L'emploi en sera fait conformément à l'article 14.

Il a paru juste seulement de prolonger le délai pour former la demande en condamnation. La partie lésée peut avoir un domicile éloigné, et même ignorer la saisie, si ce n'est pas elle qui l'a fait pratiquer.

Ces divers amendements ont été adoptés par le Conseil d'Etat, qui y a apporté d'utiles améliorations.

Art. 20. — Les progrès de l'agriculture, les efforts heureux et persévérants d'un grand nombre d'agriculteurs et d'éleveurs doivent appeler la protection de la loi. Il leur importe, comme à ceux qui font le commerce des mêmes objets, de pouvoir s'assurer l'usage exclusif d'une marque pour distinguer leurs produits et appeler la confiance du public.

Nous avons proposé au Conseil d'État, qui l'a accepté, une énumération plus complète, et dans laquelle nous avons compris une industrie agricole considérable, celle des éleveurs.

Un amendement de M. Tesnière, tendant à étendre aux produits indiqués dans cet article le bénéfice de la loi du 28 juillet 1824, a été écarté comme ne se rattachant pas au projet actuel.

Art. 21. — Beaucoup d'industriels et de commerçants ont, dès longtemps, déposé leurs marques ; il était inutile de leur imposer un dépôt nouveau : celui qu'ils ont opéré avant la loi actuelle sera valable pour une période de quinze ans, à partir du jour où la loi sera exécutoire.

Art. 22. — Cet effet de la loi sera nécessairement retardé. Un règlement d'administration publique est nécessaire pour organiser le dépôt des marques, la formation du dépôt général, la publicité à donner aux marques, en un mot assurer la bonne exécution de la loi. Afin que ce règlement puisse être mûrement préparé, la loi ne sera exécutoire que six mois après sa promulgation.

Art. 23. — L'article dernier maintient les dispositions antérieures que ne contredit pas la loi. C'est là sans doute une formule ; mais il était utile ici de rappeler que la loi actuelle a un objet spécial, limité ; qu'elle n'abroge en rien les lois, décrets et ordonnances sur les marques déjà obligatoires, la juridiction des consuls français en pays étranger, la loi du 28 juillet 1824, etc. Nous avions proposé au Conseil d'État une rédaction qui nous semblait exprimer plus nettement cette idée, mais il n'a pas cru devoir l'accueillir. C'est là, au surplus, un dissentiment sans importance, puisque la même pensée nous anime : la marque de fabrique et de commerce *déposée*, voilà l'objet exclusif du projet de loi (art. 2).

Ce projet, messieurs, met fin à une législation diffuse, contradictoire, impuissante. Il donne satisfaction à des vœux exprimés de toutes parts, et il réalise de notables améliorations pour l'industrie et le commerce. Peut-être était-il possible de les étendre encore. Le projet, s'il les ajourne, ne les rend pas du moins impossibles, et nous les attendons, confiants dans l'expérience et la protection éclairée du gouvernement.

Nous avons l'honneur de vous proposer l'adoption du projet de loi suivant.

SÉNAT.

—

RAPPORT

FAIT AU NOM DE LA COMMISSION [1]

CHARGÉE D'EXAMINER LA LOI SUR LES MARQUES DE FABRIQUE

ET DE COMMERCE

Par M. DUMAS, le 4 juin 1857.

MESSIEURS LES SÉNATEURS,

L'industrie moderne procède selon des règles nouvelles. La rapidité avec laquelle les inventions se succèdent, le mouvement d'association qui agglomère de puissants capitaux, l'importance que la force de la vapeur oblige d'attribuer à la proximité des dépôts du combustible minéral qui

---

[1] Cette Commission était composée de MM. le général Foucher, le marquis d'Audiffret, le marquis de La Grange, Dumas, Lefebvre-Duruflé.

l'engendre, les règles qu'un sentiment chrétien introduit dans les rapports des chefs de manufactures et des ouvriers, tout indique qu'il est nécessaire et opportun de préparer un code industriel où les devoirs et les droits des manufacturiers, ceux des ouvriers et de la société trouvent une expression réfléchie et des garanties coordonnées avec soin.

En attendant que ce travail considérable puisse être soumis aux délibératious du Corps législatif et du Sénat, le gouvernement a voulu donner satisfaction à un droit de propriété délicat à régler, qui a souvent été l'objet de l'attention publique, et il a préparé une loi spéciale sur les marques de fabrique.

Les marques constituent une véritable signature, par laquelle le commerçant et l'industriel caractérisent les produits de leur commerce ou de leur industrie. Leur emploi a précédé la connaissance de l'écriture et se retrouve comme étant d'un usage familier chez tous les peuples et à toutes les époques.

En France, toutefois, sous le régime des jurandes et des maîtrises, avant Louis XIV, la marque, étant obligatoire, n'était appliquée qu'après que la marchandise avait été reconnue par la corporation comme étaut fabriquée en conformité des règles qu'elle s'était imposées. C'était une signature dont l'application, autorisée par la corporation, devenait une garantie envers la société.

Ce régime, qui s'opposait évidemment à tout changement, à tout progrès individuel, fut adouci dans la pratique par Colbert, perdit beaucoup de sa rigueur dès les premiers temps du règne de Louis XVI et disparut tout entier sous le régime révolutionnaire,

La licence prit alors la place d'une règle trop étroite. Le producteur demeurait bien libre de déposer sa signature sur les objets qui sortaient de ses ateliers, mais la loi, qui l'eût protégé avec tant d'énergie contre un faussaire qui eût contrefait sa signature au bas d'un engagement de cinq francs, demeurait muette lorsque, par une marque de fabrique imitée ou contrefaite, une concurrence déloyale venait le frapper de ruine.

On citerait par centaines des inventeurs honnêtes qui ont dû les revers sous lesquels ils ont succombé à ce silence de la loi, et même plus tard à la répugnance que les Tribunaux éprouvaient à faire usage d'une loi trop sévère.

Sous le Consulat, en effet, la marque de fabrique fut rétablie d'abord en faveur des fabricants de coutellerie et de quincaillerie et de la manufacture de bonneterie d'Orléans. Bientôt la loi du 22 germinal an XI reconnut à la marque dont il était fait dépôt préalable toute la valeur d'une signature; elle en assimila la contrefaçon aux faux en écriture privée.

La sévérité des conséquences de cette assimilation rendait presque toujours illusoire l'application de la loi. Dans la pratique, on a essayé de pourvoir aux difficultés qui en naissaient, au moyen d'un grand nombre de règles spéciales provoquées par les demandes de certaines industries ou de certaines villes, et formulées dans des décrets, des ordonnances et même des lois. C'est ainsi que la loi du 28 avril 1816 prescrit aux fabricants français, pour faciliter la recherche des tissus prohibés, d'apposer leur marque sur tous les objets similaires sortant de leurs ateliers.

La loi actuelle est destinée à faire disparaître cette confusion et à ramener sous une pensée et sous une action unique tous ces faits épars, toutes ces règles discordantes, toutes ces juridictions mal définies.

Elle a été l'objet d'une longue élaboration. Un projet préparé par les Conseils généraux des manufactures et du commerce, en 1841, étudié par le Conseil d'Etat en 1845, adopté par la Chambre des pairs en 1846, avait été déjà l'objet d'un rapport près la Chambre des députés en 1847, lorsque la révolution de Février survint.

La question fut reprise en 1850 devant le Conseil général d'agriculture, du commerce et des manufactures, dont le projet fut approuvé en 1851 par le Conseil d'Etat.

C'est donc une loi longuement étudiée et sagement mûrie que le gouvernement vous demande de sanctionner; en voici l'économie :

La marque de fabrique, telle que la loi entend la garantir, n'est point obligatoire, elle est facultative; sa garantie n'engage en rien la responsabilité de l'Etat qui ne répond en aucune façon de la qualité des produits.

S'il est des exceptions à cette règle générale, elles se justifient par des nécessités d'ordre public et doivent demeurer rares.

La marque de fabrique reste donc une signature que l'industriel est libre de déposer sur ses produits, et dont la société lui garantit l'usage exclusif quand il a déclaré qu'il entend s'en réserver la propriété, au moyen d'un dépôt préalable effectué au greffe du Tribunal de commerce de son domicile.

Quelques personnes auraient désiré que la marque fût obligatoire pour tous les manufacturiers. Evidemment, il y aurait excès dans une telle prescription. Que dans un intérêt public, pour des matières alimentaires, pour des médicaments, la marque de fabrique qui en garantit la nature, la pureté et l'origine, qui permet de remonter au coupable en cas de fraude, soit exigée, rien n'est plus légitime assurément ; c'est un devoir que le gouvernement a compris de tout temps, un droit qu'il s'est réservé dans la loi nouvelle.

Dans le système de la loi, il peut toujours, en effet, pour une classe déterminée de produits, rendre la marque de fabrique obligatoire.

D'autres intérêts auraient souhaité qu'une marque de fabrique fût à jamais garantie à l'industriel qui l'aurait adoptée, une fois le premier dépôt effectué. La loi veut au contraire que ce dépôt soit renouvelé tous les quinze ans.

Le système de la loi est sage; la limite choisie pour la durée du droit ouvert par le dépôt correspond à celle des brevets d'invention ; elle est pratique et suffisamment protectrice des intérêts du propriétaire de la marque.

Il faut, en effet, que l'industriel qui veut adopter une marque personnelle ne soit pas exposé à devenir contrefacteur sans s'en douter. C'est assez qu'il soit obligé de vérifier toutes les marques déposées pendant les quinze années antérieures : n'exigeons pas qu'il soit exposé à des réclamations qui remonteraient plus loin. L'ouverture donnée à ces réclamations sans terme exposerait les plus honnêtes gens à toutes les entreprises de la cupidité ; certaines marques devenues célèbres par des succès récents seraient l'objet de procès suscités par des propriétaires de marques semblables, anciennes, ignorées et discréditées par le peu de succès des produits qu'elles caractérisaient.

Enfin, pourquoi la propriété industrielle serait-elle plus particulièrement protégée que la propriété ordinaire ? Si les droits de l'une sont frappés de prescription dans certains cas déterminés, pourquoi en serait-il autrement des droits de l'autre ?

Votre Commission appelle en terminant l'attention du Sénat sur la seule des dispositions de la loi qui ait été devant elle l'objet de réclamations qu'elle ait cru devoir écouter avec intérêt. Il s'agissait du cas où la marque n'étant ni contrefaite, ni imitée, elle aurait été pourtant l'objet d'une usurpation pratique par l'emploi de certaines formes ou figures qui, par leur analogie avec elle, seraient propres à induire en erreur l'acheteur inattentif.

Il nous a paru que les Tribunaux étaient clairement armés, et les industriels sûrement garantis à cet égard, par l'article de la loi qui punit ceux qui, sans contrefaire une marque, en ont fait une *imitation frauduleuse*, de nature à tromper l'acheteur, ceux qui ont fait usage d'une marque frauduleusement imitée, ou même ceux qui ont mis en vente sciemment des marchandises portant de telles marques.

La loi soumise à votre sanction rétablit donc la règle dans une matière délicate, où les intérêts des consommateurs, ceux du commerce et ceux de l'industrie se trouvaient depuis longtemps en souffrance.

Elle donne au gouvernement impérial, si jaloux de maintenir le commerce dans une voie droite et morale, les moyens de frapper ceux qui s'en écartent, et de défendre l'industrie honnête contre leurs agressions. Elle lui garantit les pouvoirs nécessaires pour faire plus efficacement encore cette guerre à la fraude que l'administration et la magistrature ont fermement inaugurée au moment même où l'Empereur prenait possession du pouvoir, et dont les populations pauvres, qui en ressentent mieux les bénéfices, lui gardent au fond du cœur une reconnaissance sincère.

Nous avons l'honneur de vous proposer, par tous ces motifs, de déclarer que le Sénat ne s'oppose pas à sa promulgation.

§ 2. — Législation française sur les marques de fabrique et de commerce antérieure à la loi de 1857. —
De la législation encore en vigueur. — De celle qui a été abrogée par la loi de 1857.

La loi nouvelle de 1857 a été exécutoire six mois après l'insertion au *Bulletin des lois* du décret de promulgation. Cette insertion ayant eu lieu le 27 juin, cette loi est donc exécutoire depuis le 27 décembre 1857.

En fait, cette exécution n'a pu être complète [1].

Cette loi, dit l'article 23, ne déroge pas aux dispositions antérieures qui n'ont rien de contraire à ses prescriptions.

C'est là la formule consacrée par toutes les lois nouvelles.

Il faut bien reconnaître que cette formule, qui a le mérite de n'engager en rien le législateur, laisse souvent aux magistrats une mission difficile à remplir.

Il n'est pas si simple qu'on pourrait le croire de déterminer les effets qu'exerce une loi nouvelle sur la législation qui l'a précédée. Quelles dispositions restent encore debout? Quelles sont celles qui ont disparu? C'est souvent là une question délicate à résoudre.

Le projet de 1847 n'avait pas laissé cette place à l'incertitude : il déclarait abrogées, du jour où la loi devait recevoir son exécution, toutes dispositions relatives aux marques de fabrique et de commerce.

On peut, toutefois, en précisant le caractère de cette loi, déterminer les effets qu'elle doit exercer sur la législation qui l'a précédée.

Les actes législatifs qui, avant la loi de 1857, régissaient notre matière et présentaient un caractère de généralité, sont

---

[1] Le règlement d'administration prescrit par l'article 22 de cette loi n'est pas encore rendu au moment où l'on imprime cette partie de notre livre (15 juin 1858). On sait que ce règlement doit renfermer toutes les mesures nécessaires pour la mise en pratique de la loi de 1857.

la loi du 22 germinal an XI, le décret du 11 juin 1809, revisé le 20 février 1810, les dispositions renfermées dans le Code pénal promulgué en 1810, et la loi du 28 juillet 1824.

Tous les autres actes émanés du pouvoir législatif sont relatifs à des industries particulières, à des produits spéciaux.

La loi du 22 germinal an XI (titre VI) disparaît complétement. Ce titre renfermait les principes généraux appliqués à à notre matière en ce qui touche la formalité du dépôt, la recevabilité de l'action en contrefaçon, et les peines appliquées aux délinquants. Des trois articles qui le composaient, le second, l'article 17, avait déjà été abrogé par la loi du 28 juillet 1824.

Le décret du 11 juin 1809 est abrogé en totalité. Le titre II de ce décret était relatif au dépôt des marques de fabrique et de commerce et aux attributions du Conseil des prud'hommes.

Nous avons exposé, dans la section relative à la juridiction et à la compétence, quelles sont les dispositions de la nouvelle loi à cet égard.

Les articles 142 et 143 du Code pénal sont également abrogés, la nouvelle loi ayant édicté d'autres pénalités.

L'article 423 du Code pénal continue à recevoir son application, puisque c'est à lui que se réfère la loi du 28 juillet 1824.

Cette dernière loi, en effet, relative à l'emploi des noms des fabricants, continue d'être en vigueur[1]. Restent les dispositions relatives à certaines industries déterminées.

DES SAVONS.

Trois décrets ont été rendus sur les marques des savons. Les seules dispositions qui n'ont pas été abrogées par notre

---

[1] Voir chapitre II.

récente législation sont relatives à la marque obligatoire pour ces produits. Elle sont ainsi conçues :

Décret du 1ᵉʳ avril 1811, tendant à prévenir ou à réprimer la fraude dans la fabrication des savons.

ART. 1ᵉʳ. Tout fabricant de savon dans l'étendue des terres de notre domination sera tenu d'apposer sur chaque brique de savon, sortant de sa fabrique, une marque déposée au Tribunal de commerce et au secrétariat du Conseil des prud'-hommes [1].

ART. 2. Cette marque sera différente pour le savon fabriqué à l'huile d'olive, pour celui fabriqué à l'huile de graines, et pour celui fabriqué au suif ou à la graisse.

. . . .

ART. 6. Le présent décret n'est applicable qu'aux savons destinés aux blanchisseries, teintures et dégraissages, et non à la fabrication des savons de luxe et de toilette.

Décret du 18 septembre 1811, qui détermine la marque des savons.

ART. 1ᵉʳ. La marque pour le savon fabriqué à l'huile d'olive sera de forme concave ovale, et portera dans le milieu, en lettres rentrées, ces mots : *Huile d'olive.*

Celle pour le savon fabriqué à l'huile de graines sera de forme concave carrée, et portera dans le milieu, aussi en lettres rentrées, ces mots : *Huile de graines.*

---

[1] Ce dépôt devra être fait conformément à l'article 2 de la loi du 23 juin 1857, et au règlement rendu en exécution de cette loi. Nous donnons le texte de ce règlement à la fin de ce volume. Les articles 3 et 4 du décret du 1ᵉʳ avril 1811 sont abrogés. — L'article 5 est en dehors de notre matière.

La marque pour le savon au suif ou à la graisse sera de forme concave triangulaire, et devra porter également dans le milieu, aussi en lettres rentrées, ces mots : *Suif* ou *Graisse*.

A la suite de chaque marque, qui devra être en caractères assez gros pour être aperçus sans difficulté, sera le nom du fabricant et de la ville où il fait sa résidence.

ART. 2. A compter du 1er avril prochain, il ne pourra plus être vendu, par les fabricants, de savons destinés aux blanchisseries, teintures et dégraissages, s'ils ne sont revêtus de la marque ci-dessus, sous peine de 100 francs d'amende, et du double en cas de récidive.

Décret du 22 décembre 1812, qui établit une marque particulière pour les savons à l'huile fabriqués à Marseille.

ART. 1er. La forme des marques prescrites par notre décret du 18 septembre 1811 continuera d'être employée dans toutes les fabriques de savons de notre empire. Ces fabriques les mettront, en conséquence, sur tous les savons qui sortiront de leurs ateliers.

ART. 2. A compter de ce jour, la ville de Marseille aura une marque particulière pour ses savons à l'huile d'olive. Cette marque présentera un *pentagone*, dans le milieu duquel seront en lettres rentrées ces mots : *Huile d'olive*, et à la suite le nom du fabricant et celui de la ville de *Marseille*.

. . . .

ART. 6 [1]. S'il était fabriqué à Marseille du savon avec de l'huile de graines, du suif ou de la graisse, alors la marque

---

[1] Les articles 3, 4, 5 et 7 sont abrogés par les dispositions de la nouvelle loi de 1857.

sera la même que celle qui est prescrite, pour les savons de cette nature, par notre décret du 18 septembre 1811 ; notre intention étant qu'on applique exclusivement aux briques de savon à l'huile d'olive, fabriquées à Marseille, celle dont la forme présentera un *pentagone*.

DES DRAPS ET DES TISSUS EN GÉNÉRAL.

Le décret du 25 juillet 1810 attribuait aux fabricants de Louviers le droit exclusif de donner à leurs draps une lisière jaune et bleue.

Le décret du 22 décembre 1812 portait que toutes les manufactures de draps de l'empire pourraient obtenir l'autorisation de mettre à leurs produits une lisière particulière à chacune d'elles.

Notre nouvelle législation n'a pas eu à s'occuper de ces deux décrets qui, tous deux, étaient restés sans exécution ; le premier, par suite d'un avis du Conseil d'État approuvé par l'Empereur le 30 avril 1811, portant que l'exécution de ce décret devait être suspendue jusqu'à la promulgation d'un règlement qui n'a jamais été fait ; le second, celui du 22 décembre 1812, par l'effet d'un autre avis du Conseil d'État approuvé par l'Empereur le 17 décembre 1813, qui a maintenu à toutes les manufactures le droit d'adopter telles lisières qu'elles jugeraient convenables.

DES OUVRAGES DE QUINCAILLERIE
ET DE COUTELLERIE.

*Arrêté du 23 nivôse an IX, relatif à la marque
des ouvrages de quincaillerie et de coutellerie.*

*Décret du 5 septembre 1810 relatif à la contrefaçon des
marques de quincaillerie et de coutellerie.*

Ces deux actes législatifs sont entièrement abrogés par
la loi de 1857.

L'arrêté du 23 nivôse an IX est le premier acte rendu en
cette matière. Il autorisait les fabricants de quincaillerie et
de coutellerie à frapper leurs ouvrages d'une marque particulière et prescrivait les mesures pour conserver la propriété
des marques qui seraient employées.

Le décret du 5 septembre 1810 renferme des pénalités, des
dispositions relatives à la juridiction, à la saisie, etc., qui
sont abrogées par les principes généraux de la loi de 1857.

---

§ 3. Suite. — Des lois, décrets ou ordonnances non abrogées
par la loi de 1857.

Les actes du pouvoir législatif ou de l'administration, qui
prescrivent l'apposition de certaines marques ou même de la
marque du fabricant sur certains produits, mais dans un autre
intérêt que celui qui a servi de guide au législateur de 1857,
continuent de recevoir leur entière exécution. Tels sont, comme
le fait remarquer l'exposé des motifs de la loi de 1857, les produits sur lesquels l'apposition d'une marque est exigée soit dans
un intérêt de douane, de police, soit dans un intérêt fiscal [1].

[1] Ainsi continuent d'être en vigueur les actes législatifs qui suivent, bien

SECTION II.

Loi du 28 juillet 1824,
relative aux altérations ou suppositions de noms
sur les produits fabriqués.

ART. 1er. Quiconque aura, soit apposé, soit fait apparaître par addition, retranchement, ou par une altération quelconque, sur des objets fabriqués, le nom d'un fabricant autre que celui qui en est l'auteur, ou la raison commerciale d'une fabrique autre que celle où lesdits objets auront été fabriqués, ou enfin le nom d'un lieu autre que celui de la fabrication,

qu'ils aient uniquement pour objet l'apposition, par certains fabricants, de leur marque sur leurs produits.

Décret du 20 floréal an XIII (10 mai 1805), *portant règlement sur la guimperie, les étoffes d'or, d'argent et les velours.* — Ce décret a été rendu dans l'intérêt du public, afin d'éviter les tromperies sur la nature des étoffes fabriquées ; aucune marque n'est apposée sur ces étoffes lorsqu'elles sont fabriquées avec or et argent fin. Mais lorsqu'elles contiennent des dorures fausses ou mi-fines, elles doivent présenter dans leur tissage une marque avec lisière distinctive. Il en est de même du velours. Selon M. Wolowski, la pensée de ce document a été puisée dans l'édit de 1779 qui a marqué le passage du système de la réglementation au régime de la liberté (*Journal des Economistes,* année 1846, t. XIV, p. 131).

Loi du 28 avril 1816 (tit. VI, section des douanes). — L'article 59 de cette loi, dans le but de distinguer les tissus fabriqués en France des tissus de fabrique étrangère prohibés, prescrit aux fabricants de cotons filés, tissus et tricot de coton et de laine, d'apposer sur les pièces d'étoffes de leur fabrication une marque et un numéro de fabrication.

Ordonnance du roi du 8 août 1816 *relative à l'exécution du titre VI de la loi du 28 avril* 1816. — Cette ordonnance détermine les mesures à prendre relativement à la marque, à l'estampillage des étoffes, des tissus de laine et de coton.— *Ordonnance du roi du 26 mai* 1819. — Cette ordonnance, rendue également en exécution de l'article 59, titre VI de la loi du 28 avril 1816, ainsi que des articles 41 et 46 de la loi du 21 avril 1818, prescrit pour les cotons filés un nouveau mode de dévidage et d'enveloppe. Cette enveloppe, consistant en une bande de papier appliquée sur les écheveaux, devra être empreinte de la marque du fabricant et d'un numéro d'ordre [1].

---

[1] Les trois dispositions qui précèdent, édictées dans un intérêt de douane, n'ont pas été abrogées par la loi de 1857.

sera puni des peines portées en l'article 423 du Code pénal, sans préjudice des dommages-intérêts, s'il y a lieu.

Tout marchand, commissionnaire ou débitant quelconque sera passible des effets de la poursuite, lorsqu'il aura sciemment exposé en vente ou mis en circulation les objets marqués de noms supposés ou altérés.

Art. 2. L'infraction ci-dessus mentionnée cessera, en conséquence, et nonobstant l'article 17 de la loi du 12 avril 1803 (22 germinal an XI), d'être assimilée à la contrefaçon des marques particulières, prévue par les articles 142 et 143 du Code pénal.

CODE PÉNAL.

Art. 423. Quiconque aura trompé l'acheteur sur le titre des matières d'or ou d'argent, sur la qualité d'une pierre fausse vendue pour fine, sur la nature de toutes marchandises; quiconque, par usage de faux poids ou de fausses mesures, aura trompé sur la quantité des choses vendues, sera puni d'emprisonnement pendant trois mois au moins, un an au plus et d'une amende qui ne pourra excéder le quart des restitutions et dommages-intérêts, ni être au-dessous de 50 francs.

Les objets du délit ou leur valeur, s'ils appartiennent encore au vendeur, seront confisqués : les faux poids et les fausses mesures seront aussi confisqués et de plus seront brisés.

CHAMBRE DES DÉPUTÉS.

EXPOSÉ DES MOTIFS

DU PROJET DE LOI TENDANT A RÉPRIMER LES ALTÉRATIONS OU SUBSTITUTIONS DE NOMS SUR LES PRODUITS FABRIQUÉS [1].

MESSIEURS,

La réputation des produits fabriqués est pour le manufacturier une véritable propriété que la loi garantit.

Il est des villes de fabrique dont les produits ont aussi une réputation qu'on peut appeler *collective*, et c'est encore une propriété. — Les draps de Louviers ou de Sedan sont distingués dans le commerce des *espèces* particulières; et il importe aux fabricants de ces villes d'empêcher que d'autres tissus plus ou moins semblables ne se confondent avec les leurs, à la faveur d'une déclaration mensongère, qui aurait le double inconvénient de les discréditer et de tromper le consommateur.

La législation, par des motifs de haute importance, s'est abstenue d'assujettir en général les produits industriels à une marque apposée par l'autorité; mais elle a donné ce droit à tout fabricant, et l'article 16 de la loi du 12 avril 1803, qui le confère, attache à la contrefaçon la peine de faux en écriture privée, avec dommages-intérêts. L'article 143 du Code pénal confirme cette disposition ou ne la modifie que relativement à la peine : il prononce la réclusion contre quiconque aura falsifié *la marque d'un établissement de commerce* ou aura fait usage des marques contrefaites.

Toutefois ces dispositions pénales n'atteignent point celui qui, sans contrefaire la marque, ni usurper le nom d'autrui, et en employant son propre nom, ne falsifie que le nom *du lieu* de fabrication.

A la vérité la même loi du 12 avril 1803 porte, article 13, que « *la marque sera considérée comme contrefaite*, quand on y aura inséré ces mots : *façon de*, et à la suite le nom d'un autre fabricant ou d'une autre ville. » Mais l'impunité résulte de l'excessive sévérité d'une assimilation qui confond et punit sans distinction, comme crime de faux, l'aveu d'une imitation avec une supposition de lieu, ou si l'on veut une supposition de lieu avec la contrefaçon directe d'une marque personnelle. Aussi les fraudeurs se sont mis facilement à couvert, en évitant matériellement la seule manœuvre décrite dans la loi, et on a vu des draps originairement marqués de tel domicile, *près* Louviers ou *rue* de Louviers, et des marchands complices de la supposition ainsi préparée, couper sur l'étoffe les mots *près* ou *rue de* en faire *des draps de Louviers* et les vendre pour tels, etc.

[1] *Moniteur*, 1824, 30 juin.

Le projet de loi que le roi nous a ordonné de vous présenter doit mettre un terme à ces coupables abus.

Il n'ôte rien à la juste sévérité dont le Code pénal frappe la contrefaçon directe. Il fait cesser l'assimilation, tout à la fois trop rigoureuse et insuffisante qui résulte de la loi du 12 avril 1803 entre la contrefaçon et la simple manœuvre avec laquelle, sur une marque non contrefaite, on fait paraître un nom supposé.

Il complète la définition du délit qu'il s'agit de punir, et embrasse les diverses fraudes possibles que la loi de 1803 n'avait pas prévues ; il atteint celle qui *apposerait* ou ferait *apparaître* par une altération *quelconque*, sur des produits fabriqués, le nom d'un fabricant autre que le véritable, ou d'un lieu autre que celui de la fabrication, et classe ce délit, quant à la peine, avec ceux d'une égale gravité, c'est-à-dire avec les fraudes qui se commettent du vendeur à l'acheteur, et que le Code pénal a réunies dans son article 423. La peine portée par cet article est suffisante, sans qu'il y ait lieu de craindre qu'on hésite à la prononcer pour excès de rigueur : c'est l'emprisonnement de trois mois au moins, d'un an au plus, et une amende qui ne peut excéder le quart des restitutions ou dommages-intérêts, ni être moindre de 50 francs ; et en outre la confiscation des objets du délit, *s'ils appartiennent encore au vendeur.*

Ces derniers mots de la loi pénale ont averti qu'une distinction était à introduire dans le projet de loi. Le délit a été commis ou préparé par le fabricant, quand il a supposé un nom, ou introduit à dessein, dans sa marque, un mot destiné à favoriser la fraude, au moyen d'un retranchement ou de toute autre altération. Ce fabricant est le principal coupable.

Le débitant peut être complice, soit qu'il ait demandé la fabrication frauduleuse, soit qu'il ait lui-même exécuté les altérations, il subira les peines ordinaires de sa complicité ; c'est le droit commun.

Si la marchandise appartient encore aux vendeurs (auteurs ou complices), l'article 423 du Code pénal assure la confiscation.

Mais un marchand de bonne foi peut exposer en vente dans son magasin, innocemment, sans être instruit de la fraude, des marchandises dont la marque se trouve ainsi falsifiée ou altérée. Il ne faudrait pas laisser un prétexte d'abuser de la lettre de la loi pour prétendre contre un tel *vendeur* la confiscation qui n'a pu être exercée que contre le *vendeur, auteur ou complice du délit.* On propose donc ici de déclarer que le simple débitant ne sera passible des effets de la poursuite, qu'autant qu'il aurait exposé en vente, *sciemment,* les objets marqués des noms supposés ou altérés.

Tels sont, messieurs, les principaux motifs des deux articles de loi que nous vous proposons. Leurs dispositions n'étaient pas moins conseillées par l'expérience que réclamées par nos villes manufacturières, par les Conseils généraux de leurs départements. Vous les accueillerez, nous n'en doutons pas, avec une égale sollicitude, puisqu'elles doivent avoir pour objet de donner de nouvelles garanties à la fabrication, au débit de nos produits industriels, et d'accroître par là, dans l'étranger comme dans l'intérieur du royaume, la juste réputation dont ils jouissent.

CHAMBRE DES DÉPUTES.

RAPPORT

FAIT AU NOM DE LA COMMISSION
CHARGÉE D'EXAMINER LE PROJET DE LOI TENDANT A RÉPRIMER
LES ALTÉRATIONS ET SUBSTITUTIONS
DES NOMS SUR LES PRODUITS FABRIQUÉS [1],

Par M. LEMOINE DES MARES.

MESSIEURS,

La Commission que vous avez nommée pour examiner le projet de loi tendant à réprimer les altérations ou les substitutions de noms sur les produits fabriqués m'a chargé de soumettre à la Chambre le résultat de cet examen.

L'industrie, Messieurs, est une source des plus fécondes de la prospérité publique et de la richesse des Etats. Il n'est pas de Français qui n'ait parcouru avec orgueil, pas d'étranger qui n'ait visité avec une jalouse admiration ces vastes et superbes portiques du palais de nos rois, que la sollicitude éclairée du monarque bien-aimé ouvrit récemment à l'émulation de ses sujets et où vinrent à l'envi s'exposer à nos regards étonnés tant de magnifiques chefs-d'œuvre et de brillants essais.

Si l'industrie, Messieurs, contribue à la richesse des Etats, elle contribue aussi à la fortune du manufacturier, et la réputation des objets fabriqués est, pour lui, ainsi que l'a dit le ministre de l'intérieur, une véritable propriété que la loi doit garantir.

Il est des villes de fabrique dont les produits ont aussi une réputation qu'on peut appeler *collective*, et c'est encore une propriété.

Les draps de Louviers ou de Sedan sont distingués dans le commerce comme des espèces particulières ; et il importe anx habitants de ces villes d'empêcher que d'autres tissus, qui y ressemblent plus ou moins, ne se confondent avec les leurs, à la faveur d'une déclaration mensongère qui aurait le double inconvénient de les discréditer et de tromper les consommateurs.

La législation, par des motifs de haute importance, s'est abstenue d'assujettir les produits industriels à une marque apposée par l'autorité ; mais

<hr>

[1] *Moniteur*, 1824, 1er juillet, p. 885.

la loi du 12 avril 1803 confère à tout fabricant le droit d'une marque personnelle et locale.

Cette marque, lorsqu'elle a acquis toute l'authenticité dont elle est susceptible, devient la propriété du manufacturier ; c'est sous l'égide de cette marque qu'il conserve à sa fabrication la réputation qui en assure le succès ; elle est la sauvegarde de son industrie : c'est aussi une signature sous la foi de laquelle il garantit des produits qu'il offre au consommateur.

Celui qui contrefait cette marque commet donc un attentat à la propriété, puisqu'il enlève à celui à qui seul elle appartient le fruit d'une fabrication qu'il cherche toujours à perfectionner.

C'est pourquoi l'article 10 de la loi précitée du 12 avril 1803 attache à la contrefaçon la peine du faux en écriture privée, avec dommages et intérêts.

L'article 143 du Code pénal confirme cette disposition ou ne la modifie que relativement à la peine : il prononce la réclusion contre quiconque aura falsifié la marque d'un établissement de commerce ou aura fait usage des marques contrefaites.

Toutefois ces dispositions pénales n'atteignent point celui qui, sans contrefaire la marque ni usurper le nom d'autrui, et en employant son propre nom, ne falsifie ou ne simule que le nom du lieu de sa fabrication.

A la vérité, la même loi du 12 avril 1803 porte, article 13, que « *la marque sera considérée comme contrefaite quand on y aura inséré ces mots : façon de, et, à la suite, le nom d'un autre fabricant ou d'une autre ville.* » Mais l'impunité résulte de l'excessive sévérité d'une assimilation qui confond et punit sans distinction, comme crime de faux, une imitation avec supposition de lieu, ou si l'on veut une supposition de lieu avec la contrefaçon directe d'une marque personnelle.

D'ailleurs, les fraudeurs se sont mis facilement à couvert, en évitant matériellement la seule manœuvre décrite dans la loi, et l'on a vu des draps originairement marqués de tel domicile ; *près* de Louviers, ou *rue* de Louviers, à *l'instar* de Sedan, ou *filature* de Sedan, et des marchands, se rendant par une de ces additions complices de la simulation ainsi préparée, couper sur le chef les mots *près de* ou *rue de*, à *l'instar de* ; en faire par ces retranchements des draps de Louviers ou de Sedan, et les vendre pour tels, etc. J'occuperais trop longtemps votre attention, Messieurs ; ma position personnelle rendrait d'ailleurs ma tâche trop pénible, si je devais vous réciter ici tous les exemples de ce genre de fraude ; exemples que plusieurs manufacturiers se sont empressés de porter à la connaissance de votre Commission.

Cette fraude est devenue si commune, et la sécurité de ceux qui s'y livrent si parfaite, qu'on serait tenté de croire qu'il n'existe point de lois de répression, surtout quand on voit dans des circulaires imprimées, et revêtues de signatures à la main, annoncer tout simplement au commerce que l'on fabrique dans tel endroit des draps qu'on se propose de présenter sous la marque de tel autre lieu auquel se rattache une grande célébrité.

On assure que, d'un autre côté, des commissionnaires expéditeurs à l'étranger commandent périodiquement, dans certaines manufactures, cinquante ou cent pièces d'étoffe, à la condition que le manufacturier y fera apposer une marque de telle ou telle ville qui n'est pas celle de fabrication.

Vous êtes frappés, Messieurs, du préjudice immense qui résulte de ces coupables abus ; ils tendent à détruire une réputation précieuse, en la prostituant à des produits qui ne méritent pas d'y participer ; ils introduisent dans le commerce le dol et la mauvaise foi, en trompant le consommateur qui, privé des connaissances nécessaires pour bien juger l'objet qu'on lui présente, s'en rapporte au nom qu'il y voit inscrit, et, sous cette perfide apparence, le paye souvent bien au delà de sa vraie valeur.

C'est encore à ces manœuvres déloyales que plusieurs branches de notre industrie doivent la perte de leurs relations avec l'étranger qui leur a fermé ses marchés du moment qu'il a vu les plus grossières productions arriver chez lui sous un nom qu'il était habitué à honorer, et qui avait jusque-là obtenu toute sa confiance.

Le gouvernement, Messieurs, ne veut point comprimer l'essor de l'industrie ni en paralyser les conceptions ; mais, sans entrer ici dans la question de savoir s'il serait convenable d'en régler l'exercice en réunissant chacune des diverses branches qui s'y livrent par un lien commun de confiance et d'affection, par une solidarité de probité et d'honneur, vous conviendrez qu'il était du devoir du gouvernement de mettre un terme aux funestes conséquences de ce scandaleux désordre.

C'est ce qu'il a eu intention de faire par le projet de loi qu'il vous présente.

Encore bien que ce projet soit applicable à tous les genres d'objets fabriqués, l'exposé des motifs par M. le ministre de l'intérieur dit assez qu'il est aussi destiné à satisfaire à de justes et vives instances, si souvent réitérées par plusieurs villes manufacturières de France, et particulièrement par celles de Louviers et de Sedan, auxquelles se sont empressés de se réunir un grand nombre de fabricants d'Elbeuf.

Ce que je viens de vous dire, Messieurs, relativement aux manœuvres à l'aide desquelles on parvenait à altérer la marque des draps de Louviers et de Sedan, a déterminé votre Commission à introduire dans le premier paragraphe de votre projet les mots *addition* et *retranchement*.

Il lui a paru indispensable d'y comprendre aussi la *raison commerciale*, qui peut contenir et contient quelquefois un nom autre que celui du fabricant.

Il était également nécessaire de disposer, relativement *au lieu de fabrication* ; et un *erratum* au feuilleton de la séance qui a suivi la présentation de la loi vous a appris, Messieurs, que c'était par suite d'une omission du copiste qu'il ne se trouvait point dans le projet distribué.

Votre Commission a pensé qu'il fallait aussi désigner le marchand en gros et le commissionnaire, qui sont autres que ce qu'on appelle dans le commerce le simple débitant.

Enfin, craignant que les seuls mots : *exposé en vente*, ne donnassent lieu à quelques interprétations à l'aide desquelles les coupables pourraient se soustraire à la peine, en achetant des marchandises marquées de noms supposés ou altérés, pour les vendre dans un autre endroit, ou les exporter sans les faire entrer dans leurs magasins, votre Commission vous propose encore d'ajouter, dans le second paragraphe de l'article précédent, les mots : *ou mis en circulation*.

Relativement au lieu de fabrication, je dois vous dire, Messieurs, que la confection de certains produits exige un concours d'opérations telles qu'on n'est point encore parvenu à les exécuter toutes dans un seul et même établissement. Cette considération nous a déterminés à exprimer le vœu que le gouvernement s'occupât de préciser par des dispositions réglementaires les conditions qui donnent droit aux fabricants d'apposer la marque ou le nom de tel ou tel lieu, et de participer en conséquence à l'avantage de la réputation collective de ces produits.

Nul doute, Messieurs, que ces dispositions réglementaires devront être telles qu'elles puissent garantir tous les intérêts légitimes, sans laisser à la fraude le moyen d'éluder les effets de la loi.

Ce projet de loi n'ôte rien à la juste sévérité dont le Code pénal frappe la contrefaçon directe. Il fait cesser l'assimilation tout à la fois trop rigoureuse et insuffisante qui résulte de la loi du 22 avril 1803, entre la contrefaçon et la simple manœuvre avec laquelle, sur une marque non contrefaite, on fait passer un nom supposé.

Il complète la définition du délit qu'il s'agit de punir, et embrasse les diverses fraudes possibles que la loi de 1803 n'avait pas prévues; il atteint celle qui *apposerait* ou ferait *apparaître* par une altération quelconque, sur des produits fabriqués, le nom d'un fabricant autre que le véritable, et d'un lieu autre que celui de la fabrication.

Il classe ce délit, quant à la peine, avec ceux d'une égale gravité, c'est-à-dire avec les fraudes qui se commettent du vendeur à l'acheteur, et que le Code pénal a réunies dans son article 423 ainsi conçu :

« (423.) Quiconque aura trompé l'acheteur sur le titre des matières d'or ou d'argent, sur la qualité d'une pierre fausse vendue pour fine, sur la nature de toute marchandise ; quiconque, par usage de faux poids ou de fausses mesures, aura trompé sur la quantité des choses vendues, sera puni de l'emprisonnement pendant trois mois au moins, un an au plus, et d'une amende qui ne pourra excéder le quart des restitutions et dommages et intérêts, ni être au-dessous de 50 francs.

« Les objets du délit ou leur valeur, s'ils appartiennent encore au vendeur, seront confisqués ; les faux poids et les fausses mesures seront aussi confisqués, et de plus seront brisés. »

La peine portée par cet article est suffisante, sans qu'il y ait lieu de craindre qu'on hésite à la prononcer pour excès de rigueur.

Les dernières dispositions de la loi pénale ont averti qu'une distinction était à introduire dans le projet de loi. Le délit a été commis ou préparé par le fabricant, quand il a supposé un nom ou introduit à dessein dans sa marque un mot destiné à favoriser la fraude, au moyen d'une addition, d'un retranchement ou de toute autre altération. Ce fabricant est le principal coupable.

Le marchand peut être complice, soit qu'il ait demandé la fabrication frauduleuse, soit qu'il ait lui-même exécuté les altérations : il subira donc les peines ordinaires de sa complicité ; c'est le droit commun.

Si la marchandise appartient encore aux vendeurs (auteurs ou complices), l'article 423 du Code en assure la confiscation.

Mais un marchand de bonne foi peut exposer en vente dans son magasin, innocemment, sans être instruit de la fraude, des marchandises dont la marque se trouve ainsi falsifiée ou altérée. Il ne faudrait pas laisser un prétexte d'abuser de la lettre de la loi pour prétendre contre *un tel vendeur* la confiscation qui n'a pu être décernée que contre *le vendeur, auteur ou complice*.

On propose donc ici de déclarer que tout marchand, commissionnaire ou débitant, ne sera passible des effets de la poursuite, qu'autant qu'il aurait sciemment exposé en vente, ou mis en circulation, les objets marqués de noms supposés ou altérés.

Tels sont, Messieurs, les principaux motifs qui ont déterminé votre Commission à vous proposer d'adopter, avec les modifications de rédaction qu'elle y a introduites, les deux articles de loi qui vous sont présentés ; leurs dispositions, comme vous l'a dit M. le ministre de l'intérieur, n'étaient pas moins conseillées par l'expérience que réclamées par nos villes manufacturières et par les Conseils généraux de leurs départements. Vous les accueillerez, nous n'en doutons pas, avec une égale sollicitude, puisqu'elles doivent avoir pour objet de donner de nouvelles garanties à la fabrication, au débit de nos produits industriels, et d'accroître par là, dans l'étranger, comme dans l'intérieur du royaume, la juste réputation dont ils jouissent.

CHAMBRE DES PAIRS.

EXPOSÉ DES MOTIFS

DE LA LOI DU 28 JUILLET 1824 [1].

MESSIEURS,

Une loi du 12 germinal an XI (12 avril 1803), qui prononce la peine *du faux* contre la contrefaçon des marques particulières, que tout manufac-

---

[1] *Moniteur*, 1824, 11 juillet, p. 947.

turier ou artisan a droit d'apposer sur les objets de sa fabrication, ajoute, article 17 : « La marque sera considérée comme contrefaite, quand on y aura inséré ces mots : *façon de* ... et, à la suite, le nom d'un autre fabricant ou *d'une autre ville.* »

Un article qui assimile au crime de faux, et qui punit d'une peine infamante la simple mention d'une ville où la marchandise n'a pas été réellement fabriquée, a paru d'une sévérité exorbitante. Les fabriques les plus intéressées contre la fraude ont réclamé de toute part. Elles ont représenté que l'excès de la peine en procurait l'impunité.

Mais il n'en est pas moins certain qu'aux yeux de la loi, la supposition du nom de fabrique faussement attribué au produit d'un autre lieu est frauduleuse et punissable. En proposant une loi qui modifie la peine, qui la proportionne mieux au délit, le gouvernement ne vient donc pas demander un droit nouveau, imposer de nouveaux règlements, ni menacer de restrictions inconnues la liberté de l'industrie française ; il ne vient que rendre exécutables, au profit de la bonne foi, les mesures de protection que la législation existante devait et promettait à chaque fabrique.

La réputation d'une manufacture est, pour le fabricant, une propriété à laquelle il tient justement, et que la législation a non moins justement protégée. Qu'est-ce que le droit qu'elle lui donne d'apposer sa marque sur ses produits, si ce n'est la garantie légale et reconnue de cette sorte de propriété ? Que sont les rigueurs décernées contre la contrefaçon, sinon la sanction de ce droit ? Or, personne n'ignore qu'il est des villes où la réputation de la fabrique est *solidaire*, si l'on peut s'exprimer ainsi : la loi l'a reconnu, tantôt en attribuant exclusivement à chaque ville où se fabriquent des tissus, des lisières distinctives, tantôt et plus généralement, comme nous venons de le voir, en assimilant la contrefaçon du nom de lieu à la contrefaçon du nom de fabricant. Cette sanction, cette protection, puisqu'elle existe dans les lois, personne ne voudra sans doute l'en retrancher ; là serait l'innovation devant laquelle il faudrait s'arrêter.

Mais, en proposant d'ôter à l'article 17 de la loi de 1803 une rigueur déplacée, on a dû encore modifier cette disposition pour la mieux conformer à l'esprit de cette loi : elle ne veut pas qu'on suppose un nom de ville ; mais, en spécifiant *les mots* par lesquels elle a prévu que se ferait cette supposition, elle a ouvert la porte à un autre abus, celui de commettre la même fraude en évitant de se servir des mots prévus par la loi. Ainsi il est dit qu'une marque sera contrefaite, si l'objet fabriqué porte *façon de...* (de Lyon, par exemple, sur tissu d'Avignon), et l'on n'avait pas même dit qu'on punirait à plus forte raison celui qui y aurait écrit : *fabrique de Lyon.* Cette imprévoyance a donné lieu à beaucoup de scandales : les Tribunaux ont vu des fabricants apposer des marques frauduleuses, où le nom de Louviers avait été amené sous un prétexte, par exemple, comme le nom d'une rue dans leur propre ville ; et des marchands, au moyen de cette complicité, altérant ou coupant sur le drap les paroles artificieusement arrangées pour leur donner un sens innocent en apparence, y ont fait paraître le nom seul de *Louviers*, comme marque du lieu de fabrication. Ce n'est donc pas innover, c'est rendre à la loi de 1803 sa rédaction naturelle, que de défendre toutes ces supercheries. La Chambre des députés a cru devoir ajouter au texte du projet de loi quelques explications, pour mieux embrasser toutes ces fraudes ; en un mot, pour que le produit d'un lieu ne fût pas marqué faussement du nom d'un autre : c'est toute la loi.

C'est dans cet état que le projet en est soumis à Vos Seigneuries.

Quelques personnes auraient désiré que l'on désignât les conditions sous lesquelles le fabricant, qui fait exécuter dans la campagne une partie des opérations de sa fabrique, sera néanmoins en droit d'user, dans la marque, du nom de la ville où il est domicilié.

D'autres ont paru croire que ce nom de la ville ne pourra plus être employé par les fabricants de la banlieue qui s'en servaient par le passé : ces craintes sont vaines ; les Tribunaux qui, dans le même cas, avaient à se prononcer, sous l'ancienne loi, sur l'usurpation vraie ou prétendue *d'un nom de lieu de fabrication*, continueront à juger de même ; et, quand il le faudra, le gouvernement ne manquera pas au devoir de promulguer les règlements qui, en rappelant les dispositions légales, en assureront partout l'exécution.

Le but de la loi proposée est si simple, qu'on peut être assuré de l'assentiment des fabriques : c'est depuis 1810 qu'à plusieurs reprises, elles ont réclamé le changement aujourd'hui proposé.

Après un grand nombre de consultations, le Conseil général des manufactures en a délibéré dès 1822. Des députations des fabricants de Sedan et de Louviers sont venues porter leurs observations, et toutes les précautions ont été prises pour arriver à un bon résultat.

CHAMBRE DES PAIRS.

RAPPORT

SUR LE PROJET DE LOI TENDANT A RÉPRIMER LES ALTÉRATIONS

OU SUPPOSITIONS DE NOMS SUR LES PRODUITS FABRIQUÉS [1].

MESSIEURS,

L'article 1er du projet de loi qui est soumis à Vos Seigneuries contient toute la loi ; il prononce la peine de l'emprisonnement et celle de l'a-

[1] *Moniteur* du 20 juillet 1824, p. 1815.

mende contre tout individu qui aurait apposé sur des produits fabriqués le nom d'un fabricant autre que celui qui en est l'auteur, ou le nom d'un lieu autre que celui de la fabrication.

Ces dispositions sont justes, elles sont nécessaires.

Elles sont justes en ce qu'elles donnent une garantie à la propriété industrielle. Je dis : propriété ! et en est-il de plus sacrée que le nom d'un fabricant qui, par un travail assidu, une conduite sans tache, et des découvertes utiles, s'est placé honorablement parmi les bienfaiteurs de son pays et les créateurs de son industrie ? S'il est glorieux de porter des noms illustres dans la carrière des armes, de la magistrature, de l'administration, il est pareillement honorable de consacrer le sien par de grands services rendus à l'industrie, une des principales sources de la richesse et de la prospérité d'un Etat.

Ce que je dis ici des individus, je le dirai des villes où des fabricants sont parvenus à créer des genres d'industrie, que la supériorité et la qualité constante des produits ont fait apprécier de tous les peuples consommateurs : souvent le nom de la ville apposé sur les produits commande seul la confiance et forme une garantie aux yeux de l'acheteur ; et s'il était permis de revêtir de ces noms des produits inférieurs, la confiance serait bientôt retirée, et la France perdrait infailliblement plusieurs genres d'industrie qu'il importe à sa gloire et à sa prospérité de conserver.

Le nom d'un fabricant devenu célèbre par la supériorité constante de ses produits, la fidélité et la bonne foi dans ses relations commerciales, de même que celui d'une ville qui a créé un genre d'industrie connu et réputé dans toutes les parties du monde, sont donc plus qu'une propriété privée ; ils forment une propriété publique et nationale. Les produits revêtus de ces noms sont admis partout avec confiance ; et elle est telle, cette confiance, que, dans plusieurs lieux de grande consommation, on les reçoit sans *rompre balle.*

Eh bien ! qu'on tolère tacitement de fausses incriptions sur les étoffes ; que la loi reste muette sur ces usurpations de noms ; que le consommateur n'ait plus aucune garantie sur laquelle puisse reposer sa confiance, dès ce moment nos relations commerciales avec les étrangers sont dissoutes. C'est donc un véritable délit qu'il appartient à la loi de réprimer. Et qu'on ne dise pas que le consommateur saura bien distinguer à l'achat les degrés de qualité d'une étoffe : non, Messieurs, le consommateur ne peut pas les apprécier ; il ne juge que ce qui tombe sous le sens ; l'œil et le tact suffisent-ils pour prononcer sur la solidité des couleurs, pour déterminer avec précision le degré de finesse d'une étoffe, la nature et la bonté des apprêts ? Dans les premières années de la Révolution, les bonnes couleurs de la fabrique de Lyon s'étaient altérées, et le Nord repoussa bientôt nos soieries. Ce n'est qu'en revenant à ses couleurs solides que cette importante fabrique a pu retrouver ses anciennes relations.

Sans doute l'industrie doit être libre : c'est le seul moyen d'en hâter les progrès et d'exciter l'émulation ; mais il ne doit pas être permis d'usurper un nom respectable pour colporter impunément la fraude, pour décrier un manufacturier, pour déshonorer un nom jusque-là révéré, et fermer des débouchés au commerce d'une nation.

Qu'on ne dise pas non plus qu'on établit par la loi un monopole ou un privilége entre les mains de quelques fabricants : non, Messieurs, il n'y a ni monopole ni privilége, toutes les fois qu'il est permis à un fabricant d'imiter et de copier les méthodes et les procédés d'une manière quelconque. Il ne s'agit ici que de donner une garantie légale à la propriété des noms qu'il n'est pas permis d'usurper.

Dans tous les temps, le gouvernement s'est occupé de l'objet qui est maintenant soumis à vos délibérations.

Les statuts accordés à la fabrique de Carcassonne, le 26 octobre 1666, portaient la peine du carcan, pendant six heures, contre tout manufacturier qui apposerait sur ses draps la marque d'une autre ville ou d'un autre fabricant.

La loi du 12 avril 1802 assimile au crime de faux et prononce des peines infamantes contre les contrefacteurs du genre dont il s'agit.

La sévérité seule de ces lois les a fait tomber en désuétude. Les fabricants les plus intéressés à la répression du délit n'ont pas voulu en poursuivre l'exécution, tant il est vrai que toujours la peine doit être proportionnée au délit, et qu'il est un sentiment naturel plus fort que l'intérêt personnel, et antérieur à toutes les lois, qui repousse tout ce qui ne paraît pas juste.

Le projet de loi qui vous est soumis ne prononce que des peines correctionnelles contre le même délit, et sous ce rapport il atteint le même but, sans compromettre le sort de la loi.

Ce projet de loi consacre un principe : la garantie des noms des fabricants et des villes de fabrique. Il restera après son adoption à en régler l'exécution.

Ici se présentent de graves difficultés, qui ne pourront être résolues que par des ordonnances interprétatives et réglementaires.

Les fabricants établis dans l'enceinte tracée et limitée d'une ville de fabrique doivent-ils jouir seuls du droit d'apposer le nom de la ville sur leurs produits? Ceux qui se sont établis dans le voisinage pour profiter d'un cours d'eau, du plus bas prix de la main-d'œuvre, de bâtiments plus commodes et plus spacieux, mais qui emploient dans leur fabrication les mêmes matières, les mêmes procédés, les mêmes apprêts, et dont les produits sont de même nature que ceux que l'on fabrique à l'intérieur, seront-ils déshérités du droit d'apposer sur leurs étoffes le nom de la ville? Cela ne paraît ni juste ni conforme à l'intérêt de l'industrie. Par exemple, Sedan est une ville militaire, son enceinte est très-circonscrite et très-restreinte; à mesure que la fabrique s'est étendue, elle a dû sortir des limites tracées pour la défense de la place; les principaux fabricants se sont établis hors des murs ; pourrait-on aujourd'hui leur contester le droit de continuer à marquer leurs tissus du nom de *drap de Sedan.*

L'ordonnance doit prévoir ces difficultés et les résoudre d'avance pour éviter toute contestation entre les fabricants.

Une autre difficulté se présente, et celle-ci n'est pas la moins grave.

Depuis qu'on a donné toute liberté à l'industrie manufacturière, les fabriques de Sedan, d'Elbeuf, de Louviers, qui ne pouvaient fabriquer chacune qu'une sorte d'étoffe, ont varié à l'infini la qualité de leurs produits et ont fabriqué dans la seule ville d'Elbeuf vingt sortes de draps, dont les prix varient depuis 8 et 12 francs jusqu'à 30 et 40 francs l'aune.

Cette liberté a produit plusieurs bons effets : le premier, d'employer à une bonne fabrication l'énorme variété de laines que produit aujourd'hui notre agriculture ; le second, de nous mettre en mesure de rivaliser avec les fabriques étrangères et de repousser leurs produits analogues ; le troisième, d'associer la fabrication à tous les goûts et à toutes les fortunes.

Mais vous ne pouvez pas empêcher qu'un fabricant d'Elbeuf, de Sedan ou de Louviers, ne marque son drap, quelle que soit sa qualité, du lieu où il a été fabriqué ; le projet de loi qui vous est soumis l'y autorise expressément.

Je dis plus : vous ne pouvez pas empêcher que d'autres fabricants ne s'établissent dans ces trois villes, pour acquérir le droit de revêtir des produits quelconques du nom d'une ville célèbre par sa fabrication.

Ainsi la loi serait incomplète sous ce rapport et l'effet en serait illusoire.

Que désirent les fabricants de Sedan et de Louviers qui ont fait la demande de la loi qui est soumise à votre délibération ? Ils veulent que leur draperie fine, qui, colportée dans le monde entier, sous le nom de *draps de Sedan* ou *de Louviers*, a acquis partout une réputation méritée, puisse la reprendre. Leurs efforts sont louables. Leurs vœux sont légitimes ; mais ils ne parviendront à leur but qu'autant que, par une ordonnance, il sera réservé aux seuls fabricants de la bonne draperie, anciennement connue sous le nom de *draps de Louviers* ou de *Sedan*, d'ajouter à cette dénomination celle de *première qualité*. Sans cela, les noms de *drap d'Elbeuf*, de *Sedan* ou *de Louviers*, n'offriront aucune garantie au consommateur.

La Commission vous propose l'adoption de la loi.

CHAPITRE VI.

LÉGISLATION ÉTRANGÈRE [1].

Allemagne.

(Voir Confédération germanique.)

Amérique (États-Unis d').

L'acte du 14 mai 1845 punit de la peine de l'emprisonnement pendant un délai qui ne pourra excéder six mois et d'une amende qui n'excédera pas 100 dollars toute personne qui a imité ou contrefait sciemment ou volontairement, ou qui a fait imiter les marques ou étiquettes d'un fabricant ou marchand, ou qui a vendu des marchandises revêtues de marques fausses ou contrefaites, sachant qu'elles étaient fausses ou contrefaites.

L'acte du 29 août 1842 garantit à ceux qui, ayant résidé pendant une année aux Etats-Unis, ont créé des dessins représentant des objets destinés à la fabrication, le droit exclusif d'en jouir pendant sept années ; ce droit leur est assuré par une patente qui leur est délivrée sur leur demande et après examen du dessin fait par le commissaire des patentes. La marque est obligatoire pour les produits industriels dont les dessins sont protégés par une patente.

Les fabricants ou marchands étrangers dont la marque de

---

[1] La plupart des lois étrangères que nous reproduisons ici sont extraites des documents que possède sur cette matière le ministère du commerce. Son Exc. le ministre des travaux publics et du commerce a bien voulu nous autoriser à en prendre communication. Nous devons cependant reconnaître que nous avons consulté avec fruit les ouvrages de MM. Blanc et Beaume, Pataille et Huguet, et que nous leur avons fait quelques emprunts.

fabrique aurait été usurpée par des sujets des Etats-Unis seraient recevables à demander devant les Tribunaux des Etats-
Unis la réparation du préjudice qu'ils ont éprouvé. Nous
devons ajouter, toutefois, qu'une Cour d'Amérique a en effet
admis l'action intentée par un étranger contre un Américain,
au sujet d'une usurpation de marque de fabrique [1].

On peut également consulter sur ce point la législation
anglaise, qui reçoit en grande partie son application aux
Etats-Unis.

Angleterre.

La législation anglaise ne renferme aucune disposition
spéciale sur cette matière; mais la jurisprudence anglaise est
constante pour réprimer entre les nationaux l'usurpation
du nom ou de la marque du fabricant. Bien qu'elle ne soit pas
aussi précise à l'égard des actions de cette nature qui seraient
intentées par des étrangers contre des Anglais devant les Tribunaux anglais, on peut cependant décider que les fabricants
et négociants étrangers trouveraient en Angleterre, à cet
égard, la même protection. La législation anglaise, en effet,
admet que les étrangers peuvent intenter, en Angleterre,
toute action personnelle et mobilière, et c'est conformément
à ce principe que la Cour de chancellerie d'Angleterre a jugé,
le 11 juin 1857, le procès élevé entre MM. Collins et Cohen [2].

Autriche.

La législation autrichienne offre aussi bien aux étrangers
qu'aux nationaux des garanties contre la contrefaçon des

---

[1] *The Times*, 24 décembre 1844. — *Annales*, année 1855, p. 100.
[2] Voir *supra*, n. 234. Le journal *The law Times* a rendu compte de ce procès, qui se trouve d'ailleurs résumé dans les *Annales*, année 1856, p. 278 et
suivantes. Voir encore les mêmes, année 1855, p. 97 et suiv.

marques de fabrique, des timbres de commerce, etc., puisqu'elle ordonne la répression pénale de pareilles fraudes.

Outre les lois qui traitent de la fraude en général, et qui se trouvent consignées dans le Code des délits et des peines, 1re partie, art. 178-180, les cas de répression contre les usurpations de marques de fabrique sont prévus et détaillés spécialement, quant au commerce, dans les lettres patentes du 24 mars 1764, 12 août 1776, 30 août 1784 et 8 août 1792.

La teneur essentielle de ces patentes, publiées successivement pour satisfaire au besoin du commerce et de l'industrie, est que toute contrefaçon des signes et marques susmentionnées est sévèrement prohibée et que les coupables encourent, outre la confiscation du corps du délit, une amende et une détention proportionnées à la gravité du dommage auquel leur fraude a donné lieu. Les mêmes peines atteindraient aussi ceux qui contribueraient au débit des marchandises contrefaites, et les marchands convaincus de participation à la fraude perdent l'autorisation de faire le commerce ou de fabriquer [1].

Cette législation est bien imparfaite ; aussi depuis quelque temps le gouvernement autrichien se préoccupe-t-il vivement des lacunes des lois qui régissent cette matière. Un projet de loi doit, dit-on, être présenté prochainement au pouvoir législatif.

Pour le commerce qui se fait à l'intérieur de l'empire, les

---

[1] MM. Blanc et Beaume gardent le silence sur cette partie du droit autrichien. MM. Pataille et Huguet le citent d'une manière incomplète. Ils donnent au dernier document sur cette matière la date du 9 septembre 1792, M. Lesenne, *Code des brevets d'invention*, reproduit également cette date, nous croyons que c'est une erreur ; ce règlement doit être le même que celui du 8 novembre 1792.

Notre excellent confrère, M. Levita, docteur en droit, avocat de l'ambassade d'Autriche, après avoir vérifié les documents que nous présentons, nous a confirmé dans notre opinion, en nous donnant l'assurance que ces documents étaient parfaitement exacts.

marques des fabricants étrangers sont prohibées. Leur usage n'est permis que pour le commerce d'exportation ; toutefois, l'usage des marques qui ne renferment que l'indication des marchandises est permis. Par cette distinction le législateur a, sans se préoccuper de l'intérêt des étrangers, eu uniquement en vue de protéger les nationaux et d'éviter qu'ils ne soient l'objet d'une tromperie dans la provenance des produits et des marchandises.

Bade (Grand-duché de) [1].

En 1844, la législation badoise appliquait à la contrefaçon des sceaux et timbres d'autorités étrangères et d'établissements publics de banque ou de commerce les mêmes peines que s'il s'agissait d'établissements nationaux, mais elle ne punissait pas la contrefaçon des marques de fabrique étrangères. Un nouveau Code pénal fut alors mis en discussion : il a été promulgué le 1er mai 1857. Voici dans quels termes est conçue la disposition de l'article 444 :

« Quiconque se sera servi frauduleusement des étiquettes des marchandises ou des marques de fabrique d'un fabricant du grand-duché, et quiconque aura vendu les marchandises portant une fausse marque, sera condamné, sur la dénonciation du fabricant intéressé, à la peine d'un emprisonnement qui pourra s'élever jusqu'à trois mois, ou à une amende. La même peine sera prononcée en cas d'usage fruduleux des étiquettes de marchandises ou des marques de fabrique des fabricants des Etats étrangers, avec lesquels des conventions de réciprocité auront été conclues à cet égard. »

[1] Les ouvrages qui se sont occupés de faire connaître la législation étrangère sur cette matière, ouvrages que nous avons déjà cités, ne parlent pas de cette législation.

Nous devons à la bienveillance particulière de M. le baron de Schweizer, ministre plénipotentiaire, le document que nous présentons.

CONVENTION DU 2 JUILLET 1857

Conclue entre la France et le grand-duché de Bade pour la garantie réciproque du droit de propriété industrielle.

(Echange des ratifications à Carlsruhe, le 20 août 1857. — Promulgation en France par décret impérial du 26 août 1857. — Bull. 537, n° 4914, XI° s.)

S. M. l'empereur des Français et S. A. R. le grand-duc de Bade, ayant, par un traité signé aujourd'hui même à Carlsruhe, garanti réciproquement le droit de propriété littéraire et artistique entre la France et le grand-duché de Bade, et voulant, en même temps, faire jouir leurs sujets respectifs d'une pleine protection contre la contrefaçon, dans l'un des deux pays, des timbres et marques de fabrique apposés sur les produits industriels et manufacturiers fabriqués dans l'autre pays, ont résolu de conclure à ce sujet une convention spéciale, et ont, dans ce but, nommé pour leurs plénipotentiaires, savoir : — S. M. l'empereur des Français, le sieur *Hercule* vicomte DE SERRE, officier de son ordre impérial de la Légion d'honneur, grand officier de l'ordre impérial du Medjidié, commandeur des ordres de Léopold d'Autriche, de Charles III d'Espagne et de la Conception de Portugal, etc., son ministre plénipotentiaire près S. A. R. le grand-duc de Bade; — Et S. A. R. le grand-duc de Bade, le sieur *Guillaume* baron DE MEYSENBUG, chevalier grand-croix de son ordre du Lion de Zæhringen, grand officier de l'ordre impérial de la Légion d'honneur, etc., son ministre d'État au département de la Maison et des affaires étrangères ; — Lesquels, après s'être communiqué leurs pleins pouvoirs respectifs, trouvés en bonne et due forme, sont convenus des articles suivants :

ART. 1er. La reproduction, dans l'un des deux pays, des timbres et marques de fabrique, apposés sur les produits industriels ou manufacturiers de l'autre pays pour en constater l'origine et la qualité, sera assimilée à la contrefaçon des œuvres d'art et d'esprit, et les dispositions concernant la répression de cette contrefaçon, insérées dans le traité y relatif de ce jour, seront applicables à la reproduction desdits timbres et marques de fabrique.

Art. 2. Les timbres et marques de fabrique dont les sujets de l'un des deux États voudront s'assurer la propriété dans l'autre devront être déposés exclusivement, savoir : les timbres et marques d'origine badoise, au greffe du Tribunal de commerce de la Seine, et les timbres et marques d'origine française, au bureau du bailliage de la ville de Carlsruhe.

Art. 3. Pour faciliter la pleine exécution de cette convention, les deux hautes parties contractantes se communiqueront respectivement les lois, ordonnances et règlements que chacune d'elles aurait promulgués ou promulguerait à l'avenir pour garantir le commerce légitime contre la contrefaçon des produits industriels et manufacturiers.

Art. 4. La présente convention demeurera en vigueur pendant six ans, à partir de l'échange des ratifications. — Dans le cas où l'une des hautes parties contractantes ne l'aura pas dénoncée six mois, au moins, avant l'expiration des six années précitées, elle restera en vigueur pendant six autres années, et ainsi de suite.

Art. 5. La présente convention sera ratifiée, et les ratifications en seront échangées, à Carlsruhe, dans le délai de six semaines, à partir du jour de la signature, ou plus tôt, si faire se peut. — En foi de quoi, les plénipotentiaires respectifs l'ont signée et y ont apposé le cachet de leurs armes.

Fait à Carlsruhe, le deuxième jour du mois de juillet de l'an de grâce 1857.

(L. S.) *Signé* SERRE.   (L. S.) *Signé* MEYSENBUG.

ARTICLE SÉPARÉ.

Les deux hauts gouvernements Français et Badois s'engagent à employer mutuellement leurs bons offices pour déterminer, dans le plus bref délai possible, l'accession des autres gouvernements étrangers, et notamment celle des États limitrophes de leurs territoires respectifs, aux dispositions consacrées par la convention signée cejourd'hui à Carlsruhe, à l'effet d'établir la garantie réciproque du droit de propriété industrielle. — Le présent article aura même force et valeur que s'il était textuellement inséré dans ladite convention.

Fait à Carlsruhe, le 2 juillet 1857.

(L. S.) *Signé* SERRE.   (L. S.) *Signé* MEYSENBUG.

Bavière.

La loi concernant les contrefaçons et l'emploi des marques des établissements industriels et des fabriques est du 6 mai 1840. Cette loi ne rend pas la marque obligatoire ; elle en assure la propriété à celui qui l'a déposée en se conformant aux prescriptions exigées. L'usurpation de la marque de fabrique est punie d'une amende de 10 à 50 florins ; et, en cas de récidive, cette loi non-seulement double l'amende, mais elle déclare que la suspension temporaire ou même définitive de la fabrique où s'exerce l'industrie coupable pourra être prononcée.

Les nations qui n'ont pas passé avec la Bavière de traité particulier sur cette matière sont protégées par la loi précitée du 6 mai 1840. Cette loi, en effet, déclare que les dispositions qu'elle contient sont applicables à la contrefaçon et à l'usage des marques de fabrique et de la raison sociale des fabricants et industriels étrangers, lorsqu'ils ont imprimé sur les produits leur nom et domicile, et lorsqu'ils ont fait la déclaration et le dépôt de leurs marques près d'une autorité de police d'un des districts du royaume.

La fin de l'article 6 de cette loi est ainsi conçue : « Ce qui doit être surtout sévèrement poursuivi et puni, c'est l'usurpation des noms, domiciles, marques et raisons sociales des fabricants ou négociants étrangers. »

Citons pour mémoire le traité intervenu le 11 août 1843, entre la Bavière et la Prusse, pour la garantie réciproque des contrefaçons et usurpations des marques de fabrique.

Belgique.

La législation de la Belgique ne renferme qu'une disposition générale sur les marques de fabrique, celle de l'article 142 du Code pénal, qui punit de la réclusion les contrefacteurs des marques, sceaux et timbres d'une autorité quelconque, ou d'un établissement particulier de banque ou de commerce. La même peine s'applique à ceux qui ont fait usage de sceaux, timbres ou marques contrefaites. En ce qui concerne les fabricants et commerçants étrangers, il a été jugé qu'ils peuvent demander la réparation du tort qu'on leur a causé, en donnant la caution *judicatum solvi*[1]. Mais peut-être faudrait-il en outre, pour l'exercice d'une telle action, que les étrangers aient été autorisés à résider en Belgique et qu'ils aient déposé leur marque conformément à la loi de l'an XI.

En dehors de ces dispositions générales, certaines dispositions particulières sont en vigueur. Deux de nos lois françaises y reçoivent encore leur application :

L'arrêté des Consuls du 23 nivôse an IX (13 janvier 1801)

---

[1] Voir *supra*, n. 228 et 234.

et le décret impérial du 5 septembre 1810, qui régissent les marques destinées aux ouvrages de quincaillerie et de coutellerie [1].

Il faut ajouter à ces dispositions législatives : 1° l'arrêté du 25 décembre 1818 contenant règlement sur les marques à employer pour les diverses fabriques de pipes ; 2° un arrêté royal du 1er juin 1820, portant des mesures pour l'encouragement des fabriques de draps et d'autres étoffes de laine.

En ce qui touche la violation des dispositions renfermées dans ces deux arrêtés, le législateur se réfère aux pénalités prescrites par l'article 142 du Code pénal.

Brunswick (Duché de).

Le paragraphe 230 du Code pénal du duché de Brunswick prononce la peine d'une année de travaux forcés, pour contrefaçon ou altération de marque, timbre, étiquettes d'une fabrique ou d'une maison de commerce, quand le résultat dépasse 5 thalers.

Confédération germanique.

La Confédération germanique comprend quarante Etats. Le 21 septembre 1842, vingt-cinq de ces Etats ont formé entre eux un contrat d'union commerciale et douanière qui a pris le nom de Zollverein [2] : ce traité, plus spécial à la législation qui régit les brevets d'invention, a pour but aussi de garantir à chacun des Etats du Zollverein la liberté du

---

[1] Nous avons vu *supra,* p. 208, que ce dernier décret renfermait tous les principes généraux auxquels cette matière pouvait être soumise.

[2] L'ouvrage de MM. Pataille et Huguet, que nous avons déjà cité, renferme la liste exacte des États qui composent le Zollverein.

commerce. Il est dit dans le préambule de ce traité que chaque Etat conserve le droit de modifier sa législation et de promulguer à cet égard telles dispositions législatives qu'il jugerait convenable.

Le Zollverein ne s'est pas occupé du sujet que nous traitons; il ne renferme à cet égard aucun principe, aucune règle générale.

Les quarante Etats qui composent la Confédération germanique sont soumis aux actes fédéraux de la diète. Diverses résolutions de la diète ont réglementé la propriété littéraire et artistique. La dernière est du 19 juin 1845, mais aucun de ces actes législatifs ne s'est préoccupé des droits des fabricants et négociants sur leurs marques de fabrique; aucun de ces actes législatifs n'a garanti les propriétaires de ces marques contre les usurpations dont ils pouvaient être les victimes.

Il faut donc rechercher dans les législations particulières à chacun de ces Etats les dispositions législatives qui peuvent exister sur cette partie du droit.

Faisons remarquer toutefois que les divers Etats de la Confédération germanique qui n'ont pas de législation particulière sur la contrefaçon des marques de fabrique, des timbres et des sceaux des établissements de banque, et maisons de commerce privées, répriment les délits de cette nature d'après le droit pénal commun de l'Allemagne, soit en les considérant comme constituant, tantôt des fraudes, tantôt le crime de faux, sans distinction entre les nationaux et les étrangers.

Parmi les Etats qui s'en réfèrent au droit commun, nous pouvons citer la ville libre de Francfort, les grands duchés de Hesse, de Oldenbourg, de Mecklembourg-Schwerin, de Mecklembourg-Strelitz.

Citons quelques-unes des législations particulières à certains Etats de la Confédération germanique.

Brême (La ville libre de).

Ordonnance du 7 novembre 1842 qui interdit, sous peine d'amende, la contrefaçon des estampilles apposées sur les toiles étrangères.

Ordonnance du 10 novembre 1842, qui ordonne la remise des estampilles contrefaites.

D'autres règlements se rapportent aux marques et étiquettes usitées à l'égard de certains produits naturels, tels que les lamproies, les harengs, les graines de lin destinées à l'exportation.

Ces mesures sont prises par le gouvernement lui-même, afin de ne pas permettre les tromperies sur les marchandises destinées à être exportées, et pour éviter ainsi toute déconsidération du commerce à l'extérieur.

Cassel.

La loi de l'électorat de Hesse et la jurisprudence punissent l'imitation et la contrefaçon des marques de fabrique, et prononcent la confiscation des marchandises sur lesquelles les fausses marques sont apposées.

Cassel.]

(Voir *Confédération germanique.*)

Danemark.

L'ordonnance du 11 avril 1840, dans son paragraphe 47, a pour but de punir les débitants de marchandises fausses ou falsifiées. Celui qui, en marquant les produits qu'il vend d'une marque ou d'un timbre désignant des marchandises similaires vendues par un autre négociant, aura cherché ainsi à faire passer ladite marchandise pour celle du négociant dont il a usurpé la marque, sera puni des peines édictées par la loi, et cela quand bien même ses produits ainsi faussement marqués ne seraient pas d'une qualité inférieure à ceux qui sont revêtus de la véritable marque.

Ces dispositions pénales sont applicables aux étrangers.

Espagne.

Le décret du 20 novembre 1850, qui renferme douze articles, est relatif à la répression des contrefaçons des marques de fabrique. Aux termes de ce décret, les fabricants doivent adresser aux gouverneurs de leur province la demande tendant à obtenir un certificat constatant la marque, le sceau, les figures ou signes dont ils déclarent vouloir faire usage pour la fabrication ou la vente de leurs produits ou marchandises. Ce certificat n'est délivré qu'après information prise par le directeur du Conservatoire des arts relativement à l'usage qui aurait déjà pu être fait de la marque sur des objets fabriqués de même espèce.

Le certificat qui est délivré est signé par le directeur général de l'agriculture, de l'industrie et du commerce.

Un fabricant ne peut se servir des signes distinctifs pour lesquels un autre fabricant a déjà obtenu un certificat.

Les marques autorisées et reconnues, et dont certificat aura été délivré, seront conservées dans les archives du Conservatoire des arts. Tous les trois mois, un état de celles concédées durant cet intervalle sera publié.

L'article 8 est ainsi conçu :

« Les fabricants non pourvus du certificat énoncé dans l'article premier ne pourront poursuivre judiciairement ceux qui feraient usage du signe distinctif qu'ils emploient dans les produits de leurs fabriques ; mais s'ils ont obtenu ce certificat, ils seront autorisés non-seulement à réclamer devant les Tribunaux l'application aux usurpateurs de la peine prescrite par l'article 217 du Code pénal, mais aussi à demander des dommages-intérêts pour la réparation du préjudice qui leur a été causé [1]. »

Francfort (La ville libre de).

(Voir *Confédération germanique*.)

Grèce.

La législation qui régit le commerce et l'industrie a pour base le principe de la liberté. Les règles qui développent ce principe et en régularisent l'application ont été puisées dans notre Code de commerce.

Les noms des fabricants, leur usurpation, leur marque de fabrique et de commerce et leur contrefaçon ne sont soumis à aucune disposition particulière.

Le commerçant ou le fabricant qui croit devoir demander à la justice la répression pour l'usurpation de son nom ou la contrefaçon de sa marque n'a d'autre action que celle en dommages-intérêts qui naît d'une concurrence déloyale. Les

---

[1] MM. Blanc et Baume (*Code général de la Propriété industrielle*, p. 249) indiquent seulement comme législation en vigueur la disposition de l'article 217 du Code pénal qui punit de la peine de l'amende et de l'emprisonnement l'imitation frauduleuse des sceaux, marques et contre-seings adoptés par les établissements de commerce ou d'industrie.

Ils citent, en outre, un règlement du 30 janvier 1832 qui impose aux fabricants de draps l'obligation de faire marquer leurs draps de première, deuxième et troisième qualité. MM. Pataille et Huguet (*Code international de la propriété industrielle*, p. 215) ne font pas connaître d'autre disposition. M. Lesenne (*Code des brevets d'invention*, année 1858) ne parle que de ce dernier règlement.

Tribunaux sont rarement saisis d'actions de cette nature. Lorsqu'ils ont une condamnation à prononcer, la loi qu'ils appliquent est puisée dans les principes généraux du droit civil,
qui sont eux-mêmes empruntés au droit romain et spécialement à l'Hexabible d'Harménopule. La législation civile de
la Grèce est arrivée à une époque de transformation ; elle
se dépouille des lois anciennes qui l'enveloppent pour suivre
le siècle dans sa marche de progrès, de civilisation et d'hu-
manité.

Plusieurs parties d'un Code civil nouveau ont déjà été
promulguées. Ces parties, largement inspirées par les dispositions de notre Code Napoléon, seront complétées dans un délai
rapproché, grâce à l'intelligente et active direction que M. le
ministre de la justice imprime à ces travaux [1].

Nous ne terminerons pas sans rappeler les principes qui
régissent une matière quelque peu voisine de la nôtre, celle
des inventions industrielles.

Le législateur grec, jusqu'à ce jour, n'a pas fait fléchir en
faveur des inventeurs le principe de la liberté industrielle et
commerciale ; seulement, dans des cas assez rares, le souverain
accorde un *privilége* pour l'exploitation d'une invention, ou
même d'une branche de commerce et d'industrie. La durée
de ces priviléges est soumise à la volonté royale.

La contrefaçon des objets dont la fabrication est garantie
par un privilége est punie par une amende de 200 à 1,000
drachmes, par la confiscation des objets contrefaits et par
des dommages-intérêts au profit de l'inventeur *privilégié*.

---

[1] M. Rhallis, président de cette Commission, est un jurisconsulte fort dis-
tingué. Président de la Cour de cassation, auteur des Codes grecs (publiés
à Paris par Durand, en 1856), il était naturellement désigné pour diriger de
si importants travaux, dans lesquels la double autorité de sa science et de
son expérience a déjà marqué une profonde empreinte.

Les Codes grecs de M. Rhallis ont été accueillis dans toute la Grèce
comme un véritable bienfait. Notre confrère, M. Damaschino, a rendu, avec
un éloge mérité, compte de ce travail. —Voir *Revue historique du droit français et étranger*, t. III, p. 299 et suiv.

La contrefaçon des œuvres littéraires ou artistiques est punie des mêmes peines (loi pénale, art. 432 et 433).

Hanovre.

Code pénal de police. — Art. 223. Quiconque se servira, pour les produits de son industrie, du nom, de la raison ou de la marque de fabrique d'un autre industriel, sera passible, sur la poursuite de ce dernier, d'une amende de 100 thalers au plus ou d'un emprisonnement qui ne pourra excéder six semaines.

Art. 224. La punition sera la même alors que les changements apportés à l'indication des marchandises ne serait reconnaissable qu'à l'aide d'une attention particulière.

Hesse.

(Voir *Confédération germanique*.)

Hollande.

La législation hollandaise renferme une disposition analogue à celle de notre article 142 du Code pénal.

La loi du 22 germinal an XI n'a jamais été exécutée en Hollande ; ainsi, on n'y connaît pas le dépôt d'un exemplaire de la marque au greffe du Tribunal.

La législation, en cette matière, est peu efficace. Mais en ce qui concerne la protection accordée aux étrangers pour la garantie de leurs marques, la législation hollandaise, dans ses dispositions générales et dans l'article 9 de sa loi, a mis les étrangers sur le même pied d'égalité que les Néerlandais ; c'est là le principe, il reçoit son application dans tous les cas où la loi ne le décide pas autrement.

Mecklembourg-Schwerin.

(Voir *Confédération germanique*.)

Mecklembourg-Strelitz.

(Voir *Confédération germanique*.)

Nassau (Duché de).

L'ordonnance ministérielle du 22 avril 1839 est ainsi conçue [1] :

§ I.

Celui qui marquera faussement des marchandises ou des produits destinés à la vente avec les noms, marques ou signes distinctifs d'une fabrique ou d'une maison de commerce indigène sera puni d'une amende de 100 florins au plus ou d'un emprisonnement proportionnel. L'enquête sur un fait de cette nature ne pourra cependant être ouverte que sur la requête d'une personne intéressée.

§ II.

Les maisons de commerce et les fabriques du pays appartenant à l'union des douanes seront, sous ce rapport, assimilées aux maisons de commerce et aux fabriques indigènes, en tant cependant que ces pays reconnaîtront le principe de la réciprocité. Et cette faveur pourra aussi, en vertu d'arrangements et de défenses spéciales, être étendue aux maisons

---

[1] Ce document n'a pas été indiqué par les auteurs qui ont traité, avant nous, cette matière.

de commerce et aux fabriques d'autres Etats n'appartenant pas à l'union des douanes.

Oldenbourg (Duché d').

(Voir *Confédération germanique*.)

Prusse.

La loi du 4 juillet 1840, sur cette matière, comprend quatre paragraphes. Dans le premier, elle punit d'une peine qui ne pourra excéder une année d'emprisonnement et d'une amende de 1,000 thalers celui qui marquera à faux des marchandises ou leur emballage du nom, de la marque de commerce, du domicile, du lieu de l'établissement d'un maître de fabrique ou d'un négociant prussien. De même à l'égard de celui qui les fera circuler dans le commerce.

Ces peines sont appliquées alors que l'imitation ne pourrait être reconnue qu'en y donnant une attention particulière.

Les marques ne sont pas soumises à la formalité du dépôt.

La législation de Prusse ne punit la contrefaçon des marques des marchands ou fabricants étrangers par un sujet prussien au préjudice d'un étranger, qu'autant que la réciprocité serait établie par un traité de la nation à laquelle le marchand ou négociant étranger appartiendrait.

Cette loi du 4 juillet 1840 est générale ; elle reçoit son application dans toutes les provinces rhénanes, comme dans toutes les autres parties de la Prusse. (Voir, *suprà*, Bavière.)

Rome (États Romains [1]).

La marque n'est pas obligatoire. Le gouvernement fait apposer sa marque sur les objets qu'il fait fabriquer. Cette marque est quelquefois apposée par des fabricants sur leurs produits, lorsqu'ils ont été autorisés à se servir du timbre du gouvernement.

Les draps de laine et les étoffes de coton, les tissus et les peaux sont revêtus d'un timbre à plomb qui paraît destiné à constater la nationalité de ces produits.

Russie.

Le Code criminel renferme sur cette matière un principe général dans son paragraphe 603; il est ainsi conçu : « Pour avoir contrefait sur des marchandises russes les timbres d'autres abricants russes, le coupable sera puni comme faussaire et la marchandise fráppée du timbre d'autrui sera abandonnée à celui dont le timbre a été contrefait (V. § 865). »

Des dispositions spéciales se trouvent renfermées dans la loi du 5 février 1830 et dans le règlement des douanes.

Le traité de commerce et de navigation conclu entre la France et la Russie, le 14 juin 1857 [2] renferme dans ses ar-

---

[1] Le gouvernement du saint-siége, préoccupé vivement des intérêts du commerce d'importation, a, par un édit récent en date du 1er octobre 1857, simplifié les formalités exigées pour la circulation des marchandises étrangères dans les États pontificaux.

[2] Ce traité a été promulgué en France par décret impérial du 30 juillet 1857, et inséré au *Bulletin des lois* le 8 août même année, Bull. 529, n. 4837, XIe série.

ticles 22, 23 et 24, des dispositions importantes sur la propriété et l'usurpation des marques de fabrique.

Art. 22. Les hautes parties contractantes, désirant assurer dans leurs États une complète et efficace protection à l'industrie manufacturière de leurs sujets respectifs, sont convenues, d'un commun accord, que toute reproduction dans l'un des deux pays des marques de fabrique apposées dans l'autre sur certaines marchandises, pour constater leur origine et leur qualité, sera sévèrement interdite et réprimée, et pourra donner lieu à une action en dommages-intérêts valablement exercée par la partie lésée devant les Tribunaux du pays où la contrefaçon aura été constatée. — Les marques de fabrique, dont les sujets de l'un des deux États voudraient s'assurer la propriété dans l'autre, devront être déposées exclusivement, savoir : les marques d'origine russe, à Paris, au greffe du Tribunal de la Seine, et les marques d'origine française, à Saint-Pétersbourg, au département des manufactures et du commerce intérieur.

Art. 23. Les hautes parties contractantes se réservent de déterminer, dans une convention spéciale , les moyens de garantir réciproquement la propriété littéraire et artistique dans leurs États respectifs.

Art. 24. Le présent traité sera ratifié, et les ratifications en seront échangées à Saint-Pétersbourg, dans le délai de deux mois, ou plus tôt, si faire se peut. Il aura force et valeur pendant six ans à dater du jour dont les hautes parties contractantes conviendront pour son exécution simultanée, dès que la promulgation en sera faite d'après les lois particulières à chacun des deux États. Si, à l'expiration des six années, le présent traité n'est pas dénoncé un an à l'avance, il continuera à être obligatoire d'année en année, jusqu'à ce que l'une des deux hautes parties contractantes ait annoncé à l'autre, mais un an à l'avance, son intention d'en faire cesser les effets.

En foi de quoi, les plénipotentiaires respectifs ont signé le présent traité, et y ont apposé le cachet de leurs armes.

Fait à Saint-Pétersbourg, le 14 (2) juin de l'an de grâce 1857.

(L.-S.) *Signé* MORNY.   (L.-S.) *Signé* GORTCHACOW.

(L.-S.) *Signé* BROCK.

Sardaigne (Etats sardes).

Code pénal de Sardaigne [1]. — ART. 351... Ceux qui auront contrefait les sceaux, timbres ou marques d'une autorité quelconque ou d'un établissement de commerce autorisé par le gouvernement en vertu d'un règlement spécial seront punis de la réclusion. La même peine sera applicable à ceux qui sciemment ont fait usage des sceaux, timbres, marques ou marteaux contrefaits.

ART. 352. Sera puni d'un emprisonnement de deux ans au moins quiconque, s'étant indûment procuré les vrais sceaux, timbres, marques ou marteaux mentionnés à l'article précédent, en aura fait un usage préjudiciable aux droits ou intérêts de l'État, de l'autorité ou de l'établissement à qui ils appartiennent exclusivement.

ART. 353. Celui qui retiendra sciemment dans sa maison ou dans tout autre lieu les sceaux, timbres, marques, marteaux ou poinçons faux dont il est fait mention à la présente section sera puni d'un emprisonnement.

La législation sarde ne paraît s'être préoccupée, pour imposer aux fabricants l'obligation d'une marque de fabrique, que de l'industrie des tissus. Aux termes de deux édits royaux des 25 juin 1725 et 15 octobre 1733, tout fabricant et teinturier d'étoffes de laine sont tenus d'apposer sur ces étoffes une

---

[1] *Etude de législation pénale comparée* ; Bruxelles ; Meline, Caus et C°, 1851.

marque dont le modèle aura été préalablement déposée au secrétariat de la Chambre de commerce. L'usurpation de ces marques est punie des mêmes peines que le crime de faux.

Une législation plus récente a imposé des obligations spéciales aux fabricants de tissus.

Ces dispositions sont également applicables aux ateliers d'apprêtage de peaux et de cuirs.

Les lettres patentes du 18 juillet 1818 imposent l'obligation aux manufactures établies dans le rayon de cinq milles de la frontière de marquer les produits d'un timbre particulier.

Il paraît que les étrangers ont le même droit que les nationaux de poursuivre les usurpations de leurs marques, lorsque, d'ailleurs, ces étrangers se sont soumis aux conditions prescrites, et qu'ils ont fait approuver par le gouvernement les timbres et marques dont ils se servent.

LOI SARDE DU 12 MARS 1855

Sur les marques et autres signes distinctifs des marchandises.

VICTOR-EMMANUEL II, par la grâce de Dieu, roi de Sardaigne, etc., le Sénat et la Chambre des députés ont approuvé ; nous avons sanctionné et promulgé ce qui suit :

CHAPITRE Ier. — *Marques et autres signes distinctifs, et leur usage.*

ART. 1er. Quiconque adopte une marque ou tout autre signe pour distinguer les produits de son industrie, les marchandises de son commerce et les animaux d'une race à lui appartenant, en aura l'usage exclusif, pourvu qu'il fasse le dépôt prescrit par cette loi.

ART. 2. Toute marque ou signe distinctif 1° doit être différente de celles déjà employées par d'autres ; 2° et en indiquant d'une manière générale le lieu d'origine, la fabrique, le commerce ou la race, elle doit contenir aussi le nom de la personne, la raison sociale ou la dénomination de l'établissement d'où proviennent les produits, les marchandises ou les animaux.

Art. 3. La signature commerciale du producteur, du commerçant ou du propriétaire, apposée sur ses produits et empreinte de son sceau, ou de toute autre manière, ou écrite de sa main, peut constituer une marque ou signe distinctif.

Art. 4. Le successeur industriel ou commercial, ou l'héritier qui voudra conserver la marque de son auteur, devra renouveler le dépôt et y comprendre l'indication de successeur ou héritier de N. N.

Art. 5. Le commerçant ne peut pas supprimer ou altérer la marque ou le signe distinctif du producteur de ses marchandises sans le consentement exprès de celui-ci, bien qu'il puisse y mettre séparément sa propre marque ou signe distinctif de son commerce.

Chapitre II. — *Du dépôt, de sa conservation et de ses effets.*

Art. 6. Le bureau des affaires privées dépendant du ministère des finances conservera les marques ou signes distinctifs de quiconque aura déposé.

Art. 7. Quiconque veut s'assurer l'usage exclusif d'une marque ou signe distinctif doit en former la demande au chef du bureau susdit, soit directement, soit par un mandataire spécial, et y joindre : 1° deux exemplaires de la marque ou signe distinctif qu'il a l'intention d'adopter ; 2° la description de l'un et de l'autre, dans le cas où une figure ou un emblème y serait contenu ; 3° l'indication de l'espèce d'objet sur lequel il veut l'apposer et de l'usage qu'il veut en faire, déclarant s'il veut l'apposer sur des objets de son propre produit ou sur des marchandises de son commerce ; 4° le récépissé constatant qu'il a été versé dans une des caisses publiques la somme de vingt francs ; 5° si cela se fait par mandataire, l'acte de pro-curation sous forme authentique, ou même sous seing privé, pourvu que dans ce second cas le consentement du déposant soit souscrit par-devant notaire, ou par-devant le syndic de la commune où le déposant réside.

Art. 8. Le dépôt de la demande et des exemplaires des autres papiers et documents dont il est parlé dans l'article précédent sera fait, soit près de l'officier central, soit près de l'un des secrétaires des intendances. L'officier public qui recevra le dépôt en dressera le procès-verbal dans lequel il marquera la date du dépôt. Ce procès-verbal sera signé du déposant auquel il en sera donné copie authentique sans autres frais que ceux de la feuille timbrée sur laquelle on l'écrit.

Art. 9. Dans les cinq jours qui s'ensuivront, les papiers et autres objets déposés seront expédiés à l'office central, avec une copie sur papier libre du procès-verbal. Là seront trans-crits sur les registres publics les procès-verbaux de dépôt, les descriptions de marques ou signes distinctifs, ainsi que l'indi-cation de leur usage donnée par le déposant ; là seront gardés les exemplaires des marques ou signes déposés. — Quiconque désire prendre connaissance des registres ainsi faits en fera la demande sur papier timbré, et il lui en sera donné une copie transcrite également sur papier timbré, sans autres frais que ceux du timbre.

Art. 10. De la date du dépôt commence, pour celui au nom duquel il a été fait, l'usage exclusif de la marque ou signe distinctif déposé.

Art. 11. Est considéré comme non avenu le dépôt d'une marque ou signe distinctif, dans lequel il manque une des dispositions requises indiquées dans l'article 2, ou contenant l'indication d'un lieu d'origine différent de celui d'où pro-vient l'objet, et qui en constitue le caractère distinctif.

Chapitre III. — *Des marques et signes employés à l'étranger.*

Art. 12. Les marques et signes distinctifs employés à l'étranger, sur des produits et des marchandises de fabrique ou de commerce étranger, par des personnes qui ont des magasins, des dépôts ou des succursales dans l'État, ou sur des animaux de race étrangère répandus dans le royaume, sont reconnus et garantis, pourvu que le dépôt en soit fait de la manière et sous les conditions indiquées dans les articles précédents.

Art. 13. Pour les autres marques ou signes distinctifs employés à l'étranger, il sera appliqué la disposition de l'article 26 du Code civil aux alinéas 2 et 3 [1].

Chapitre IV. — *De la violation des marques et signes distinctifs et des actions contre qui de droit.*

Art. 14. Les actions civiles concernant la propriété des marques et autres signes distinctifs industriels ou commerciaux seront exercées par-devant les Tribunaux des provinces, lesquels procéderont sommairement. — Les actions pénales seront exercées par-devant le juge criminel ; pour les susciter, l'instance privée n'est pas nécessaire.

Art. 15. La disposition de l'article 406 du Code pénal

---

[1] Cet article est ainsi conçu :

« L'étranger qui voudra jouir de tous les droits civils appartenant au sujet devra fixer son domicile dans les États, obtenir le privilége de la naturalisation, et prêter serment de fidélité au roi.

« A défaut, il ne jouira que de ceux de ces droits qui sont accordés aux sujets du roi dans l'État auquel appartient cet étranger, sauf les exceptions portées par des traités ou conventions diplomatiques.

« Néanmoins, l'étranger ne pourra jamais invoquer la réciprocité pour jouir de droits plus étendus ou autres, que ceux dont les sujets jouissent dans les États; et cette réciprocité ne pourra s'appliquer aux cas pour lesquels la loi a spécialement disposé d'une autre manière. »

sera applicable à ceux 1° qui auront contrefait une marque ou signe distinctif déposé, ou qui en auront sciemment fait usage ; 2° qui auront sciemment acheté, vendu ou introduit de l'étranger, et pour le compte du commerce, des produits avec des marques ou signes contrefaits ; 3° qui auront contrevenu à la disposition de l'article 5. — Les marques ou signes contrefaits seront détruits, et ceux qui auront été supprimés ou altérés seront réintégrés aux frais du délinquant. — Enfin, la sentence de condamnation sera publiée à ses frais dans cinq journaux de l'Etat, au choix de la partie lésée.

Art. 16. Dans le cas où la partie lésée opte pour l'action civile, le Tribunal statuera sur les dommages-intérêts et pourra ordonner la vente des objets séquestrés, pour en ajouter la valeur à la réparation desdits dommages et intérêts. — Dans tous les cas, il condamnera le contrevenant à la destruction des marques contrefaites, à la réintégration à ses frais des marques supprimées ou altérées, à la perte des instruments ayant servi à la contrefaçon ou altération, et à la publication, comme il est dit dans l'article précédent.

Art. 17. Sera ordonnée la modification ou destruction de toute marque ou signe distinctif semblable à une marque ou signe déjà déposé, même quand cette marque ou ce signe aurait été employé sans dol ni fraude.

Art. 18. Le président du Tribunal de la province, sur la demande de la partie lésée, et sur la production du procès-verbal de dépôt de sa marque ou signe distinctif industriel, pourra, avec une caution préalable, ordonner le séquestre ou la description des objets sur lesquels est prétendue être apposée la marque contrefaite, pourvu que ces objets ne soient destinés qu'à un usage purement personnel. — Par la même ordonnance, le président déléguera un huissier chargé de la mettre à exécution et pourra y joindre la nomination d'un expert pour l'assister.

Art. 19. Le demandeur pourra assister à l'exécution du

séquestre ou de la description, s'il y est autorisé par le président du Tribunal. — Le demandeur pourra, dans tous les cas, convertir le séquestre en simple description, pourvu qu'il en fasse constater la volonté, soit dans le procès-verbal de l'exécution, soit dans un acte distinct intimé par main d'huissier, aussi bien à la partie contre laquelle on procède, qu'à l'huissier exécuteur.

ART. 20. Il sera laissé au détenteur des objets séquestrés et décrits copie de l'ordonnance du président, de l'acte approuvant le dépôt, de la caution et du procès-verbal du séquestre et de la description.

ART. 21. Le séquestre ou la description perdront toute vigueur si, dans les huit jours qui s'ensuivront, ils ne sont pas suivis d'instance judiciaire, et celui au préjudice duquel il a été procédé au séquestre ou à la description susdite aura droit à des dommages et intérêts.

CHAPITRE V. — *De l'emploi des noms, raisons, dénominations, etc., et autres dispositions générales.*

ART. 22. Il ne sera pas permis d'usurper la devise commerciale, le nom ou la raison d'une Société ou d'un individu, ou même la dénomination ou le titre d'une Association ou d'un corps moral soit national, soit étranger, et de les porter sur des objets d'industrie ou de commerce, ou sur des œuvres de génie, lors même que la devise, le nom ou la dénomination, ou le titre susdit ne font pas partie d'une marque ou d'un signe distinctif, et que la raison individuelle ou sociale n'a pas été déposée à tel effet dans les formes prescrites par la présente loi. — Une telle usurpation sera punie d'une amende qui pourra s'étendre à deux cent cinquante livres, outre la réparation des dommages et intérêts et la publication de l'arrêt dans cinq journaux, aux termes des articles 15 et 16, sauf toujours l'action en faux, s'il y a lieu.

Art. 23. Par décret royal, il sera plus spécialement pourvu à l'ordonnance du dépôt et de la conservation des marques et autres signes distinctifs.

Saxe.

Code criminel. — Art. 251. La contrefaçon ou l'emploi de faux cachets officiels ou privés, ou de timbres, ou bien l'abus fait de cachets authentiques, dans le but d'obtenir un avantage illicite au préjudice d'un autre, encourt la peine d'une détention qui peut s'élever jusqu'à huit semaines, ou les travaux dans une maison d'arrêt jusqu'à six mois, autant toutefois qu'une punition plus sévère ne serait pas infligée pour cause de faux de l'acte même qui a été scellé de ces faux timbres ou cachets, ou de la fraude commise par leur emploi. — Art. 352. Est puni d'une amende proportionnée quiconque contrefait les timbres ou les caractères particuliers dont les marchandises ou objets fabriqués d'une maison de commerce ou d'une fabrique déterminée sont ordinairement marqués. La même peine est appliquée à celui qui fait usage de ces faux timbres ou cachets, ainsi que de l'étiquette d'une maison de commerce ou d'une fabrique, pour tromper dans le commerce ; l'enquête, cependant, ne peut être faite que sur la demande expresse d'une personne intéressée.

Saxe-Weimar (Grand-duché de).

Le Code pénal de 1839 punit de deux mois de prison, ou d'une amende en proportion, celui qui contrefait les timbres ou marques particulières dont les maisons de commerce ou les manufactures marquent leurs articles ou les objets fabriqués, et quiconque fait usage de ces contrefaçons ou des étiquettes d'une maison de commerce et d'une fabrique pour nuire à autrui.

L'enquête sur ces délits ne peut être faite qu'à la requête des parties intéressées. (Voir *Confédération germanique.*)

Siciles (Royaume des Deux-)[1].

Code pénal. — ART. 284. Si la contrefaçon est celle de sceaux ou de marques d'une autorité quelconque, établissement particulier de banque ou de commerce, la peine contre les falsificateurs sera celle de la relégation et du troisième degré de prison contre ceux qui en auront fait usage.

ART. 285. Sera puni du troisième degré de prison quiconque en aurait fait usage au préjudice d'un établissement particulier, sauf les peines plus fortes dans le cas où, à l'aide de cet usage, on aurait commis un méfait plus grave.

ART. 430, § 4. Il y a fraude, quand, pour cause de profit ou de perte pour autrui, on appose à une marchandise, à une machine ou à une invention, le nom, la marque ou tout autre signe approuvé par le gouvernement, qui les désigne comme appartenant à autrui, etc., etc.

Suède et Norwége[2].

La marque de fabrique est obligatoire. Les produits de l'industrie nationale doivent, en outre, avant d'être livrés au commerce, être marqués du timbre blanc de l'autorité publique.

---

[1] Nous avons extrait les dispositions législatives que nous donnons d'un ouvrage intitulé : *Etudes de législation pénale comparée;* Bruxelles; Meline; Caus et Ce, 1851.

[2] Extrait du *Code international* de MM. Pataille et Huguet.

Les produits importés portent l'empreinte du timbre de la douane ; cette empreinte constate que l'importation des produits est légale, et que les droits de douane ont été payés.

La contrefaçon des marques de fabrique et du timbre de douane est réprimée par le Code de commerce.

Suisse [1].

La législation de plusieurs cantons de la Suisse renferme sur notre matière quelques dispositions pénales. Ce sont les cantons d'Argovie, Berne, Fribourg, Genève, Soleure, Vaud.

Dans les autres cantons, les usurpations ou contrefaçons de marques constituent des délits qui rentrent dans la législation pénale générale contre les fraudes.

Voici le résumé de la législation de quelques-uns des principaux cantons.

Canton de Bâle.

Dans le canton de Bâle, un projet de Code pénal fut proposé en 1844, il renfermait des dispositions répressives de la contrefaçon des marques.

Canton de Genève.

Une loi du 22 septembre 1815 punit la fabrication et la contrefaçon des poinçons employés à la marque des ouvrages d'or et d'argent.

Il paraît cependant que la jurisprudence fait quelquefois

[1] Un projet d'un nouveau Code pénal est, en ce moment, l'objet d'un travail particulier, mais il n'a encore été soumis ni au grand Conseil ni même à une Commission législative.

Dans le prochain traité qui doit intervenir entre la France et la Suisse au sujet de la protection à accorder à la reproduction des œuvres de l'intelligence, peut-être se trouvera-t-il quelques dispositions relatives à notre matière.

l'application de la loi du 22 germinal an XI qui confère, dans son article 10, le droit à tout manufacturier, dont la marque particulière a été contrefaite, de réclamer des dommages-intérêts au contrefacteur.

Canton de Vaud.

Le Code pénal de ce canton, promulgué le 18 février 1843, punit, dans ses articles 168, 169, 170, 171, la contrefaçon des marques des autorités publiques et celle des marques employées par les fabricants et les commerçants. L'article 171, relatif à la contrefaçon de ces dernières, punit d'une amende qui ne peut excéder 60 francs celui qui appose sur les produits de son industrie la marque employée par un autre fabricant ou commerçant pour des produits similaires.

Le Tribunal, dit cet article, peut ordonner la publication du jugement. La poursuite n'a lieu que sur une plainte de la partie intéressée.

Canton de Zurich.

Le paragraphe 16 de la loi du 9 mai 1832, sur le commerce, reconnaît à chaque fabricant le droit d'apposer une marque distinctive sur les objets de sa fabrication et de la déposer au ministère de l'intérieur ; la contrefaçon de cette marque est punie comme le faux.

Le projet du Code zurichois, proposé en 1844, réprimait la contrefaçon des marques de fabrique, par une amende, par la confiscation des marchandises sur lesquelles la fausse marque avait été apposée, et par des dommages-intérêts au profit du propriétaire de la marque usurpée [1].

---

[1] Mais ce projet de loi est resté à l'état de projet, et ce canton est régi par la législation que nous indiquons.

Wurtemberg.

Le règlement général sur l'industrie, revisé le 5 août 1836, renferme la législation qui régit les brevets d'invention et les marques de fabrique.

Ce règlement rend pour chaque fabricant la marque obligatoire. Elle doit être apposée sur tous les produits. Les fabricants doivent déposer le modèle ou l'empreinte de leurs marques à l'administration du lieu où ils ont leur domicile ou à celle du lieu où sont situés leurs ateliers de fabrication.

Cette législation punit de la peine du crime de faux la contrefaçon des marques de fabrique.

FIN.

BRÉME (La ville de). V. *Législation étran-gère.*

BREVETS D'INVENTION. V. *Inventeur.*

BRUNSWICK (Duché de). V. *Législation étrangère.*

RRUXELLES. V. *Belgique.*

C

CACHET est une marque de fabrique, 22. — Du cachet frappé sur les capsules en plomb employées pour boucher les bouteilles, 45.

CASSEL. V. *Confédération germanique.* — *Législation étrangère.*

CESSION de l'emploi d'un nom propre dans le but de faire une concurrence déloyale, 157. — La cession qui ne comprendrait que le nom d'un fabricant ou négociant ne produirait aucun effet, 165. — Mais ce nom peut être cédé avec la fabrique ou la maison de commerce à laquelle il est attaché, 166. — Cession d'une enseigne, 210. — V. *Enseigne.*

CHIFFRES. V. *Lettres.*

CHOSE JUGÉE. De l'exception de chose jugée, 111.

CIRCULATION (De la mise en). Qu'est-ce qui constitue la mise en circulation ? 142.

CODE NAPOLÉON. Art. 1382. — V. *Concurrence déloyale.*

CODE PÉNAL. Art. 423, p. 210.

COMMERCE (Liberté du), 150. V. *Concurrence déloyale.*

COMMISSIONNAIRES. Que faut-il entendre par cette désignation ? 142, 139. V. *Complicité, Etranger* (Pays).

COMPETENCE des tribunaux civils au sujet des actions relatives aux marques. Application des règles ordinaires, 25, 91. Le tribunal du lieu où sont saisis les objets contrefaits ou les produits revêtus de marques contrefaites n'est pas compétent, 91. — De la compétence en ce qui concerne les délits de contrefaçon de marque et de débit de produits revêtus de marques contrefaites, 92. — Le tribunal correctionnel saisi d'une question de contrefaçon de marques n'est pas compétent pour statuer sur ce moyen de défense présenté par le prévenu, lorsqu'il ne s'applique pas à la plainte, 109. — V. *Délits, Enseignes, Exceptions.*

COMPLICITÉ. De la complicité dans les faits de contrefaçon ou d'imitation des marques de fabrique, 61. — De ceux qui font usage d'une marque contrefaite ou imitée, ou qui ont sciemment mis en vente des produits revêtus de marques contrefaites ou imitées, 61, 66. — De la complicité par recel, 68. — Faut-il rechercher si celui qui fait usage d'une marque contrefaite ou imitée a agi sciemment, 72, 73. — De ceux qui se rendent complices du délit d'usurpation ou altération de noms, 139. — Des marchands, commissionnaires, débitants, 139. — De

l'intention frauduleuse, 139. — Les faits constitutifs de la complicité pénale doivent-ils être restreints à ceux qui sont énoncés dans la loi de 1824? 140. — De l'intermédiaire qui a commandé la fabrication d'objets avec l'apposition d'un nom usurpé, 141. — Des complices des actes de concurrence déloyale, 191. — Des imprimeurs, 191.

COMPOSITIONS PHARMACEUTIQUES. De la concurrence déloyale dans la fabrication et la vente de ces compositions, 182. — Du nom qui leur est donné, 194. — Les pharmaciens autres que l'inventeur ou ses ayants droit peuvent-ils donner à une composition le nom de l'inventeur ? 194.

CONCURRENCE DÉLOYALE (De l'action en), 88. — Principes qui ont pour objet la répression de la concurrence déloyale, 150. — Elle ne peut avoir lieu qu'à l'égard des produits similaires, 183. — Des fraudes qui la produisent, 151. — Fraudes commises par l'emploi des noms propres, 152. — De la concurrence faite à l'aide d'un nom semblable à celui d'un négociant vendant les mêmes produits, 153. — *Quid* du cas où un commerçant, dans le but unique de faire une concurrence déloyale, a obtenu d'une personne ayant le même nom qu'un négociant vendant des produits similaires, la cession de l'usage de son nom de famille? 155. — Des associations créées dans le but de faire, par l'emploi d'un nom déjà connu, une concurrence déloyale, 156. — Des actes de mandat et de cession faits dans le même but, 157. — De l'emploi d'une fausse qualification, 170, 203. — De la qualité de dépositaire, 204. — De celui qui se présente comme appartenant à une académie dont il ne fait pas partie et qui donne comme appréciation de ses produits les éloges qui ont été adressés à un fabricant de produits similaires[1]. — Des fraudes qui ont pour but de se faire passer pour un négociant fort connu, sans cependant prendre le nom de ce négociant, 179. — De la même manière d'envelopper les marchandises, 33, 34, 36, 184. — De l'emploi du même mode de publicité, 185. — De celui qui discrédite les produits de ses confrères, 186. — Du libraire qui annonce un livre à un prix inférieur à celui de l'éditeur, 187. — Du négociant qui, après avoir imité les enveloppes

[1] Trib. com. Seine, 20 mai 1858. — Fournier c. Clerret. *Droit*, 1858 14 juin.

adoptées par un de ses confrères, recommande au public, dans ses prospectus, de se défier de toute préparation autre que celle qu'il vend, 189. — De celui qui se présente à tort comme ayant été honoré d'une médaille par le jury d'exposition, 190. — Des complices des actes de concurrence déloyale, 191. — Concurrence faite par l'imitation de l'enseigne, 205. V. *Enseigne, Etrangers.*

CONFÉDÉRATION GERMANIQUE. V. *Législation étrangère.*

CONFISCATION des marques et des produits, 74. — Elle doit toujours être prononcée à l'égard des marques contrefaites, 76. — Quand doit-on prononcer la confiscation des produits ? 76. La confiscation des produits est facultative, 77. Lorsqu'il est possible de séparer la marque contrefaite du produit qu'elle recouvre, cette séparation doit être prononcée, 78. — La confiscation des produits non revêtus de la marque obligatoire peut être prononcée, 80. — Principes généraux sur la confiscation applicables aux marques et aux produits qu'elles recouvrent, 81. — De la confiscation prononcée dans les cas prévus par la loi de 1824, 139. — Quels objets doit-elle comprendre ? 146. — Contre qui peut-elle être prononcée ? 147.

CONSOMMATEURS. La loi qui régit les marques de fabrique n'a pas été édictée dans l'intérêt des consommateurs, 12, p. 168. — De même de la loi qui régit les noms des fabricants, 119.

CONSULS. Ils sont compétents pour juger les litiges relatifs aux marques de fabrique et de commerce, qui s'élèvent hors de France entre Français, p. 178.

CONTREFAÇON DES MARQUES. Classification dans les faits punissables relatifs aux marques établies par la loi de 1857, 60. — Des peines appliquées aujourd'hui aux contrefacteurs et usurpateurs des marques, 63. — De l'apposition par un négociant, sur ses produits, de la marque appartenant à autrui, lorsqu'elle n'est ni contrefaite ni imitée, 64. — De l'intention frauduleuse, 65, 66, 72, 73. — Caractère auquel on reconnaît l'intention coupable, 70. — Celui qui conserve la marque d'autrui et substitue ses produits à ceux que la marque recouvrait, ne commet ni le délit de contrefaçon, ni un délit puni par la loi de 1857, 69. — De la contrefaçon de la marque sous l'empire de la loi de germinal an XI, 71. — De celui qui a inséré dans sa marque les mots *façon de* suivis du nom d'un autre fabricant ou d'une ville autre que la véritable, 71. — L'intention frauduleuse n'est pas exigée pour tous les délits prévus par la loi de 1857, 73.

COUTELLERIE. V. *Quincaillerie.*

D

DANEMARK. V. *Législation étrangère.*

DÉBIT de produits revêtus de marques contrefaites. V. *Délit.* — Compétence des tribunaux, 92. V. *Compétence.*

DÉBITANTS. Que faut-il entendre par cette expression pour l'application de la loi de 1824 ? 139, 142. — De ceux qui débitent en France des marchandises revêtues de fausses marques et fabriquées à l'étranger, 143.

DÉFENSE. V. *Exceptions.*

DÉLITS relatifs aux marques, d'après la loi de 1857, 60, 61. V. *Compétence, Marques.* Faut-il l'intention frauduleuse ? 65, 61, 72. — De l'usage d'une marque contrefaite, 61. — De la mise en vente des produits revêtus d'une marque contrefaite, 61, 66, 67. — De l'apposition de la marque d'autrui alors qu'elle n'est ni contrefaite ni imitée, 64. — De celui qui conserve la marque d'autrui, mais substitue ses produits aux produits que la marque recouvrait, 69. — Du délit de non-apposition de la marque obligatoire, 79. — La confiscation des produits non revêtus de la marque obligatoire peut être prononcée, 80. V. *Compétence, Contrefaçon, Marques.* — Des délits de la loi de 1824. V. *Noms.* Ces délits existent lorsqu'il y a usurpation ou altération du nom, bien que les marques des deux fabricants soient différentes, 138.

DÉNOMINATIONS (Les) données aux produits ne sont protégées par aucune loi spéciale, 192. — *Quid* des produits brevetés et tombés dans le domaine public ? 193. — Dénominations nouvelles données à des produits connus, 195. — Dénominations tirées du langage vulgaire, 196. — Des dénominations les plus simples, les plus naturelles, 196. — De celles qui appartiennent à l'usage régulier de la langue française, 196. — De celles qui désignent une espèce, un genre, une classe de produits, 196. — Désignation spéciale, caractéristique, de l'objet auquel elle s'applique, 197. — De celles données aux œuvres littéraires et aux journaux, 108. — Les noms donnés à des produits industriels peuvent changer, bien qu'à la différence des productions de l'esprit, l'objet auquel ils s'appliquent soit toujours le même, 199. — Sont l'objet d'un droit exclusif les expressions qui, soit par leur combinaison, soit par leur application, présentent un caractère de nouveauté, 200. — De l'emploi ordinaire d'une expression qui n'est pas nouvelle, 201. — De désignations tirées des qualifications des produits, 201. — Des désignations tirées des noms des fabricants ou commerçants, 202.

DÉPOSITAIRE. De la prise de qualité de dépositaire de tel produit, 204.

DÉPOT des marques. V. *Etrangers, Marques, Dépositaire.*

DÉSIGNATIONS. V. *Dénominations, Enseignes.*

DESISTEMENT. V. *Ministère public.*

DESSINS (Les) nouveaux représentant des marques de fabrique sont garantis par les lois spéciales sur les œuvres artistiques, 31.

DOMAINE PUBLIC (Produits qui sont dans le). — Dénominations qui peuvent leur être données, 192, 193.

DRAPS. Droit à certaines villes de donner à leurs draps une lisière d'une couleur particulière, p. 207.

DURÉE de la marque déposée, 54.

E

EAUX-DE-VIE. La loi de 1857 qui régit les marques s'applique aux eaux-de-vie, 11.

ÉDITEUR. Concurrence d'éditeur à éditeur, 203. — Concurrence faite par les libraires qui vendent les livres à un prix inférieur à celui de l'éditeur, 187. — Ou par ceux qui font croire qu'ils ont eux-mêmes fait une édition récente de l'ouvrage qu'ils n'ont jamais édité, 188.

ÉLÈVE. De la qualité d'*élève* de tel fabricant ou commerçant, 169.

EMBLÈMES. Sont considérés comme marque de fabrique, 22. — Il n'est pas nécessaire que ces signes présentent un caractère de nouveauté, 28. — Des vignettes représentant des monuments publics déjà publiés, 29. — L'emblème, le symbole pris pour marque n'ont pas besoin d'être accompagnés du nom du fabricant ou du lieu de fabrication, 30. — Les dessins nouveaux employés pour marques sont en outre garantis par les actions qui protègent les créations nouvelles du dessin, 31. — Pour la marque emblématique. V. *Marques.*

EMPLOYÉ. De la qualification d'ancien *employé* de telle maison, 167. — De la stipulation par laquelle un employé s'engage vis-à-vis de son patron à ne pas lui faire concurrence, 177.

EMPREINTES. Sont considérées comme marques, 22.

ENSEIGNES (Les) ne doivent pas être confondues avec les marques, 46. — L'enseigne est une propriété mobilière de sa nature, 206. — Conséquences de ce principe, 206. — Des droits respectifs du propriétaire de l'immeuble et du négociant locataire sur l'enseigne, 207. — Le nouveau locataire d'une boutique n'a pas le droit d'adopter une désignation commerciale qui puisse faire confondre son établissement avec celui du précédent locataire, 208. — De l'enseigne d'un établissement qui a cessé d'exister, 209. — De l'enseigne d'un établissement cédé, 209. — L'enseigne peut faire l'objet d'une cession, indépendamment du fonds auquel elle est attachée, 210. — Exception pour le cas où elle se compose du nom du fabricant ou commerçant, 210. — Des énonciations, figures, dessins composant une enseigne, 211. — De l'action en usurpation d'enseigne, 212. — De la même enseigne servant à désigner deux établissements de produits similaires, 212. — De la concurrence déloyale faite par l'imitation de l'enseigne, 205. — La question de concurrence dépend de l'appréciation de la distance qui sépare les deux établissements, 213. — De la même enseigne prise par deux établissements destinés à des usages différents, 214. — La concurrence déloyale existe par le fait de l'usurpation de l'enseigne, bien qu'il n'y ait pas reproduction exacte de l'enseigne, 215. — De l'action en dommages pour réparation du préjudice causé par la similitude des enseignes, 217. — De l'action en revendication et en suppression d'enseigne, — caractère de cette action, — des tribunaux compétents, 217.

ENVELOPPES. Sont considérées comme marques de fabrique, 22. — Les enveloppes seules ne peuvent être considérées comme de véritables marques de fabrique, 22. — On n'a jamais considéré la similitude d'enveloppes que comme un élément de concurrence déloyale, 33. — De l'enveloppe présentant une forme connue; de la couleur du papier ou de la cire employée, 34. — De la manière d'envelopper les produits; la forme donnée au produit n'est pas une marque, 35, 184. — La ressemblance dans les enveloppes ou les formes extérieures des produits est sans intérêt lorsqu'il ne s'agit pas de produits similaires, 36.

ESPAGNE. V. *Législation étrangère.*

ÉTIQUETTES peuvent être considérées comme marques de fabrique, 22. — Des étiquettes placées sur l'enveloppe des produits, 37. — De l'étiquette qui ne présente pas un caractère de nouveauté, 38. — L'emploi des étiquettes a pour but d'éviter toute confusion dans le débit de produits similaires, 38. — Des étiquettes représentant des monuments publics déjà publiés, 29. — Des étiquettes formant un dessin nouveau, 31. — V. *Enveloppes.*

ÉTRANGERS. Des droits des étrangers en général, 218. — Spécialement en ce qui concerne les marques de fabrique, 218. — Jurisprudence antérieure à la loi de 1857, 218. — Loi de 1857, articles 5 et 6, 219. — L'article 5 de la loi de 1857 contient un principe nouveau, 220. — De l'article 6 de cette loi, 221. — Des éta-

F

G

H

I

J

L

M

N

O

P

PARTIE CIVILE. V. *Ministère public.*

PEINES appliquées aux délits relatifs aux marques, prévues par la loi de 1857, 60, 74. — Leur caractère, 85. — Cas dans lesquels les magistrats peuvent les modérer ou les élever, 86. — Peines en cas de récidive des délits relatifs aux marques, 87. — Des peines prononcées par la loi de 1824, 145. V. *Amende, Confiscation, Interdiction.*

PHARMACIENS. V. *Compositions pharmaceutiques.*

PHOTOGRAPHIE. De la convention par laquelle le graveur d'un dessin photographié s'engage à indiquer au bas de sa gravure le nom du photographe, 178.

PRÉNOMS. V. *Noms.*

PROCÉDURE (Règles de) applicables aux actions civiles relatives aux marques, 93. — Procédure des matières sommaires, 93. — De la procédure correctionnelle, 105. — Des voies ordinaires et extraordinaires pour attaquer les jugements et arrêts rendus en matière de marques, 112.

— Procédure relative aux actions fondées sur la loi de 1824, 148. — Rédaction de l'assignation en usurpation de nom, 149. V. *Actions, Exceptions, Expertise.*

PRODUITS. La loi de 1857 sur les marques s'applique à tous les produits, 11. — *Quid,* s'ils sont brevetés ou s'ils appartiennent au domaine public ? 192, 193. — Des produits connus et des désignations nouvelles qui leur sont données, 195. V. *Concurrence déloyale, Confiscation, Contrefaçon, Dénominations, Marques, Noms.*

PRUSSE. Traité avec la Bavière pour la garantie réciproque des contrefaçons et usurpations de marques, p. 230. V. *Législation étrangère.*

PUBLICITÉ donnée aux jugements en dehors des prescriptions des magistrats, 84. — Un mode de publicité ne peut être considéré comme un moyen de concurrence déloyale, 185.

PSEUDONYMES. La loi de 1824 s'applique aux pseudonymes, comme aux noms véritables, 133.

Q

QUALIFICATIONS. Le fabricant ou négociant peut ajouter à son nom la qualification provenant de la nature de ses produits ou résultant de diplômes obtenus à la suite d'examen, 174. — Les qualifications vulgaires peuvent être interdites par les magistrats, 174. — Des qualifications qui peuvent porter atteinte

aux droits d'autres négociants, 175. — Des qualifications triviales, 175. — De certaines indications de parenté, 176. V. *Associé, Concurrence déloyale, Élève, Employé, Gendre, Gérant, successeur,* etc.

QUINCAILLERIE (Marques des ouvrages de). Décret du 23 nivôse an IX, p. 208.

R

RECEL. V. *Complicité.*

RÉCIDIVE. Peines appliquées au cas de récidive des délits relatifs aux marques, 87.

RÈGLEMENT D'ADMINISTRATION relatif à la loi de 1857 sur les marques, p. 160. — Article 22, p. 180. — Rapport de M. Busson, 198 (1).

REMÈDES. V. *Compositions pharmaceutiques.*

REPRÉSENTANT. De la qualification de *ancien représentant* de telle maison, 168.

ROME (États romains). V. *Législation étrangère.*

RUSSIE. V. *Législation étrangère, Traités internationaux.*

S

SAISIE. De la saisie préalable des marques ou produits argués de contrefaçon, 94. — Elle peut être faite de deux manières, 98. — Elle n'est pas une condition nécessaire de l'action, 95. — Dans quels lieux

peut-elle être pratiquée ? 100. — Le tribunal du lieu de la saisie est-il compétent ? 91. — De la tentative de saisie et des dommages-intérêts auxquels elle peut donner lieu, 101. — Délai dans lequel le plaignant qui a fait pratiquer une saisie doit intenter son action, 102. — Sanction de cette prescription, 102. — Des officiers ministériels qui ont qualité pour procéder à la saisie, 103. V. *Ordonnance.*

[1] Nous avions jusqu'à présent espéré que ce règlement serait publié avant l'impression de cet ouvrage. Il n'en est pas ainsi ; ce règlement sera donc imprimé à part, de manière à pouvoir être plus tard annexé à ce volume.

T

U

V

W

Z

FIN DE LA TABLE ALPHABÉTIQUE.